경제 정책의 이해

박영범

박영사

우리나라는 OECD 회원국이 된 지 20년이 넘었고 피원조국가에서 원조국가로 된 세계 유일의 나라임에도 불구하고 우리 사회 나름의 합의된 경제정책의 기조와 틀을 아직도 갖추지 못하고 있다.

외환위기 이후 우리나라 정부는 10년(초기에는 진보, 보수 연합정부 성격이었지만)의 진보정부, 9년의 보수정부, 그리고 다시 진보정부로 바뀌었다. 법인세율 인하 등 기업 친화적 정책을 추구하였던 이명박 정부와는 달리 같은 보수정권이지만 박근혜 정부는 증세 없는 복지 확대를 약속하였다. 한미FTA 체결 등 보수정부의 정책도 추구한 노무현 정부와는 달리 문재인 정부는 진보의 틀 속에 갇혀 있는 듯하다.

1970년대 초 시작된 3차 산업혁명에는 주도적으로 참여하여 소기의 성과를 이룩한 우리나라가 4차 산업혁명이 시작되었으나 우리가 향후 나아갈 확고한 정책 방향을 잡지 못하고 있다. 경제정책의 기조와 틀을 둘러싼 우리 사회의 갈등이 지속되고 있기 때문이다.

이 책은 박근혜 정부를 포함하여 주로 문재인 정부에서 2021년 12월까지 쟁점과 논란이 되었던 69개의 경제정책을 논점 중심으로 분석하고 있다. 논점(이슈)이 된 배경, 前과 後 등 진행과정, 결과 등도 설명하고 있다.

이 책이 경제에 관심이 있는 학생, 그리고 일반 시민들이 우리나라 경제 현상 및 정책을 이해하는데 도움이 되었으면 한다.

2022. 2.

박 영 범

감사의 글

한성대학교에 부임한 이후 지난 25년간의 학교생활을 별 탈 없이 마무리할 수 있게 지켜 주시고 도와주신 사랑하는 한성대학교 교직원 선생님들과 학생들에게 감사드립니다.

특히 부족함이 많은 저를 항상 이해해 주시고 지원해 주신 경제학과 권혁제, (고인이 되신) 박헌영, 이상한, 이우관, 강신일, 이영훈, 이내찬, 민희철, 김정렬, 김상봉, 홍우형 교수(부임 순)님들에게 감사드립니다.

차 례

제1장

들어가며

　　수출 지향적 경제발전이냐? 아니면 수입대체산업 육성을 통한 내수기반 경제
발전이냐? 제2차 세계대전 이후 산업화를 추진하였던 많은 나라가 경제발전 전략
선택과 관련된 가장 큰 고민거리였다. 우리나라는 수출 주도의 발전 전략을 택하
였다. 당시에 수입대체산업 육성을 통한 내수기반의 경제발전을 추구한 나라들은
대부분 실패를 맛보았다. 그 대표적인 나라 중 하나가 많은 국민들이 우리나라에
근로자로 입국하기 위한 한국어 공부 열풍이 대단한 스리랑카이다.

　　대기업 주도의 경제 성장을 하여야 하나? 아니면 대만과 같이 중소기업에 기
반을 둔 경제체제를 구축하여야 하나? 수출 주도의 성장이라도 우리나라와 대만은
다른 전략을 택하였다. 글로벌 시장에서 경쟁력을 가지기 위해서는 어느 정도의
덩치가 필요하다는 판단에서 우리는 대기업을 적극적으로 육성, 지원하였다.

　　우리나라에는 글로벌 초일류기업인 현대자동차와 삼성전자가 있다. 제1차 세
계대전과 제2차 세계대전의 종전회담에 참여한 주요 당사국이 아닌 국가 중에서
현재 자동차 자체 생산기술과 브랜드를 가진 국가는 우리나라가 유일하다. 1, 2차
산업혁명에서는 뒤졌지만 1970년대 시작된 3차 산업혁명에서는 우리도 세계적인
반도체 산업을 발전시켰다. 삼성전자나 현대자동차가 무너진다면 우리 경제는

---

1) 본장은 『경제정책의 이해: 박영범이 읽어 주는 경제 뉴스』(한성대출판부, 2018)의 I장의 내용을
　 수정 보완한 것이다.

1997년 말 '외환위기' 이상의 충격을 받을 것이다.

수출 주도의 대기업 중심의 급속한 경제발전을 일궈내는 과정에서 우리는 국내시장을 장악한 재벌의 불공정거래, 세습 경영, 대기업과 중소기업의 양극화 등 많은 대가를 지불했고 아직도 해결책을 찾는 중이다.

수출 주도의 경제성장으로 인한 높은 대외의존도, 그리고 김영삼 정부가 추진한 준비되지 않은 급속한 대외개방은 외환위기의 단초가 되었다. 쓰나미와 같이 우리를 덮친 외환위기는 우리 경제를 국제통화기금(IMF) 관리 아래의 신자유주의 틀 속에 집어넣었다. 2년 만에 IMF 관리체제 졸업을 선언했지만 우리 경제가 가지고 있는 역동성은 현저히 줄어들었고 청년실업, 양극화의 고착화 등 부작용이 초래되었다.

외환위기 이후 10년(초기에는 진보, 보수 연합정부 성격이었지만)의 진보정권, 9년의 보수정권, 그리고 다시 진보정권으로 바뀌면서 모든 정부는 자신들만의 정책을 추구하려고 하였고 현재도 진행 중이다. 법인세율 인하 등 기업 친화적 정책을 추구하였던 이명박 정부와는 달리 같은 보수정권이지만 박근혜 정부는 증세 없는 복지 확대를 약속하였다. 한미FTA 체결 등 보수정부에서 볼 수 있는 정책도 추구한 노무현 정부와는 달리 문재인 정부는 진보의 틀 속에 갇혀 있는 듯하다.

이 책은 박근혜 정부를 포함하여 주로 문재인 정부에서 2021년 12월까지 쟁점과 논란이 되었던 69개의 경제정책을 논점 중심으로 분석하고 있다.[2]

중앙일보와 한겨레신문이 공동으로 기획하여 같은 논점에 대해 각각 사설을 쓴 [사설 속으로], 한국경제신문의 [맞짱 토론], 서울경제신문의 [어떻게 생각하십니까?], 한겨레신문의 [이슈 논쟁], 매일경제신문의 [이슈 토론] 등에서 다루어진 경제정책 논점(이슈)의 찬반 논자(論者)의 견해를 요약 정리하였다.[3] 논점(이슈)가 된

---

2) 『경제정책의 이해: 박영범이 다시 읽어 주는 경제 뉴스』(한성대학교 출판부, 2018) 출간 이후 필자는 내용을 보완하여 영역별로 『경제정책의 이해: 경쟁·금융·조세재정 정책』(도서출판 한성, 2021/e-book), 『경제정책의 이해: 성장·부동·에너지 정책』(도서출판 한성, 2021. e-book). 『경제정책의 이해: 고용노동·교육·사회보장 정책』(도서출판 한성, 2021. e-book)을 출간하였다. 이 책은 위의 4가지 책을 정리하고 보완한 것이다. 별도의 인용 표시는 하지 않았다.
3) 관련 신문기사의 출처는 밝혔으나 인용표시는 하지 않았다.

배경, 前과 後 등 진행과정, 결과 등도 설명하였다.

　　이 책은 경제정책의 논점을 경제정책 대상 영역별로 구분하였다. 경제정책의 대상 영역은 경쟁 정책(2장), 금융 정책(제3장), 조세·재정 정책(4장), 성장 정책(5장), 통신 정책(6장), 부동산 정책(7장), 에너지 정책(8장), 고용노동 정책(9장), 교육 정책(10장), 그리고 사회보장 정책(11장)으로 나누어졌다.

제2장

경쟁 정책

경쟁 정책

1. 경제민주화 및 불공정행위 규제

헌법 119조 2항 「국가는 균형 있는 국민경제 성장과 적정한 소득 분배, 시장 지배와 경제력 남용 방지, 경제 주체 간의 조화를 통한 경제민주화를 위해 경제에 관한 규제와 조정을 할 수 있다.」에 근거하여 정치권과 시민단체는 경제민주화, 대기업에 쏠린 부의 편중현상을 법으로 완화해야 한다는 주장을 하고 있다.[1]

그러나 헌법 119조 1항에 「대한민국 경제 질서는 개인과 기업의 경제상 자유와 창의를 존중함을 기본으로 한다.」고 명시되어 있는바, 경제민주화에 대한 우리 사회의 시각은 양분되어 있다.

경제민주화와 관련된 경제부총리 발언에 대한 중앙일보와 한겨레신문의 2013년 6월 사설은 경제민주화에 대해 우리 사회의 나누어진 시각을 보여 주고 있다. 중앙일보는 "국회에 제출되어 있는 관련 34개 법안이 기업활동을 과도하게 규제하는 내용을 포함하고 있어 적극 대응한다"는 부총리를 지지하면서 속도 조절이 필요하다고 하였다.[2] 한편 한겨레신문은 부총리가 재벌의 탈법과 불공정 행위를 근

---

1) https://terms.naver.com/entry.nhn?docId=1720730&cid=43667&categoryId=43667) (원출처: 시사상식사전, 박문각).

절하고자 하는 소신이 없다고 비판하면서 복지 지출이 확대되면 구매력이 높아져 수요가 창출되고 성장이 촉진된다고 주장하였다.[3]

경제민주화는 재벌(대기업집단)에 대한 규제이기도 한데, 2013년 9월 서울에서 열린 아시아리더십 컨퍼런스에서 '한국의 재벌규제 필요 한가'를 주제로 열린 국내외 교수들의 '2대2 맞짱 토론'의 결과에서도 우리 사회의 경제민주화에 대한 나누어진 시각을 확인할 수 있다. 토론의 청중들이 의견을 표명하였는데, 투표결과를 보면 처음에는 재벌 규제를 찬성하는 팀이 53대 47로 앞서다가 토론 종료 후에는 동점이었다. 재벌 규제를 반대하는 측은 "재벌이 더 많이 생겨 서로 경쟁해야", "황금알을 낳는 거위 죽여선 안 돼"라는 입장인 반면 재벌을 규제해야 한다는 측은 "재벌문제는 일감 몰아주기, 재벌가 상속, 정경유착, 독점"이라고 지적하며 "재벌가는 기업을 소유하지 않은 채 지배한다"고 비판하였다.[4]

경제민주화를 구체적으로 추진하는 정책 수단은 아래에서 보듯이, 집단소송제, 징벌적 손해배상제도, 다중대표소송제, 집중투표제, 감사위원 분리선출제 등이 있다.

순자산 10조원 이상의 대기업집단은 순환출자의 규제대상이다. 순환출자의 대상 기준을 조정하는 것도 경제민주화의 수단이다. 소송이 남발하는 것을 막기 위해 도입된 공정위의 전속고발권을 폐지하자고 경제민주화를 추진하는 측은 주장하고 있다. 계열사 내부거래와 관련하여 일감 몰아주기 규제를 강화할 수 있는 사익편취 규제대상이 되는 총수일가의 지분 하향조정, 금융지주가 아니면서 금융계열사를 가지고 있는 일정 규모 이상의 대기업집단에 대한 관리 감독의 강화 등도 경제민주화의 수단이다.

진보진영에서는 경제민주화와 관련하여 문재인 정부에 기대하는 바가 컸다. 경제민주화가 한국경제를 살릴 수 있는 확실한 길이라는 믿음을 가지고 있었다. 문재인 정부는 집권 초기부터 경제민주화와 재벌 개혁을 강력히 추진하고자 하였으나 20대 국회에서는 진전이 거의 없었다. 기업활동이 과도하게 위축되는 것을

---

2) [중앙일보] 경제민주화 입법, 속도 조절 필요하다_20130619.
3) [한겨레신문] 시장불안보다 경제부총리의 무소신이 더 걱정_20130709.
4) [조선일보] 재벌 놓고 '황금알 거위'대 '문어발 독점' ─ 토론배틀, 50대50 무승부_20130327.

우려한 야당의 동의를 이끌어 낼 수 없었기 때문이었다. 헌법 개정안, 공정거래법 개정안, 상법 개정안이 국회에서 상정되었으나 개헌이나 입법으로 연결되지는 않았다.

집단소송제	피해자 중 한 사람 또는 일부가 가해자를 상대로 소송을 하면 다른 피해자들은 별도 소송 없이 그 판결로 피해를 구제받을 수 있는 제도
징벌적 손해배상	민사재판에서 가해자의 행위가 악의적이고 반사회적일 경우 실제 손해액보다 훨씬 더 많은 손해배상을 부과하는 제도
다중대표소송제	자회사의 이사가 임무를 게을리 해 손해를 입힌 경우 모회사의 주주가 해당 이사를 상대로 법적 책임을 물을 수 있게 하는 제도
집중투표제	기업이 두 명 이상의 이사를 선출할 때 3% 이상 지분을 보유한 주주가 요청하면 주주총회에서 투표를 실시해 표를 많이 얻은 순서대로 이사를 선출하는 제도
감사위원 분리 선출	주주총회에서 감사위원이 되는 이사를 다른 사내외 이사들과 분리해 선임토록 하는 제도
순환출자 제한	재벌그룹들이 계열사를 늘리고 계열사를 지배하기 위하여 사용하고 있는 수단 중 하나인 순환출자 대상을 확대하거나 기준을 하향하는 것임
전속고발권 폐지	전속고발권은 공정거래법 관련 사건에 대해 공정위의 고발이 있는 경우에만 검찰이 공소제기를 할 수 있는 제도로, 1980년 도입되었음
상장사에 대한 사익편취 규제	기준을 총수 일가 지분율 30%에서 20%로 하향하는 것임
금융그룹 감독법 강화	자산 5조원 이상의 복합금융그룹에 대한 금융당국의 감독권을 강화하는 것임

문재인 대통령이 2018년 3월에 제시하였던 개헌안을 보면 현행 헌법 199조 2항의 '… 경제주체 간의 조화를 통한 경제민주화 …'가 '… 경제주체 간의 상생과 조화를 통한 경제민주화 …'로 변경되었다.[5] 보수와 진보 두 진영 모두의 비판을 받았다. 진보 진영 측에서는 대통령이 제출한 안이 국회 헌법개정특별위원회 자문

---

5) 헌법에서 중소기업, 영세자영업자, 저소득층 등 경제적 약자를 배려한다는 의무를 강조한 것으로 해석되었다. 유통산업발전법, 대·중소기업상생협력촉진법 등 위헌성이 제기되었던 법들의 헌법적 기초를 마련하려고 한 것으로 볼 수 있다.

회의 안에서 크게 후퇴한 것이라고 반발하였다. 보수 진영에서는 헌법에 경제 주체들의 책임과 자율성을 강조하는 조항을 넣거나 헌법에서 경제민주화 조항을 들어낼 것을 주장하였다.

문재인 정부는 헌법 개정, 경제민주화관련 법 개정 노력과는 별개로 권고 등을 통해 경제민주화를 강화하려고 하였다. 대주주들이 적은 지분으로 계열사 전체를 지배하는 수단인 순환출자에 대해 정부는 기존 순환출자 고리까지 자율적으로 끊을 것을 재계에 요구하였다. 15개 재벌이 공정거래위원회의 요청으로 발표한 소유 지배구조 개선안에 대해 경제개혁연대는 최소한 조치만이 담겨 있고 획기적인 내용이 없다고 비판하였다.

경제개혁연대는 삼성의 지배구조와 관련하여 삼성생명이 보유한 삼성전자 지분을 처분할 것을 요구하였는데, 금융위원장까지 가세하여 법 개정 전까지 총자산의 3%가 넘는 계열사 주식을 처분하라고 압박하였다.

공정거래위원회는 2017년 12월 삼성그룹의 순환출자와 관련된 기존의 공정거래위원회의 결정을 바꾸었다.

공정거래위원회에 따르면 정부의 자발적 순환출자 해소 유도에 따라 대기업집단의 순환출자 고리 수가 2017년 282개에서 2020년 16개로 줄었다.

21대 총선에서 과반수 의석을 확보한 민주당은 상업 등 개정안을 2020년 정기국회에서 통과시키겠다고 입법예고하였다.

상법 등 개정안에 대해 기업들은 정부가 경영권 보호는 외면하면서 지배구조 수술 등 경제민주화 조치에만 치중하고 기업들의 손발을 묶어 기업활동이 위축될 것이라고 비판하였다. 경제단체들은 감사위원의 분리 선임 시행을 1년 유예하고, 소액주주 행사 주식보유의 기간을 현행과 같이 6개월간 유지하도록 하고, 내부거래 규제 대상 계열사가 지분을 보유한 계열사는 규제대상에서 제외하는 등의 보완입법을 요구하였다. 정부의 상법 등 개정안에 대해 공정거래위원회의 전속고발권이 그대로 유지되고 감사위원 선출 제도도 기준이 완화되는 등 당초 안보다 후퇴하였다고 진보계열의 시민단체들도 비판하였다.

2020년 12월 정부와 여당은 상법, 공정거래법, 금융그룹감독법 개정안을 제1야당인 국민의 힘의 반대에도 불구하고 국회에서 통과시켰다.

2020년 말 통과된 공정경제3법은 문재인 정부가 출범 초부터 추진하였던 상법, 공정거래법 개정안에 포함되어 있었던 경제민주화 조치를 대부분 반영하고 있다. 감사위원 선출시 최대주주 및 특수 관계인의 의결을 제한하고 다중대표소송제가 도입되었다. 자회사 및 손자회사로 간주되는 지주회사의 자회사 및 손자회사 지분율을 확대하였고 사익 편취 규제 대상을 확대하였다. 자산 5조원 이상 비지주 금융그룹에 대한 금융당국의 관리, 감독을 제도화하였다.

문재인 정부는 '공익을 위해 법률에 정한 단체가 사업자의 위법한 행위를 중지해달라고 법원에 청구할 수 있는 제도'인 소비자단체소송의 법원 사전 허가제를 없애고 단체소송을 낼 수 있는 주체를 확대하고 소비자의 생명이나 재산에 대한 침해 외에 '권익 침해가 명백히 예상되는 경우'에도 소의 제기가 가능하도록 법 개정을 추진하고 있다. 소비자단체소송은 2008년 제도시행 이래 소 제기가 '티머니 카드 잔액환불 거부사건', '호텔스닷컴 청약철회 제한사건' 등 8건에 불과했다.

집단소송제도를 도입하고자 하는 시도는 문재인 정부가 처음은 아니다. 박근혜 정부에서도 법무부가 2014년 3월, 증권분야에 국한되어 허용되었던 집단소송제도를 기업의 불공정한 행위 전반으로 확대하겠다는 안을 발표하여 찬반 논쟁을 불러 일으켰으나 실제로 도입되지 않았다.

2014년 법무부의 집단소송제를 확대하는 안을 보면, 법률 명칭을 '증권관련 집단소송법'에서 '금융투자상품 및 공정거래 집단소송법'으로 바꾸고 소송인단 요건도 '50명 이상'에서 '20~30명 이상'으로 낮추며, 소송인단의 증권 보유비율도 폐지하는 것을 골자로 하였다.

한국경제신문은 집단소송제 도입과 관련하여 2014년 3월 전문가 찬반 토론을 게재하였다. 도입을 찬성하는 법무법인 율의 변환봉 변호사의 논거는 다음과 같다. 기업으로 하여금 자율적으로 예방시스템을 구축하게 하여 기업에 대한 신뢰를 높이고 결과적으로 자금조달을 용이하게 만들 것이다. 금융상품이 복잡해지고 다양해지는 상황에서 일일이 규제하는 방식의 마이크로적 규제로 부터 탈피하여 기업들이 자율적으로 규제하도록 하는 시스템이 구축될 수 있고 집단소송법 도입으로 기업들 스스로 내부통제시스템을 구축하여 강화하도록 하는 긍정적인 효과가 있다. 증권관련 집단소송법이 도입된 지 10년이 지난 시점에서 단지 6건의 소송이 제기되었다는 사실은 집단소송법 도입으로 소송이 남발할 것이라는 우려가 기우였다는 것을 보여준다. 우리나라의 IT 기술이 세계적임에도 불구하고 개인정보 유출이 자주 문제되는 것은 보안시스템 구축에 들어가는 비용에 비해 과징금 등 행정제제에 따른 비용이 적기 때문이다. 이는 집단소송제를 통해 기업들이 내부통제 시스템을 구축하고 사전억제 조치를 취하도록 유도하면 해결할 수 있다.

반대하는 숭실대 전삼현 교수의 논거는 다음과 같다. 수만 명의 개인정보 유출 등이 종종 발생하는 상황에서 집단소송제도 도입의 취지는 이해될 수 있다. 그러나 집단소송제도는 우리나라와 법체계가 다른 미국의 제도에서 비롯되었는데, 피해가 커서 미국은 오히려 집단소송법을 규제하는 방향으로 가고 있다. 일부 이익단체에는 이익이 될 수 있으나 대부분이 반대하고 있다. 제도 도입 이후 제기된 집단소송이 소수에 불과하여 집단소송의 요건을 완화하여 활성화하려고 하는 취지는 이해한다. 그러나 2005년의 집단소송법 도입으로 회계 투명성이 신속히 확보되었다는 측면에서 법의 도입 목적은 달성되었다. 법무부 안은 소송 남발과 기업 도산의 위험성을 간과하고 있고 기업들이 소비자에게 막대한 비용을 전가하는 폐해를 방지할 대책을 포함하고 있지 않다. 집단소송제가 확대된다면 담보제공명령제도와 같은 소송남발을 방지할 수 있는 조치가 포함되어야 하고 소송요건은 현행 수준을 유지하여야 한다.

불공정행위에 대한 규제의 실효성을 높이기 위해 징벌적 손해배상제도를 도입하자는 주장이 지속적으로 있어 왔다. 과징금 수준을 두 배 이상 높이자는 주장도 제기되었다. 계약관계에서 우월적 지위를 남용하는 것이 공정거래법, 대규모 유통법, 가맹사업법 등에서 금지되고 있으나 규제범위를 '기업 대 기업'으로 한정하고 소비자 보호에 미흡하다는 지적이었다. 기업의 불공정행위로 피해를 본 소비자를 대신하여 국가가 기업을 대상으로 소송을 제기하는 부권소송제도 도입이 추진되었었다.

2017년 8월 '릴리안 생리대 사태'로 소송 참여 방법, 입증 책임, 배상액 등 소비자 보호가 미흡한 현행 사법제도의 문제점이 부각되면서 집단소송제를 확대하여야 한다는 주장이 다시 제기되었다. 식품안전과 관련하여 집단소송제 도입도 추진되었다. 그러나 모든 분야로 집단소송을 확대하려는 정치권에 대해 중기 도산 등을 이유로 반대하는 목소리도 높았다.

문재인 정부 출범 이후 집단소송제도를 확대 도입하여야 한다는 여론이 형성되면서 서울경제신문은 2017년 9월 관련 전문가의 찬반 토론을 게재하였다.[6] 집단소송제를 확대 시행하여야 한다고 보는 중앙대 함영주 교수의 논거는 다음과 같다. 2005년 제도도입 이후 제도의 효용성을 인정할 수 있는 사건은 1건에 불과하다. 우리나라에는 집단소송제의 효과를 증폭시키는 징벌적 손해배상제, 배심제 등 시스템 기반 조건이 갖추어져 있지 않다. 미국의 경우 집단소송제가 불법행위를 억제하는 효과가 있다는 증거가 부족하다는 주장은 옳지 않다. 집단소송제도는 미국의 법체계에서도 예외적인 제도인데, 이를 근거로 대표당사자제도가 우리 법체계와 맞지 않다고 주장하는 것은 옳지 않다. 집단소송제 확대를 반대한다면 반대하는 측은 가습기, 폭스바겐 등 소송에서 고의로 피해를 발생시킨 기업이 법대로 하자고 주장하는 상황을 예방할 수 있는 대안을 제시하여야 한다.

　　집단소송제를 확대 도입한다면 현행 구제제도의 미비점을 보완하는 시각에서 접근하여야 한다고 주장하는 동국대 김선정 교수의 논거는 다음과 같다. 현행 법체계 내에서도 공동소송제, 선정당사자제를 통해 구제받을 수 있으며 현 제도의 부족한 점을 보완하는 방안이 보다 합리적이다. 집단소송의 옵트인(opt-in) 방식인 집단소송제가 분쟁해결의 기본 경로가 되면 피해자가 비용 등을 최소화하며 다툴 기회를 잃을 수 있고 그 부담이 다른 소비자에게 전가될 수 있기 때문에 옵트아웃(opt-out)제를 병행하거나 전환선택권을 주어야 한다. 외국에도 있으니 도입하여야 한다고 주장하기 보다는 우리나라의 전반적인 법체계 내에서 피해를 보상하는 방안을 고민하지 않으면 법질서의 난개발이 우려된다. 집단소송제는 잘 활용하면 유리한 제도이기 때문에 사회 전체의 에너지를 낭비하지 않도록 냉정한 제도설계가 필요하다. 현행 제도의 소송건수가 낮다는 것이 전면 도입의 근거는 될 수 없다. 오랜 고심 끝에 미국식 대표당사자제도를 도입하지 않고, 특례법을 만들어 시행한 일본의 경우를 눈여겨보아야 한다.

　　정부와 여당은 21대 국회에서 집단소송법 개정안과 징벌적 손해배상제 등을 도입하는 입법예고를 하였다. 재계는 코로나19의 장기화 속에서 잇단 규제입법으

---

6) [서울경제신문] [어떻게 생각하십니까?] 집단소송제 확대 도입_20170908.

로 기업 활동이 더욱 위축될 것이라고 크게 반발하고 있다. 2021년 12월 초 현재 관련 입법은 국회에서 논의 중이다.

우리나라 중소기업의 20%는 대기업의 협력사이다. 대기업과 중소기업 간의 협력관계를 둘러싼 갈등이 많이 발생한다.

시민단체들은 대기업의 불공정행위 관련 법원 판결은 물론 심지어 정부의 행정처분도 비난하였다. 대법원이 시장지배적 사업자의 지위 남용에 대해 엄격한 기준을 적용한 2007년 포스코 판결, 담합에 대한 대법원의 보수적인 판결, 재벌 저격수라고 하던 김상조 공정거래위원회의 급식 영양사를 대상으로 수억 원대 상품권을 뿌린 대기업 계열사에 대한 과징금 부과 조치 등을 비판하였다.

2020년 말 정부는 중대한 담합의 경우 공정위의 고발이 없이도 검찰이 수사할 수 있도록 공정위가 가지고 있는 전속고발권을 폐지하는 쪽으로 공정거래법을 개정하려고 하였으나 현실화되지 않았다. 검찰개혁과 관련하여 검찰과의 갈등이 원인인 것으로 보여 진다.

대기업 집단이 경영권 유지의 방편의 하나로 활용되어 왔던 일감몰아주기 규제대상 기업이 2020년 공정거래법 개정으로 대폭 확대되었다.

정부는 온라인 플랫폼의 불공정거래에 대한 감시와 규제도 강화하고 있다. 2020년 6월 공정위는 요기요에 대해 배달음식점에게 타사 앱이나 직접 전화로 주문받을 때 자사 앱보다 더 싼 가격에 팔지 못하도록 강요한 혐의로 과징금을 부과하였다.

공정거래위원회는 반도체 제조사의 경쟁사 시장진입 봉쇄행위를 막기 위해 '반도체 분과'를 신설하였다.

2. 경영권 유지 및 승계

2.1. 경영권 유지

2018년 5월 현대차 그룹은 세금 1조 원을 납부하면서 현대모비스를 지주회사로 하는 지배구조 개편을 추진하였으나 헤지펀드와 의결권 자문사 등이 반대하여 지배구조 개편 안건의 주주총회에서 통과가 불확실해지자 임시주총을 전격적으로 취소하였다. 현대차 그룹에 대한 헤지펀드의 공격은 2019년에도 계속되었다. 미국계 행동주의 펀드 엘리엇은 8조원이 넘는 배당과 현대자동차와 경쟁관계에 있는 중국 기업의 임원을 포함하는 사외이사의 선임을 2019년 주총에서 요구하였다. 해외 투자의결자문사, 한국기업지배구조원 등의 협조를 받지 못해 엘리엇의 요구는 수용되지 않았다. 엘리엇은 대규모 상장회사의 경우 1% 이상의 주식을 6개월 이상 보유하면 주주제안권을 갖는 상법 조항을 활용한 것이었다.

기업 지배구조 개선을 요구하는 재벌개혁 정책이 헤지펀드에게 단기 차익을 챙기도록 기회를 제공하고 기업 경영의 발목을 잡을 것이라는 우려가 현실로 나타난 것이다.

재계는 감사위원 선출시 의결권을 제한한 상법 개정에 대해 경영권 방어를 위해서는 감사선임 시 대주주의 의결권을 제한하는 3% 의결권 제한의 폐지는 물론 차등의결권 제도,[7] 신주인수선택권(포이즌필)[8] 등의 도입을 주장하고 있다.

비상장 벤처기업에 한해서 차등의결권 도입을 정부와 여당이 긍정적으로 검토하자 금융정의연대 등 일부 시민단체를 중심으로 "인터넷전문은행 특례법, 기업주도형 벤처캐피탈 허용 법안[9]에 이은 친재벌 3호 법안"이라고 철회를 주장하였다. 정부안이 너무 경직되어 실효성이 없고, '의결권 배제 주식'이라는 기존의 제도도 활용되지 못하는 상황에서 불필요한 제도 도입이라는 주장도 있었다. 문재인 정부의 1기 각료였던 박상기 법무부 장관, 김상조 공정거래위원장 등 문재인 정부 관계자도 차등의결권 도입에 긍정적인 의견을 피력하였다.

한국경제신문은 김상조 공정거래위원장의 코스닥에서의 차등의결권 허용 검토 발언 이후 찬반 토론을 게재하였다.[10]

---

7) 보유한 지분율 이상의 의결권을 행사할 수 있는 제도로, 경영권 방어수단 중 하나이다.
8) 기업의 경영권 방어수단의 하나로, 적대적 인수합병(M&A)이나 경영권 침해가 발생하는 경우 인수 시도자를 제외하고 기존 주주에게만 저가의 가격으로 신주인수권을 부여하는 것을 말한다.
9) 기업주도형 벤처캐피탈(CVC: Corporate Venture Capital)은 대기업이 벤처투자(지분인수)를 위해 자회사 형태로 운영하는 금융회사이다.

찬성 측의 한국경제연구원 유환익 정책본부장의 논거는 다음과 같다. 구글은 나스닥 상장 시 15% 주식을 소유한 공동창업자가 63.5%의 의결권을 부여한 차등의결권으로 경영권을 방어하면서 회사를 성장시킬 기반을 마련하였다. 우리나라에서 벤처기업의 생존율이 다른 나라에 비해 매우 낮은 것은 자금조달의 어려움에서 비롯된 것인데, 차등의결권이 허용되면 은행권에서 자금 조달이 어려운 중소벤처기업이 경영권을 방어하면서 투자 유치를 할 수 있다. 타이거 펀드, 칼 아이컨 등 투기자본으로부터 경영권을 방어할 수 있는 수단도 확보된다. 주요 선진국들의 기업들이 차등의결권에 기대어 경영권을 유지하면서 안정적인 자금조달을 하는 것을 고려하면 우리 기업들은 글로벌 경쟁에서 역차별을 받고 있는 것이다.

박상인 서울대 교수의 반대 논거는 다음과 같다. 2015년 엘리엇이 삼성물산과 제일모직이 합병 당시 상당한 이득을 본 것은 세습을 위해 삼성그룹이 계열사 간 불합리한 합병 비율로 합병을 하였기 때문이다. 삼성의 경영권은 엘리엇의 고려 대상이 아니었다. 적대적 M&A는 경영자의 일탈과 무능을 규율하는 자본시장 메커니즘의 하나이다. 선진국들이 차등의결권을 허용하고 있으나 창업자가 기업 공개를 할 때만 예외적으로 허용하고 있으며 유럽연합재판소는 차등의결권인 황금주의 폐지를 권고한 바 있다. 차등의결권이 허용되면 중소벤처기업들을 육성하는 기반이 되기보다는 재벌들의 세습을 우회적으로 지원하는 수단이 될 것이다.

벤처기업에 한해 신규 투자 유치로 경영권이 위협받는 창업주가 주주 4분의 3 이상의 동의를 거쳐 1주당 10개 한도로 의결권을 허용하는 법안이 국회 관련 상임위원회를 2021년 12월 초 통과되었다. 복수의결권 법안에는 복수의결권을 상속하거나 양도하는 것을 금지하는 등 편법적 경영권 승계나 창업주의 전횡에 악용되지 않도록 하는 안전장치가 있다.

2021년 3월 국내 최대 배달 플랫폼의 하나인 쿠팡이 차등의결권을 이유로 우리나라가 아닌 미국에서 상장한 것이 벤처기업에 한해 복수의결권을 허용하는 쪽으로 의견이 모아지지는 계기가 되었다. 그러나 복수의결권 관련법은 법사위원회에서 막혀 2022년 1월 초 현재 국회 본회의를 통과하지 못하고 있다.

---

10) [한국경제] [맞짱 토론] 코스닥 차등의결권 허용해야 하나_20180210.

2.2. 경영권 승계

창업주가 타계한 이후 회사 경영을 후손이 맡아야 하는지 전문경영인이 경영하여야 하는지에 대한 정답은 없다.

우리나라에서는 오너 경영인의 경영이 일반적인데, 오너 경영인의 일탈로 기업 경영이 어려워진 사례가 여럿 있다. 현장 경험이 짧고 능력이 검증되지 않은 2세, 3세가 임원 등 주요한 의사결정자가 되는 세습경영에서는 경영자가 된 2세, 3세가 조직에 대한 이해도나 성숙도가 떨어지고 실적에 대한 부담감이 커서 오너 리스크가 발생하기 쉽다. 특히 자격이 충분하지 않은 재벌 2세, 3세가 갑질을 하는 경우 사회적으로 문제가 되고 공분을 산다. 갑질로 지탄받은 재벌 2세, 3세는 조직의 경영 및 경영권 유지에 위험 요소가 된다. 결과적으로 직원들의 고용 불안이 오는 경우도 있다.

경영권 승계와 관련하여 종종 형제 간의 싸움이 일어난다. 대한항공그룹은 2대 회장의 타계와 함께 형제 간의 경영권 분쟁으로 회사가 흔들렸다.[11] 창업주 회장이 타계한 롯데그룹도 비슷한 형제 간 분쟁을 겪었다.

2016년 3월 두산그룹 총수로 4세 경영인이 취임하면서 4세 경영시대의 막이 올랐다. 중앙일보와 한겨레신문의 2016년 3월의 사설은 세습경영과 관련된 우리 사회의 상반된 시각을 보여 주고 있다. 중앙일보 사설의 요지는 다음과 같다.[12] 한국형 오너경영이 장기적 안목과 신속한 의사결정 그리고 과감한 투자결정이라는 장점이 있을 수 있으나 3~4세 경영자는 야성적 충동이 부족할 수 있으니 과감한 기업정신이라는 DNA를 살려 한국 경제에 돌파구를 마련해야 한다. 3~4세 경영자는 폭 넓은 경영수업을 받고 성장하였다. 한겨레신문은 두산의 4세 경영체제를 한국 재벌 승계의 후진성을 보여주는 것이라고 비판하였다. 후세 경영인에게 창업자의 경영능력이 유전되지 않는다는 것은 두산의 3세 경영인의 경영 실패로 입증되었다는 것, 3세들 간의 경영권 승계를 둘러싼 다툼도 지적하였다.[13]

---

11) 대한항공 그룹은 2014년 장녀의 '땅콩회항'사건으로 곤욕을 겪었고 2018년 차녀의 '물벼락' 갑질로 회장 일가의 개인적인 비리가 사법당국의 조사대상이 되었다.
12) [중앙일보] 막오른 4대 경영 시대… 능력과 실적으로 인정받아야_20160303.

2003년 대기업 최초로 지주회사로 전환하여 'LG식 지배구조'를 정착시킨 3세 경영인 구본무 회장이 2018년 5월 별세하면서 '구본무 정도경영'이 주목받았다. 대한항공 3세 경영인들의 일탈로 재계에 대한 사회의 반감이 고조된 가운데 구회장의 소박하고 드러내지 않은 인간적인 면모에 대한 추모 분위기도 뜨거웠다.

대기업집단 순위 부동의 1위인 삼성그룹은 이재용 부회장이 삼성뇌물사건으로 2017년 실형을 선고받으면서 지배구조 개편이 중단되었다. 2020년 2대 회장의 타계, 이재용 부회장의 세습 경영 중단 선언 등으로 삼성 그룹의 지배구조 개편 작업은 새로운 국면을 맞이하고 있다.

재벌 3, 4세들은 일감몰아받기 등으로 세습경영에 필요한 최소한의 주식 지분을 확보하고자 한다.

민변 등은 일감몰아주기 규제 강화를 위해 상장사의 특수 관계인 지분율을 낮추어야 한다는 주장을 하여 왔다. 또한 대기업집단의 총수 일가 회사 부당지원 행위에 대해 보수적인 사법부의 판단에 대한 비판을 제기하고 있다.

한진그룹은 문재인 정부 출범 이후 일감몰아주기에 대한 비판을 의식하여 회장일가가 지분 100% 보유한 회사 하나를 대한항공에 무상증여했다.

문재인 정부에 들어서 일감몰아주기에 대한 규제가 강화되고 있다. 공정위의 기업집단국이 2020년에 부과한 과징금은 1천억 원이 넘었고, 2019년 대비 30배 뛰었다. SPC그룹에 역대 최대인 647억 원, 금호아시아나그룹에 320억 원의 과징금이 계열사를 부당지원한 혐의로 부과하였다. 2020년 공정경제 3법의 통과로 사익편취 규제 대상 기업이 늘어났기 때문에 향후에도 과징금 액수가 더 늘어날 가능성이 크다.

신흥 테크 기업인들의 경영권 승계도 논란의 대상이다. 네이버와 함께 빅테크의 대표주자인 카카오의 김범수 회장은 문어발식 사업 확장과 골목상권 침해 논란이 되자 카카오의 상생 방안에 경영권 승계를 하지 않는 것을 포함시켰다. 카카오의 2대 주주 회사이자 사실상 지주회사 격인 케이큐브홀딩스에서 아들과 딸은 퇴사하였다. 넥슨 창업주인 김정주 회장도 "자녀에게 회사의 경영권을 승계하지 않

---

13) [한겨레신문] 두산의 4대 체제와 한국 재벌 승계의 후진성_20160304.

겠다"며 "이는 회사를 세웠을 때부터 한 번도 흔들림 없던 생각이다"고 한 언론매체와의 인터뷰에서 강조했다.

일부 IT 창업자들은 기부 및 사회 공헌에 적극적이다. 배달의 민족의 김봉진 의장은 2021년 2월 세계적 기부클럽인 '더기빙플레지'에 한국인으로선 처음 이름을 올렸다. 넥슨의 김정주 회장도 2018년 1천억 원 기부를 약속하면서 "넥슨은 우리 사회의 배려 속에서 함께 성장해왔다"고 이야기했다.

외국의 경우 가족기업의 2, 3세 경영인의 자질, 갑질 등이 사회 문제가 되지 않고 사회적 여론은 그다지 부정적이지 않다.

1937년 창업한 이후 CEO 11명 중 6명만이 오너 쪽인 도요타는 오너 경영인과 전문경영인의 장점을 잘 활용하고 있는 사례이다. 특히 오너 경영인도 20년 이상 현장에서 실무 경험 후 CEO가 되고 회사 위기 상황에서 구원투수로 등장하여 위기 해결을 선도한다. 3세 경영인이 2017년 타계한 후 유언을 지키기 위해 5천억 원 규모의 자선경매를 하여 하버드대, 미술관 등에 기증한 록펠러가문, 벨기에에서 두 번째로 큰 맥주회사 듀벨의 CEO인 4세 경영인, 직원들의 창의적 불만에 귀를 기울이는 글로벌 오디오 기업 젠하이저의 3세 경영인 등이 있다.[14]

3. 정부의 민간기업 경영개입: 국민연금의 스튜어드십 코드[15]

문재인 정부 출범 이후 국민연금이 투자한 기업의 경영현안 뿐만 아니라 노동 이사제 등 정책 현안에 대해서도 적극적인 목소리를 내왔다.

정부가 2018년 하반기 국민연금에 스튜어드십 코드를 도입하겠다는 방침을

---

14) 무임승차한 오너 3, 4세들은 3, 4세 경영인들이 창업자의 정신을 되살리려는 노력을 하여야 한다.
15) 스튜어드십 코드는 기관투자자의 수탁자 책임에 관한 원칙으로, 기관투자자들에 대한 행동원칙을 규정한 자율규범을 말한다. 기관투자자들은 위탁자의 재산을 관리하는 집사(steward)처럼 행동해야 한다고 하여 붙여진 이름이다.
두산백과: 네이버 지식인 (https://terms.naver.com/entry.nhn?docId=3597320&cid=40942&categoryId=31826).

밝히면서 논란이 되었다. 국민연금에 스튜어드십 코드 도입을 반대하는 측은 민간 기업의 경영에 국가가 개입하게 되는 것을 우려하였다. 찬성 측은 국민연금이 재벌 개혁 등에 일정 역할을 하도록 하여야 한다는 입장이었다.

서울경제신문은 국민연금에 스튜어드십 코드를 도입하는 것에 대한 찬반 토론을 2017년 12월 게재하였다.[16) 찬성 측의 류영제 서스틴베스트 대표의 논거는 다음과 같다. 스튜어드십은 수탁받은 자산을 지속가능하게 발전시키고 주인의 뜻과 이익을 위해 충실히 관리하여 다음 세대에 잘 넘겨주는 것을 도와주는 제도이다. 대다수의 주주들이 투자의 단기 이익에 매몰되어 여러 가지 부작용이 나타나는데, 스튜어드십은 장기적 투자의 관점에서 투자를 한 기관들에게 지속가능한 성장을 할 것을 요구한다. 국민연금은 주식의 보유율이 높아 매매차익을 통한 수익 실현이 어렵다. 적극적인 소유권 행사를 통해서 장기 수익률을 극대화할 수 있다. 세계 최대 연기금인 일본연금은 스튜어드십 도입을 선도하여 글로벌 증권시장에서 일본 디스카운트를 해소하였다. 우리나라도 글로벌 트렌드에 편승하여야 한다.

반대 측의 김상봉 한성대 교수의 논거는 다음과 같다. 국민연금의 기업과 시장에 미치는 영향은 막강하다. 국민연금의 의결권은 정권의 성격과 방향에 따라 영향을 받는데, 정부가 국민연금을 이용하여 민간기업의 인사와 투자에 개입하는 결과가 우려된다. 민간 기업이 관치의 영역에 들어오게 되는 것이다. 보건복지부 장관과 실무자가 기금운영의 최종 책임을 지도록 법을 바꾸어야 제도 도입 후에도 관치를 피할 수 있다. 세계적으로 도입된다고 국민연금에 스튜어드십을 전면 도입하면 문제가 있다. 외국도 법과 제도가 계속적으로 바뀌고 있고 아직 제도의 도입이 수익성의 증가를 가져 온다는 증거는 없다. 도입되면 해외로 부터의 투자가 증가하고 연금의 단기 수익에도 긍정적인 영향을 미칠 수 있으나 이것이 국민연금 투자가 추구하는 방향이 되어서는 안 된다.

국민연금의 투자기업에 대한 경영참여는 기금운영위원회의 의결이 있는 경우에만 가능한 것으로 2018년 7월 31일 정리되었다. 정부는 기금운영위원회의 전문

---

16) [서울경제신문] [어떻게 생각하십니까?] 국민연금 스튜어드십 코드 도입_20171229.

성을 높이는 개선방안을 내놓았으나 독립성을 해칠 수 있다는 비판이 있었다. 국민연금은 책임투자 인력도 대폭 확충하였다.

국민연금은 스튜어드십 코드 도입 이후 가이드라인을 개정하는 등 주주권 행사를 위한 제도적 장치를 강화하고 주주권 행사도 적극적으로 하고 있다.

정부가 추진하고 있는 항공 빅딜에 대해 반대표를 던지는 등 정부로부터 독자적인 행보를 보이기도 하나 국민연금의 주주권 행사가 정부의 영향을 받는다는 우려가 많다. 특히 비공개관리 기업 선정 및 비공개관리 기업을 선정하는 수탁책임위원회의 독립성 및 전문성에 대해 문제가 제기되고 있다.

4. 이익공유제

대기업과 중소기업 간의 과도한 임금격차 등 구조적 문제를 해결하는 대안의 하나로 대기업의 성과(재무적 이익)를 협력업체와 공유하는 이익공유제가 추진되고 있다. 문재인 정부의 100대 국정과제의 하나였으나 20대 국회에서는 야당의 반발로 좌절되었다.

21대 국회에서 과반수 의석을 차지한 여당은 '포스트 코로나' 위기 극복을 위해 대기업의 이익을 중기와 나누어야 한다는 입장이다. 재계는 이익공유제는 대기업, 중소기업을 모두 위협하는 제도라고 주장하고 있다. 대기업과 협력하는 중소기업은 20%에 불과하여 일부 중소기업에게만 혜택이 돌아가는 폐단이 있고, 사전적으로 이익을 추정하는 것이 어렵고, 수백 개의 공정에서 협력하는 수백 개의 협력업체의 개별적 기여도 산정은 현실적으로 불가능할 뿐만 아니라 기여도가 낮게 책정된 협력업체의 불만을 가져오고, 협력업체와 무관한 사업에서 적자가 발생하는 경우 기여가 있는 협력업체에 배분할 이익이 없는 것 등을 이유로 반대하고 있다.

전문가들도 도입을 반대하고 있다. 한국경제연구원이 서울소재 상경계열 교수를 대상으로 한 조사결과에 따르면 76%가 '시장경제 원리에 부합되지 않는다'고 응답했다. '기업의 혁신 및 이윤 추구 유인 약화', '대기업 재산권 침해', '경영활동의 자기부담원칙 위배', '주주 재산권 침해' 등을 이유로 들었다.

갑질 논란으로 사회적 물의를 일으켰던 남양유업 등 일부 대기업은 2020년 이익공유제를 도입하였다.

5. 프랜차이즈 규제

우리나라는 자영업자가 많은데, 많은 직장인들이 직장생활을 하다가 퇴직하고 프랜차이즈 가맹점을 한다. 많은 가맹점 사업주들은 프랜차이즈 본사로부터 재료 등 필수품목 강제 구입, 결제대금 지연 등의 불공정거래를 경험한다. 프랜차이즈 가맹점주가 수용할 수 있는 수준을 넘는 불공정거래, 소위 갑질을 당하는 경우 종종 여론의 주목을 받고, 가맹사업본부는 사법적 처리의 대상이 되기도 한다.

문재인 정부 들어서 가맹점주에 대한 보호조치들이 강화되고 있다. 가맹본부가 가맹점주에게 원재료 등 필수 품목을 공급할 때 이윤을 붙여 받는 가맹금을 공개하도록 하였고, 갑질 프랜차이즈 가맹본부에 대해서는 세무조사도 실시하였다. 지자체도 가맹본부의 갑질 근절을 위해 집중 신고의 달을 운영하는 노력을 하고 있다. 가맹사업본부 협의체들도 자체적인 갑질 근절대책을 약속하였으나 실효성에 문제가 있다는 지적이 있었다.

2020년에 여러 획기적인 조치가 이루어졌다. 우선 가맹점의 동의 없이는 프랜차이즈 본사가 판촉·할인 행사를 못하도록 법이 개정되었다. 10년 이상 영업을 한 장기 매장의 경우 본사가 함부로 계약 해지를 할 수 없도록 하였고, 본사가 가맹점을 불시 방문해 위생 상태 등을 점검하지 못하게 하였고, 가맹점의 식자재 자체 조달이 어느 정도 인정되도록 하였다. 프랜차이즈 본부와 점주 사이의 갈등이 법적 분쟁까지 가지 않고 해결될 수 있도록 하는 '가맹본부의 내부자율분쟁조정기구 설치·운영 가이드라인'을 공정위가 만들었다. 대리점 단체의 구성을 인정하여 가맹점들이 여러 현안에 대해 본사와 협의할 수 있게 되었다.

가맹점들은 더 나아가서 가맹점주가 거래조건 협의 요청 시 가맹본부의 협의 의무화, 가맹점주 단체구성 신고제, 광고판촉비 가맹점주 사전동의권, 가맹계약 갱신요구권 10년 제한 삭제, 영업지역 독점 배타화 등 가맹사업법 개정을 요구하고 있다.

6. 대기업 시장진입 규제

6.1. 생계형 적합업종 제도

대기업의 시장 진입을 규제하여 중소기업과 소상인을 보호하는 제도는 1979년 '중소기업 특화업종' 제도를 도입하면서 시작되었다. '중소기업 특화업종' 제도는 1982년 '중소기업 고유업종' 제도로 명칭이 변경되고 대상이 확대되어 1999년 기준 총 237개 업종이 지정되어 있었다. 그 이후 업종 수를 축소하여 왔는데, 2006년 노무현 정부는 대기업의 국내 투자 활성화를 유도하고 통상마찰을 우려하여 폐지하였다.

이후 '중소기업 적합업종' 제도가 2011년 도입되어 운영되어 오고 있다. 2020년 말 현재 '떡국떡 및 떡볶이떡' 등 제조업 4개 품목, '보험대차 서비스업' 등 6개 서비스업 품목 등 10개 품목이 지정되어 있다. DVR 등 제조업 85개 품목, 가정용 가스연료 소매업 등 서비스업 15개 품목은 권고가 만료되었다.[17] '생계형 적합업종' 도입 논의가 본격화된 2017년에는 6년의 보호 시한이 끝난 47개 업종에 대해 2018년 6월 말까지 시한을 연장하였다.

중소기업적합업종 제도는 대기업과 중소기업 간 자율합의라는 형식으로 운영된다.

중소기업계에서는 대기업의 시장진입 규제의 실효성을 강화하기 위해 '생계형 적합업종' 제도의 도입이 필요하다는 주장을 지속적으로 하여 왔으며 2018년 6월 국회에서 법이 통과되었다.

그러나 생계형 적합업종을 법제화하여 소상공인을 보호하는 것에 대한 반대 여론도 만만치 않았다. 자영업 문제의 본질은 영세업자의 과다진입이라는 구조적

---

17) 동반성장위원회 홈페이지(https://www.winwingrowth.or.kr/03_business_01_02_04_result00.do).

인 문제인데, 대기업과의 갈등구조로 모는 인기 영합적 제도라는 비판이었다. 중소기업의 형태로 진출한 외국자본만을 우대하는 결과가 되고 통상마찰의 빌미를 제공하고 신산업 성장의 발목을 잡을 것이라는 우려 등이 있었다.

생계형 적합업종 제도는 2018년 12월 시행되었다. 2019년 7월 동반성장위원회가 자판기 운영업 등 4개 업종을 중기부 심의위에 첫 번째 생계형 적합업종으로 추천하기로 의결하였다. 2020년 말 현재 22개 업종이 추천 요청을 하였고 8개 업종이 지정되어 있다.

그러나 동반성장위원회의 의결 후에도 효력을 발휘하기 위해서는 최장 6개월이 걸리는 중기부 심의위를 통과하여야하기 때문에 실효성 논란이 있다. 또한 중소기업 적합업종 기간이 종료된 후 생계형 적합업종을 신청하지 않고 상생협약으로 가서 중도 파기되는 경우 대안이 필요하다는 등의 이유로 법 개정안이 발의되어 있다.

중고차매매업은 생계형 적합업종 신청을 하였으나 2019년 11월 심의에서 탈락하였다. 정부가 완성차업체의 중고차 매매업 진출 허용을 검토하면서 중고차매매업을 생계형 적합업종으로 지정하여야 한다는 주장이 제기되고 있다.

2018년 4월 한국경제신문은 생계형 적합업종 법제화에 관련하여 전문가토론을 게재하였다.[18] 법제화를 찬성하는 중소기업연구원의 이동주 본부장의 논거는 다음과 같다. 자율적 합의 형식으로 운영되는 적합업종제도는 실효성의 부재, 지정 시한의 한시성으로 인해 법제화요구가 확산되고 있다. 대기업 중심의 성장정책으로 성장한 대기업이 최근에는 모바일 분야에서도 높은 점유율을 차지하는 등 불균형시장구조가 심화되어 중소기업과 소상공인은 변화와 혁신을 통해 성장할 여력을 상실하였다. 사업주의 86%, 종사자의 38%를 차지하는 소상공인은 대기업의 무분별한 사업확장으로 소득이 줄어 생계를 위협받고 있다. 적합업종제도는 중소기업과 소상공인의 혁신을 이끌어 왔으며 생계형 적합업종 법제화를 통해 더욱 건강한 산업 생태계를 구축할 수 있다. 다만 민생에 영향이 큰 영세 업종과 품목을 대상으로 운영을 고려하여야 한다.

---

18) [한국경제신문] [맞짱 토론] 생계형 적합업종 법제화해야 하나_20180414.

법제화를 반대하는 연세대 양준모 교수의 논거는 다음과 같다. 생계형 적합업종 법은 소상공인을 실질적으로 돕는 방안을 포함하지 않고 있다. 대기업의 진출규제로 소상공인의 경영 안정과 소득 향상을 보장한다는 근거는 없고 오히려 특정 소상공인과 중소기업만이 혜택을 보는 부작용이 있다. 경쟁을 제한하여 해당 업종이 소비자의 외면을 받는다면 해당 업종은 퇴보한다. 제안된 법의 내용을 보면 적합업종의 정의와 범위가 모호하여 무분별한 신청이 쇄도할 우려가 있다. 기업이 판단하여야 할 시장진출을 대표성이 확보되지 않은 위원회가 판단하고 위반하는 경우 매출액의 30%를 과징금으로 부과하는 것은 과하다. 소상공인과 중소기업의 영역 다툼도 우려된다. 오히려 대기업, 중소기업, 소상공인이 같이 공생하는 생태계를 조성하는 것이 바람직하다. 미국이나 EU가 중소기업 적합업종 제도도 정부의 기업활동에 대한 규제라고 지적하였는데, 법제화한다면 통상마찰은 필연적이다. 규제로는 일자리를 창출할 수 없기 때문에 문재인 정부의 대통령 지시사항 1호인 일자리 창출과도 배치된다.

서울경제신문도 법제화관련 찬반 토론을 게재하였다.[19] 찬성 측의 우석대 유대근 교수의 논거는 다음과 같다. 대기업의 무분별한 업태 확장으로 인한 소상공인 피해는 자율규제를 통해서 해결할 수 없는 시장의 실패이며 실효성을 높이기 위해 법제화가 필요하다. 재벌그룹의 계열 및 가족기업이 생계형 업종에 진출하여 중소기업이나 자영업자의 생계를 위협하고 있다. 생계형 업종은 지역경제와 밀접한 관계가 있기 때문에 분권화와 균형성장을 위해서도 필요하다. 통상마찰은 허구이며 소비자선택권도 오히려 장기적으로 확대된다. 국민여론도 이를 지지하고 있기 때문에 사안의 중요성을 고려하여 일단 법을 제정하고 운영하면서 미비점을 보완하는 것이 필요하다.

법제화를 반대하는 중앙대 위정현 교수의 논거는 다음과 같다. 시행 6년이 경과한 중소기업 적합업종 제도의 효과성에 대한 검증과 분석이 없이 제도를 강화하는 것은 바람직하지 않다. 자영업자의 비중이 높고 고령화 속도가 빠른 것을 고려할 때 오히려 자영업자와 대기업의 협력을 강화하는 방안을 찾는 것이 합리

---

19) [서울경제신문] [어떻게 생각하십니까?] 생계형 적합업종 법제_20180427.

적이다. 간장, 된장 등 일부 생계형 적합업종은 소비자의 기호 변화로 급격히 매출이 줄고 있는데 업종 지정은 산업의 혁신 역량을 위축시킬 것이다. 에코맘과 같이 글로벌 기업까지 진출해 있는 이유식 시장에서 성공한 사례도 있기 때문에 법제화가 중소기업 육성과 지원에 꼭 필수적이지는 않다. 우리가 국내에 갇혀 있을 때 일본의 간장은 글로벌화에 성공하였는데, 김치와 같이 글로벌화가 필요한 업종을 지정하면 오히려 산업의 발전이 저해된다. 최근 확산되고 있는 식빵전문점과 같이 1인 창업이 가능한 업종은 대기업의 프랜차이즈에 대항하는 소상공인 육성이 정답이다.

6.2. 대기업 단체급식 및 한식뷔페 규제

이명박 정부는 2012년 재벌의 공공기관 구내식당 운영을 금지했다. 그러나 그 자리를 중견기업과 외국계 기업이 차지하는 부작용이 나타나자 박근혜 정부는 규제를 풀었다. 2017년 현재 5조 원 규모인 단체급식 시장은 재벌계열 대기업이 70%, 동원 등 중견기업이 10%를 차지하고 있는 것으로 조사되었다.

문재인 정부 출범과 함께 대기업의 유통시장 진출에 대한 규제를 강화해야 한다는 분위기 속에서 대기업의 단체급식 시장을 규제해야 한다는 여론이 형성되었다.

이명박 정부가 시행한 규제의 여파로 외국계 기업이 단체급식 시장을 장악하였던 선례 등이 지적되면서 문재인 정부는 기조를 선회하였다. 대기업의 공공기관 구내식당 참여도 기존대로 2019년까지 허용되었다.

토종 커피업체인 카페베네가 도산하고 외국계인 스타벅스가 약진하는 것은 프랜차이즈에 대한 출점 제한 등 정부 규제에도 원인이 있다고 지적되었다.

이마트는 상생경영의 일환으로 구내식당 3곳의 식자재를 신세계에서 공급받고 식당운영은 중소업체에 맡겼다. 공정거래위원회에 따르면 2021년 12월 초 현재 이마트는 총 161개 사업장중 42개의 일감을 중소·중견기업에 개방했다.

문재인 정부 출범 이후 2021년 12월 초까지 1조 2천억 원의 단체급식 일감이 정부가 일감 개방을 유도한 결과 소상공인, 독립·중소기업으로 이동됐다.

2021년 4월 공정거래위원회는 대기업 자체의 구내식당을 중소기업체에 개방하여야 한다는 결정을 내렸다. 급식은 직원 복지의 문제인데, 중소기업이 급식하게 되면 식단의 질이 떨어지고 위생안정성 등이 우려된다는 불만이 대기업 직원들에서 생겼다. 급식을 공급할 여력이 있는 중소기업이 사실상 없어 외국계나 중견업체에게만 혜택이 돌아갈 것이라는 전망도 나오고 있다. 5만 명에 가까운 5대 급식업체의 영양사, 조리원 등의 고용 안정성, 처우 저하 등도 공정위 조치의 문제점으로 지적되고 있다.

아워홈을 제외하면 대기업 계열의 급식업체는 모두 정상적인 지분투자 관계의 그룹계열사이다.

대기업의 한식부페 사업 진입을 규제하여야 한다는 여론이 제기된 적이 있다.

2015년 7월 새정치민주연합의 박지원 의원은 계절밥상, 자연별곡, 올반 등 대기업 계열의 한식뷔페를 규제하는 법안을 대표발의하였는데, 관련하여 한국경제신문이 토론을 게재하였다.[20] 박지원 의원이 '대중소기업의 상생협력에 관한 법률' 일부 개정안을 대표 발의한 논거는 다음과 같다. 한식뷔페 매장이 2년여 기간에 3곳에서 100여 곳 가까이 늘어나면서 중소 음식점의 피해가 커지고 있다. 현행 법체계에서는 중소기업 적합업종으로 지정되어 있어도 자율 준수 수준이고 예외조항이 많아 3년 권고 기간 내에는 개선할 수단이 없다는 한계가 있으며, 이와 같은 한계로 인하여 한식뷔페 시장에 무분별하게 대기업이 진출하고 있다. 권고기간 내라도 필요한 경우 협의해 개선하도록 하는 것이 합리적이다. 중소음식점을 내몰고 국내 시장을 점유한다고 한식의 국제경쟁력이 생기는 것은 아니다.

규제를 반대하는 문정훈 교수의 논거는 다음과 같다. 대기업의 진출을 규제하면 단기적으로는 중소기업에 돌아갈 몫이 커진다. 그러나 중소기업은 경쟁력을 제고시킬 유인이 없기 때문에 외국기업에 잠식당하거나 대체재가 개발될 것이다. 조명기구산업은 1980년대 중소기업 고유 업종으로 지정되었으나 고급 시장은 필립스, 오스람 같은 글로벌 대기업, 저가 시장은 중국산으로 대체되면서 절멸했다. 대기업의 진출로 외식산업의 경쟁이 뜨거워지면서 소비자에게 이득이 돌아가고 있으며 양질의 일자리가 창출되고 대규모 식재료의 직거래를 통해 농민소득에도 기

---

20) [한국경제] [맞짱 토론] '대기업 한식뷔페' 규제해야 하나_20150919.

여하고 있다. 오히려 대기업 매장이 하지 못하는 영역에서 중소기업이 경쟁력을 가지도록 유도하는 것이 바람직하다. 특히 식품산업은 미래 유망산업이기 때문에 기업의 투자와 자율적인 경쟁을 통한 혁신이 필요하다.

한식뷔페 시장은 2016년을 기점으로 내리막이다. 폐점이 잇따르고 있고 열풍(?)의 주역이었던 자연별곡 1호점인 분당의 미금역점도 2018년 5월 폐점되었다. 혼밥족이 증가하고 가정간편식이 성장하는 추세 속에서 메뉴 차별화를 이루어내지 못한 것이 한식부페 사양화의 원인으로 지목된다.

7. 대기업 영업활동 규제: 복합쇼핑몰 의무휴업

2012년 유통산업발전법에 따라 대형마트의 월 2회 의무휴업 등 영업을 지자체가 제한할 수 있게 되었다.[21] 원주시가 지자체 중 처음으로 대형마트의 영업을 제한하는 조례를 제정하면서 전국으로 확산되었다.

2012년 서울시 성동구청장과 동대문구청장이 조례를 근거로 대형마트의 영업시간을 제한하였고 롯데쇼핑 등이 구청장을 상대로 소송을 제기하였다. 1심에서는 피고, 2심에서는 원고가 승소하였는데, 대법원은 행정기관이 재량권을 남용하지 않았다고 판결하여 골목상권 보호를 위해 마트 영업을 제한하는 것을 타당하다고 보았다. 헌법재판소도 대형마트의 의무휴업이 소비자의 선택을 침해한다는 헌법소원에 대해 합헌이라는 결정을 내렸다.

2017년 9월 중소기업중앙회는 의무 휴업일 지정, 영업시간 제한의 대상을 모든 대규모 점포로 확대할 것을 공식으로 제안하였다. 슈퍼마켓연합체도 대형마트의 의무 휴업일을 확대 시행하고 동네 슈퍼를 생계형 적합업종으로 지정하여야 한다고 주장하였다. 그러나 대형 마트의 영업시간 규제에 대한 중소 유통업체들간의 입장이 갈렸다. 직능경제인단체와 자영업자총연대는 의무 휴업제에도 불구하고 전통시장은 살아나지 않고 소비자 불편만 가중시켰다는 입장이었다.

---

21) 미국이나 유럽에서는 종교적 이유 혹은 근로자 보호를 위해 영업시간을 제한하기도 하나 우리와 같이 중소 유통업자 보호를 위해 영업시간을 규제하여 소비자의 권리를 제한하는 경우는 없다

21대 국회에서 대형마트의 월 2차례 강제 휴무를 5년 더 연장하는 개정안이 통과되었다.

현행법상 대규모 점포는 대형마트 등 6가지로 구분되는데, 문재인 정부가 복합쇼핑몰 등 다른 대규모 점포도 영업시간을 규제하는 방안을 추진하면서 논란이 되고 있다. 복합쇼핑몰의 월 2회 의무휴업 등 대규모 점포에 대한 규제를 강화한 유통산업발전법 개정안이 2021년 12월 초 현재 국회에서 논의 중이다.

영업시간 규제를 확대하는 것에 반대하는 논거들은 다음과 같다. 기존의 대규모 유통업체의 영업제한이 중소유통업체에 도움이 되지 않았다. 의무 휴업제 도입 이후 대형마트와 전통시장 매출이 동반 하락한 반면 온라인시장이 반사이익을 얻었다. 대형마트 규제의 부작용을 체험한 일부 지자체는 마트 휴일을 평일로 바꾸었다.

복합쇼핑몰 의무휴업이 시행되면 전통시장에 가기보다는 다른 날 찾겠다는 소비자가 많다는 조사결과가 발표되고, 국회에 계류된 대형마트 규제 법안이 통과되면 년 3만 5천개의 일자리가 없어진다는 주장이 제기되었다. 유통산업 규제로 2017년부터 2020년 9월까지 23개의 대형마트가 폐점하면서 3만 2천명이 일자리를 잃었다는 연구결과가 발표되었다. 유통산업발전법의 개정을 통해 복합쇼핑몰에의 입점도 어렵게 하고 영업도 힘들게 하자고 하나 대규모 유통업체 입점사의 60～98%가 중소기업이고, 규제 대상의 대규모 점포를 구분하는 기준이 자의적인 것 등이 문제점으로 지적되었다. 대규모 외국자본의 중소기업으로의 국내시장 진출 등도 불합리한 규제의 단면으로 지적되었다. 중소기업의 보호도 중요하지만 국민인 소비자의 권리도 고려하여야 한다는 주장도 제기된다.

대규모 점포에 대한 규제에 대해 국내 유통 대기업들은 두 가지 트랙으로 대응하고 있다. 전통시장 내 동네마트와 상생협약을 통해 공존의 길을 모색하면서 규제를 피해 편의점 중심의 오프라인 사업을 확장하고 있다.

일본은 대형마트를 규제하였으나 오히려 중소상인 숫자가 감소하는 등의 상황에 직면하면서 2000년 대형마트 관련 규제를 철폐하였는데, 규제 철폐 이후 소매업 고용이 오히려 늘어났다. 프랑스나 독일도 휴일 영업시간에 대한 규제를 완화하는 추세이다. 우리나라가 유통산업 규제를 강화하는 동안 중국 직구나 일본

쇼핑몰에 우리나라 고객을 빼앗기고 있다.

매일경제신문은 2017년 11월에 복합쇼핑몰 의무휴업에 관련하여 전문가토론을 게재하였다.[22] 월2회 휴업 의무화를 찬성하는 중소기업중앙회의 이동주 본부장의 논거는 아래와 같다. 우리나라는 복합쇼핑몰의 3분의 2 이상이 도심에 위치하고 있어 주변 10km 범위의 상권에 피해를 준다. 복합쇼핑몰은 대형마트보다 파급효과가 크기 때문에 다양한 이해관계자와 인근 소상공인과 충분한 협의를 거쳐 세워져야 한다. 복합쇼핑몰 입점으로 인한 소상공인의 피해는 사회문제이다. 소비자도 소비자 편의 및 권리보다는 지역 상공인과 공생하려는 태도 변화가 필요하다.

규제를 반대하는 숭실대 안승호 교수의 논거는 다음과 같다. 복합쇼핑몰은 대형마트와 달리 구매자만을 위한 시설이 아니다. 복합쇼핑몰 규제는 시민의 레저 활동을 제한하는 결과를 가져 온다. 디지털, 모바일 사회에서는 무엇을 팔 것인가보다 어떻게 팔 것인가가 중요하다. 알리바바, 아마존 등의 사례에서 보듯이 전자상거래가 급성장하는 추세 속에서 복합쇼핑몰은 오프라인 시장에서 소매업체의 유일한 활로이며, 유통업의 미래이다. 대부분의 점포는 중소업체이다. 대형마트의 의무휴업 5년이 경과한 시점에서 자영업자 단체들은 대규모 점포의 고객유치 효과를 확인하고 태도를 바꾸고 있다. 복합쇼핑몰은 해당 지역의 발전에도 기여한다. 지자체가 쇼핑몰 건설을 선택할 수 있는 자유와 권한이 주어져야 한다.

서울경제신문도 의무휴업 관련 찬반 토론을 2017년 9월 게재하였다.[23] 찬성하는 우석대 유대근 교수의 논거는 아래와 같다. 성장률 정체에 직면한 백화점과 대형마트들은 복합쇼핑몰과 아울렛을 출구전략으로 삼고 교묘하게 법망을 피하면서 변형된 형태로 상권을 확장하여 왔다. 복합쇼핑몰이 우리나라 소비문화를 한 단계 향상시킨 것은 분명하나 상권의 흡입력이 커서 중소 유통업자들의 피해도 크다. 온라인몰의 성장은 규제의 풍선효과라기 보다는 유통업체의 융합화 추세가 반영된 것이다. 의무휴업을 유통 대기업들이 선진화하는 기회로 삼아야 한다. 대형 유통점이 창출하는 고용보다 생계 터전을 잃은 약자가 더 많다. 우리 소비자들도 불편을 감수할 만큼 수준이 높아졌다.

22) [매일경제] [이슈 토론] 복합쇼핑몰 월2회 휴업 의무화_20171116.
23) [서울경제신문] [어떻게 생각하십니까?] 복합쇼핑몰·아울렛 의무휴업 적용_20170901.

의무휴업을 반대하는 중앙대 위정현 교수의 논거는 다음과 같다. 복합쇼핑몰과 아울렛 규제의 목표가 소상공인 보호인데, 앞서 시행된 대형 마트 규제로 규제만으로 전통시장의 매출 증대에는 한계가 있음이 확인되었다. 외국의 사례에서 보듯이 레저공간이기도 한 복합쇼핑몰의 규제 논의에서 주체의 한 축인 소비자가 빠져 있다. 유통산업이 온라인혁명으로 혁신의 소용돌이 속에 있다. 우리나라의 복합쇼핑몰은 기존 오프라인 업체의 혁신의 결과인데, 규제보다 공존이라는 기조에서 해결점을 찾아야 한다.

8. 플랫폼 규제

통계청에 따르면 2020년 1월부터 11월 까지 온라인쇼핑 누적 거래액은 145조 원이었다. 11월 거래액은 전년대비 하여 17%이상 증가하여 15조 원을 넘어서서 2001년 관련 통계가 작성된 이후 최고액이었다.

급속히 성장하고 있는 배달배송 플랫폼 스타트업에 대해 새로운 규제들이 도입되고 있다.

택배 근로자들의 근로환경 개선을 위한 '생활물류서비스발전법'이 제정하여 2021년 7월부터 시행되었다. 택배업의 법적 근거가 고시(인정제)에서 법률상 등록(등록제)으로 요건이 강화됐다. 택배사업자는 3개 이상 시·도에 30개소 이상의 영업점, 3개 이상의 분류시설(이 가운데 1개는 3,000㎡ 이상), 화물 추적 운송네트워크 구비, 택배 등 사업용 차량 100대 이상 등 시설·장비를 갖추어야 한다. 또한 생활물류법에 정한 표준계약서를 기초로 한 위탁계약서를 구비한 사업자만 택배사업을 할 수 있다. 법에 따라 그동안 택배업을 해왔던 CJ 등 20개 업체가 등록을 신청하여 2021년 12월 초 등록 처리되었다.

2021년 8월에는 우리나라 국회가 세계 최초로 애플이나 구글이 '인앱 결제'를 강제하지 못하도록 법을 제정하였다. 앱 개발 및 콘텐츠 업계는 환영하고 있으며[24] 유사한 규제를 도입하거나 입법을 추진 중인 미국('열린 앱마켓법')과 유럽('디지털시장법')에도 영향을 미칠 것으로 보인다.

법통과를 계기로 국내의 플랫폼의 독점 횡포를 막는 장치가 필요하다는 주장이 제기되었다. 국내 거대 플랫폼 입점 업체들은 '플랫폼은 혁신 기업이 아니라 중소상인 약탈 기업'이라고 주장하고 있다.

공정거래위원회에 의해서 대기업 집단으로 지정된 네이버와 카카오의 국내외 계열사는 각각 77개, 158개(2021년 9월 현재)이다.

플랫폼 기업 중 국내 5대 그룹 가운데 계열사가 많고 상장한 본사와 계열사의 시가총액이 대기업집단 중 5번째인[25] 카카오가 정부의 집중적인 견제와 사회적 비난의 대상이다. 사람들의 일상 곳곳에 카카오의 각종 서비스들이 함께하는 '카카오 생태계'를 꿈꾸고 있는 카카오는 2010년 모빌리티에서 시작하여 금융(카카오뱅크, 카카오페이), 콘텐츠(카카오엔터테인먼트, 웹툰), 카카오게임즈 등 게임, 교육아동, 골프, 가상화폐, 카카오스페이스 등 전 방위로 사업영역을 확장하면서 시장 독점, 골목상권 침해 논란이 발생하였다.

2021년 9월 카카오 김범수 의장은 카카오 계열사 가운데 골목상권 침해 논란이 컸던 사업들을 일부 조정하고, 소상공인을 지원하는 기금을 조성하겠다는 상생안을 발표하였다. 앞에서 언급한 대로 가족들을 이사회와 계열사에서 물러나게 하고 지주회사격인 케이큐브홀딩스는 사회적 가치창출에 집중하는 사회적 기업으로 전환시키겠다고 약속하였다.

그러나 카카오의 금산분리 위반 논란은 여전히 남아 있다. 공정거래위원회가 카카오와 김범수 의장에 대해 직권조사에 나선 상황이다. 금융당국은 카카오페이 등 일부 온라인 금융 플랫폼이 선보여온 서비스가 단순 광고가 아닌 중개행위라고 판단하고 조사 중이다.

공정거래위원회의 '온라인플랫폼공정화법'에 대해 방송통신위원회가 별도로 '플랫폼이용자보호법'을 발의하는 등 부처 간 규제 권한 다툼으로 제정이 지연되었

---

24) 한국모바일산업협회에 따르면 인앱결제 수수요율을 30%로 계산하면 네이버, 카카오 등의 수수료 부담은 연간 약 5,100억 원이다. 모바일 콘텐트 산업이 매년 10% 씩 성장하면 2025년에는 수수료 부담액이 연간 5조 3천억 원이 넘을 수 있다는 주장도 있다.
25) 2021년 9월 현재 카카오 상장계열사는 카카오게임즈, 카카오뱅크, 넵튠 등 3곳이다. 카카오페이를 비롯한 다른 자회사들이 기업공개를 줄줄이 준비 중인 점을 고려하면 시가총액 순위가 더욱 높아질 가능성이 있다.

던 '온라인플랫폼공정화법 제정안'이 여당의 조정으로 2021년 11월 부처 간에 합의되었다. 당초안에서 공정거래위원회 소관이었던 규제대상 사업자 기준, 중개계약서 기재 사항, 서면 실태 조사관련 규제 부처에 방송통신위원회와 과학기술부가 추가되었다.

그러나 과잉 규제라는 비판을 받았던 규제에 중복 규제까지 더해지며 논란이 되고 있다. 정부 관계자는 "규제 일변도로 가지 않고 시장의 의견을 충분히 이해하고 반영할 수 있도록 견제와 균형이 필요하다는 판단 하에 진흥 부처인 과기부의 역할이 강화된 것"이라는 입장이나 플랫폼 업계는 기존 법안에서보다 불확실성이 더 커질 것을 우려하고 있다. 조정과정을 거치면서 중개수익과 중개 거래금액 기준이 상향되어 공정거래위원회는 규제대상 플랫폼이 30개에서 18개로 줄어들 것으로 전망하였다.

백화점이나 대형마트 외에도 온라인 배송플랫폼을 '대·중소기업 상생협력 촉진에 관한 법률(상생법)'의 규제 틀 속에 집어넣은 개정안이 발의되어 있다. 개정안이 국회에서 통과되면 온라인 배송플랫폼 사업체도 영업시간의 규제를 받아 배송시간이 제한될 것이다.

국회에서 논의 중인 전자상거래법 개정안에는 입점 업체와의 거래과정에서 소비자가 피해를 보면 플랫폼도 연대 책임을 지도록 하는 조항이 포함되어 있는데, IT업계는 반대하고 있다.

플랫폼 종사자 보호를 위해 정부가 추진 중인 '플랫폼종사자보호법'은 배달근로자, 대리운전기사, 웹툰 작가 등 대표적인 플랫폼종사자들이 법 제정을 반대하고 있어 2021년에는 입법이 불투명하다. 법이 플랫폼종사자를 근로자가 아닌 자영업자로 보고 있어 노동법의 적용을 어렵게 만드는 우회로로 활용될 수 있고 노동자 보호규정의 실효성이 떨어진다는 것이 이들의 주장이다

반면에 스타트업 사업체와 전문가들은 플랫폼에 대한 과도한 규제로 유망 신산업의 성장세가 위축되고 법적 불안정성이 높아질 것이라고 우려하고 있다.

9. 카풀앱서비스

카풀앱서비스는 출퇴근 시에 여러 사람이 자가용을 함께 이용하도록 중개해 주는 서비스이다.

우리나라는 글로벌 공유기업인 우버가 영업활동을 하지 못하는 세계에서 몇이 안되는 나라 중의 하나이다. 우버의 국내 시장진입이 실패한 후 국내 기업들이 카풀앱서비스 시장 진입을 여러 차례 시도하였으나 택시업계 등의 반발로 매번 무산되었다.

2017년 11월 카풀앱서비스 업체인 '플러스'가 서비스를 24시간 체제로 확대하겠다고 발표하자 택시업계가 '유사운송행위'라고 반발하면서 무산되었다.

서울시와 국토교통부가 서로 책임을 떠넘기고, 서울시는 직접 택시호출앱을 만들어 서비스하겠다는 방침을 밝히는 등 정부는 새로운 기술에 기반한 혁신적 서비스를 기존의 틀 안의 규제로 대응하였다.

서울경제신문은 카풀앱서비스에 대한 찬반 토론을 2017년 11월 게재하였다.[26] 서비스 제한을 주장한 안기정 서울연구원 연구위원의 논거는 다음과 같다. 현행법에서는 카풀앱서비스를 출퇴근시간대에 한하여 예외적으로 허용하고 있다. 이 규정에 기대어 개인의 출퇴근이 다르기 때문에 서비스를 24시간으로 확대한다는 것은 법의 아전인수격 해석이다. 법의 취지는 차들이 몰리는 통상적인 출퇴근 시간대에 혼잡비용을 줄이기 위해 예외규정을 둔 것이다. 허용이 된다면 면허 없는 택시가 양산되는 것이다. 공유경제는 제한된 자원을 이용하여 효율적으로 자원을 활용하되 다른 사람이 손해 볼 여지도 가능한 작아야 정당화될 수 있다. 택시업계는 현재 공급과잉 상태이다. 많은 택시기사들이 장시간 노동을 하면서 최저임금 수준에 가까운 소득을 올리고 있는 현실을 직시하여야 한다.

반대 측의 안병익 식신 대표이사의 논거는 다음과 같다. 전 세계 630여 개 도시에서 허용된 카풀앱서비스가 극심한 교통난에 시달리고 심야의 택시 승차가 매

---

26) [서울경제신문] [어떻게 생각하십니까?] 카풀앱서비스 제한_20171124.

우 어려운 우리나라에서는 허용되지 않는다. 카풀앱서비스 규제 관련 공청회조차 열리지 못하고 있다. 서비스를 제한하는 서울시의 조치는 규제의 네거티브 방식에도 반하는 것이다. 시대착오적 낡은 규제로 혁신성장에 제동이 걸리고 있다. 4차 산업혁명의 발전을 위해 한반도 전체를 한시적으로 규제 프리존으로 선언하여야 한다. 자율주행차가 거리에서 활보한다면 관련법이 없다고 고발을 하는 우(愚)를 범할까 염려된다.

카풀서비스의 향후 성장 가능성을 주목한 초기 투자가 활발하였다. 그러나 카카오택시가 논란이 되면서 카풀서비스 업체들은 대대적인 구조조정에 들어갔거나 사업이 답보 상태였다. 카카오가 시범운행을 시작하였으나 반쪽 출발이었다. 카카오서비스를 반대하면서 기사 여럿이 분신자살하는 등 사회적 논란이 커지자 사회적 협의기구가 만들어졌고 카카오가 협의기구에서 합의된 안을 수용하였다.

카카오 문제가 해결이 되었으나 기사를 포함한 렌터카 호출 서비스인 타다 문제가 불거지면서 카풀업체와 택시업계와의 갈등은 계속되었다. 카카오의 경우 법의 출퇴근 시간대 허용 조항의 해석을 두고 카카오와 정부의 이견이 있어, 정부가 개입하여 조정할 수 있는 여지가 있었다.

타다의 경우 현행 법체계에서 합법적이라는 것이 타다 사업주의 입장이었다. 타다의 퇴출을 외치는 택시기사가 분신자살을 하는 등 택시업계의 반발이 심각해지자 정부가 개입하였다. 정부는 상생 차원에서 타다가 택시면허를 사거나 빌리는 타협안을 제시하였으나 타다는 거부하였다.

검찰은 택시영업을 한 것으로 판단하여 불법이라고 타다를 기소하였고, 불법파견 논란까지 있었다. 법원은 타다가 초단기 렌터카서비스이고 이용자는 여객이 아닌 임차인이라는 이유로 합법이라고 판단하였다.

택시업계와 타다의 분쟁은 지속되었고 택시업계는 전면 파업을 선언하였다. 국회가 2020년 3월 타다금지법을 국회에서 통과시킴으로써 택시업계의 완승으로 끝났다. 타다가 영업 종료를 선언하면서 타다 드라이버들의 고용문제가 이슈화되어 있다.

10. ICT 분야 기업결합 규제

경제의 ICT화가 급속도로 진전되면서 플랫폼, 통신시장 등에 지각 변동이 일어나고 있으며 우리나라도 예외는 아니다.

음식배달앱 2위 업체 '요기요'와 3위 업체 '배달통'의 소유주인 독일의 딜리버리히어로(DH)가 1위 업체인 '배달의 민족'의 사업자인 우아한 형제를 사들이면서 공정거래위원회에 합병 승인을 신청하였다. 합병이 승인이 되면 3개 업체의 시장점유율이 100%에 가까이 된다. 2011년 지마켓을 인수하여 시장점유율이 90%가 되었던 이베이를 승인한 사례를 참고하여 승인이 날 것이라는 예상이 지배적이었으나 100% 시장 지배자로 인한 소비자 피해를 공정위가 어떻게 판단할지가 관건이었다. 배달앱이 신사업이라는 측면을 공정위가 어떻게 고려할 것인가도 승인 여부를 결정하는 변수가 될 것으로 전망되었다.

공정위는 DH가 기존에 소유한 2위 업체인 요기요를 제3자에게 6개월 내에 매각하는 것을 조건으로 2019년 말에 승인하였다. 요기오의 매각이 완료될 때까지 요기요의 현재 상태를 유지하고 배달원의 근무조건도 불리하게 할 수 없는 등도 승인조건이었다. 소비자 권익보호를 위해 배달앱시장의 양강 구도를 유지하고 신사업의 성장 가능성을 고려한 승인이라는 분석이다.

DH는 당초 공정위 조건을 수용할 수 없다는 입장이었으나 전격적으로 수용하였다. 우아한 형제를 아시아 시장진출의 교두보로 삼으려는 전략적 결정의 결과로 해석되었다. 참여연대는 "원칙적으로 불인정하는게 맞다"고 비판하였다. 합병 승인으로 배달수수료가 인상될 것이라는 우려가 있다.

공정위는 2019년 11월 통신사인 LG유플러스와 케이블 SO인 CJ헬로의 인수합병, 통신사인 SK텔레콤의 인터넷TV인 SK브로드밴드와 케이블SO 티브로드의 합병을 승인하였다. 공정거래위원장은 "혁신경쟁을 촉진하고 방송통신사업자 간의 급변하는 기술, 환경변화에 적시에 대응할 수 있도록 해당 기업결합을 승인하기로 했다"고 밝혔다.

2016년 SK텔레콤과 CJ헬로의 합병을 승인하지 않았던 것과 대조되는 결정이었다. 공정위는 과거와는 달리 상품시장 획정에서 8VSB 유료방송시장과 디지털 유료방송시장을 별개로 보았다. 유료방송시장이 디지털 중심으로 과거에 비해 이동하였다고 본 것이다.

2015년 조선일보는 SK텔레콤과 CJ헬로의 합병과 관련하여 찬반 토론을 게재하였다. 방송공익성이 경제논리보다 중요하다는 현대원 교수 주장의 요지는 다음과 같다.[27] 2015년 말 국무회의를 통과한 통합방송법에는 IPTV 사업자는 케이블 TV 사업자 지분의 33% 이상을 소유하지 못하도록 되어있다. 대자본에 의한 지역 채널 운영에 견제와 감시가 필요하다는 취지이다. 통합이 허용될 경우 거대플랫폼의 출현으로 방송의 다양성이 훼손되고 소비자 피해와 중소 프로그램 제작자에 대한 불공정행위가 우려된다. 눈에 보이지 않는 공익이나 정의와 같은 사회적 가치가 경제적 가치보다 우선되어야 한다.

콘텐츠산업의 발전을 위해 통합이 필요하다는 라종억 교수 주장의 요지는 다음과 같다.[28] 지난해 콘텐츠산업의 매출액이 100조 원을 넘어섰다. 기술의 발전에 따른 새로운 유형의 콘텐츠와 이에 기반이 되는 플랫폼 구축이 콘텐츠산업의 지속적이고 장기적인 발전을 위해 필요하다. 통합이 허용될 경우 SK가 글로벌 업체인 유튜브와 경쟁할 수 있는 토종 플랫폼을 구축할 것으로 기대된다. 콘텐츠산업의 글로벌 선진화를 위해서는 거대 금융자본의 투자가 필요하다.

11. 원격진료(의료)

TTA 정보통신사전에 따르면 원격진료는 "의사와 환자가 멀리 떨어져 있는 장소에서 행하는 의료행위로, 통신수단에 의해 환자의 상태를 파악하여 적절한 진료를 행하는 것. 재택 건강진단 서비스에서는 쌍방향 CATV의 기능을 이용하여 가입자가 자택의 단말기에서 혈압이나 혈당치 등을 입력, 지역 내의 의료기관으로부터 진단을 받는다. 일본 도쿄 등에서는 원격의료 서비스의 한 형태로 종합 유선방송

---

27) [조선일보] 방송 공익성이 경제논리보다 중요_2015004.
28) [조선일보] 콘텐츠산업 발전 위해 필요_2015004.

(CATV) 회사와 의료기관 및 운송회사가 제휴하여 재택 진단이나 의약품의 전달을 일괄 서비스로 제공하고 있다. 쌍방향 통신에 의한 전문의사의 신속한 판단과 조언이 가능해지고 인터페이스 기술이 진보되면 원격수술도 가능하다."[29]

보건복지부가 2013년 10월 29일, 2015년부터 원격의료를 허용하고 의료법인의 영리활동을 완화하는 의료법 개정안을 입법예고하자, 정부가 의료 상업화에 앞장서고 있다고 보건의료단체 들이 반발하였다. 원격진료가 도입되면 지방병원과 동네병원이 무너져서 5만 명 이상의 일자리가 없어질 수 있다고 비판하였다. 정부는 영리병원 허용 등 의료민영화를 추진하는 것이 아니라고 적극적으로 해명하였고 의협과 합의점을 찾아내어 법안을 국회에 제출하였으나 의료민영화 논란의 벽을 넘지는 못하고 자동 폐기되었다.

중앙일보는 2013년 10월 원격진료 허용에 관한 찬반 토론을 게재하였다.[30] 반대 측의 송형곤 대한의사협회 대변인의 논거는 다음과 같다. 언론에서 논의되는 안대로 도입되면 일부 환자에 대해서는 대형 병원과 동네병원의 무한 경쟁구도로 될까 우려된다. 노르웨이, 캐나다 등 의료접근성이 낮은 나라에서는 대면진료를 원격진료로 대체하는 것이 적당하나 우리나라의 의료접근성은 OECD 국가 중 최고수준이다. 노인, 도서벽지 초진 환자 등도 원격진료 범위에 포함시킨다고 하는데 의료의 질이 담보되는 않는 등 의료접근성이 악화될 개연성도 있다. 의료취약계층이 의료기관에 쉽게 접근할 수 있는 시스템을 구축하는 것이 선결과제이다. 의료전달체계가 제대로 정립되지 못한 현 상황에서는 지방병원과 동네병원이 대형 병원과의 경쟁에서 밀려 경영난이 악화될 것이다. 원격의료를 통해 성장할 수 있는 산업은 그리 많지 않다.

찬성 측의 이영식 한양대 교수의 논거는 다음과 같다. 고령화가 진전되고 만성질환자가 증가하는 현실에서는 환자의 불편함을 해소하는 차원에서 원격진료가 대안이다. IT 기술의 발달로 원격진료를 시행할 기술적 기반이 확립되어 있다. 대면진료의 정확성 및 신뢰성과 비교하여 아직 미흡하나 의료취약계층, 만성질환자를 대상으로 우선 시행하고 단계적으로 접근하면서 신뢰성과 정확성을 높일 수 있

---

29) http://100.daum.net/encyclopedia/view/55XXXXXX2474
30) [중앙일보] [논쟁] 환자 원격의료 허용, 어떻게 볼 것인가_20131019.

도록 관계자들이 합심하여 노력하여야 한다. 원격진료를 통한 기술축척으로 우리 의료 기술을 해외에 수출할 수 있다면 우리나라 국부에도 도움을 줄 것이다.

중앙일보와 한겨레신문은 2013년 10월 원격의료에 대한 사설을 게재하였다. 중앙일보의 사설 요지는 다음과 같다.[31] 원격의료가 도입되면 만성질환자, 노인, 중증 장애인 등 최소 670만 명의 환자가 혜택을 볼 것이며 IT기술에 접목한 새로운 의료서비스의 장을 열 것으로 기대된다. 환자의 안전과 편익을 우선적으로 고려하여야 한다. 시범실시를 통해 사전에 문제점을 파악하고 개선하여야 한다. 제도 도입을 반대하는 의사 등 의료계와 충분히 협의하여 모두가 공감하는 제도를 만들어야 한다. 사후적인 관리 및 모니터링 시스템을 통하여 관계자들이 소통하고 안전과 효율을 높여야 한다.

한겨레신문의 사설의 요지는 다음과 같다.[32] IT 기술을 이용하여 의료 취약계층에 혜택을 주는 것은 IT 강국인 우리로서는 자연스러운 일이다. 그러나 안전성, 비용부담, 의료 생태계 파괴의 위험성이 우려된다. 대면진료 없는 처방은 부실한 의료처리로 이어질 수 있다. 원격진료를 위한 인프라 구축에 필요한 비용은 건강보험의 재정을 악화시킬 것이다. 대형 병원의 쏠림 현상을 더욱 가속화시킬 우려가 있다. 최대한 신중하고 단계적으로 접근하여야 하며 시범사업의 결과를 평가한 이후 도입해도 늦지 않을 것이다.

박근혜 정부는 20대 국회에 원격의료법안을 다시 제출하였으나 법이 제정되지는 않았다.

문재인 정부 출범과 함께 원격의료 등 의료서비스 산업 혁신 방안이 추진되었다. 문재인 정부는 원격직료를 스마트진료로 명칭을 변경하여 2019년 7월 '강원 규제자유특구' 내에서 격오지의 고혈압과 당뇨 재진환자를 대상으로 동네의원이 환자 가정을 방문하는 원격의료사업을 시작하였으나 참여하는 병원이 없어 개점 휴업 상태이다. 2019년 8월에는 복지부와 함께 전남 완주군에서 시범사업을 발표하였으나 의사회 반대로 보류되었다.

코로나 팬데믹 상황에서 2020년 2월 서울 의사가 부산 환자에서 전화로 처방

---

31) [중앙일보] 원격의료, 안전·효율 높여 환자 접근성 개선하길_20131031.
32) [한겨레신문] 원격의료, 제대로 된 시범사업부터 먼저 해야_20131031.

하는 전화진료가 한시적으로 허용되었다. 전화진료가 허용된 처음 48일(2월 24일부터 4월 12일까지) 간 진료, 처방 건수가 10만 건을 넘었다. 그러나 코로나 19가 종료되어도 계속 허용될지는 불확실하다.

2020년 4월 문재인 대통령이 '비대면 의료서비스 등 적극 육성해야' 한다고 강조한 이후 정부와 여당이 '비대면 의료' 수단을 적용하는 수준의 절충안으로 원격의료 도입을 다시 추진하였다. 그러나 약사까지 가세하여 의료제도 시스템 붕괴, 국민 건강권 위협을 이유로 비대면 의료를 반대하고 정부와 여당이 같이 추진하는 공공의대 설립, 의대 정원 확대를 반대하는 의사협회와 전공의 파업이 발생하면서 비대면의료는 좌초되었다.

우리나라를 의료 부분의 '롤모델'로 삼고 있는 우즈베크에서도 원격의료 서비스가 가능한 등 외국에서는 원격진료를 활용하여 환자의 편익을 증진시키고[33] 헬스케어 분야에도 AI 열풍이다. 우리나라는 원격진료 도입이 20년 이상 진전이 없는데, 해외진출은 독려하고 있다. 네이버의 자회사인 라인은 소니 자회사와 합작하여 일본에서 원격의료 사업을 하고 있다. 일본은 1997년 원격진료를 도입하였다. 국내에서도 환자가 (건강보험이 적용이 되지 않는) 외국 소재 병원으로 부터 원격진료를 받을 수 있다.

12. 한의사 의료기기 사용

2014년 12월 28일 정부가 한의사가 현대 의료기기를 사용하는 것을 허용할 방침이라고 밝히자 의사협회는 반대하고, 한의사협회는 환영하였다. 의사협회는 전문성이 없는 한의사의 의료기기 사용은 현 의료체계의 붕괴를 가져올 수 있다고 반대하고, 한의사협회는 현대 의료기기를 한의사들이 사용하지 못하게 하는 것은 정확한 진료를 방해하는 행위라고 비판하였다. 의사협회의 반발로 한의사의 초음파 엑스레이 사용 등을 허용하는 방안은 추진되지 못하였다. 한국경제신문과 중앙

---

33) 2019년 현재 세계 원격의료 시장규모는 300억 달러가 넘는 것으로 추정된다.

일보는 정부가 한의사 의료기기 사용허용을 발표한 후 논란이 되자 2015년 1월과 2월에 각각 찬반 토론을 게재하였다.[34]

2017년 9월 한의사에게 의료기기 사용을 허용하는 법안이 국회에서 발의되었다. 문재인케어 확대로 정부와 의사협회 간의 갈등이 고조되면서 한의사 의료기기 사용이 다시 쟁점화 되었으나 합의점은 찾지 못하였다. 재활병원, 건보적용 등 여러 분야에서 의사와 한의사 간의 싸움은 격화되었다

한국경제신문은 한의사 의료기기 사용이 다시 쟁점화되자 2018년 3월 찬반 토론을 게재하였다.[35][36] 찬성 측의 최혁용 대한한의사협회 회장의 논거는 다음과 같다. 한의사는 자격이 있는 의료인이고, 환자의 건강을 위해 의료기기 선택권을 보장받아야 하나, 의료기기 실습교육을 받고 있음에도 불구하고 의료기기 사용에 불합리한 제한을 받고 있다. 헌법재판소도 한의사가 안압측정기 등 5종의 의료기기를 사용할 수 있다고 판결하였다. 한의사가 의료기기를 사용하게 되면 의료비가 절감되고 진료선택권 제한이 완화되어 환자의 편익이 증대된다. 국민 80%가 찬성하고 있다. 한의학의 현대화를 통해 국익창출이 가능하다. 의료산업 활성화로 1만개의 일자리가 창출될 것으로 예상된다. 중국은 중의학 발전을 헌법에 명시하고 중의학을 우대하는 정책을 펼치고 있다.

반대 측의 추무진 대한의사협회 회장의 논거는 다음과 같다. 진단용 방사선 발생장치를 통한 처치는 의료행위의 일부이며 환자의 안전을 위해 전문적인 교육을 받은 의사만이 사용하도록 하여야 한다. 현행 법체계에서 한의사의 진단용 방사선 발생장치를 사용하는 것은 불법행위이다. 이원화된 현행 의료체계의 근간을 흔드는 것으로서 국민의 안전이 심각하게 위협받을 것이다. 한의사에게 의료기기 사용을 허용한다면 의료체계를 현대의학으로 일원화하는 것이 우선되어야 한다.

---

34) [한국경제] [맞짱 토론] 의료기기 사용 법적 문제 없어 국민 편익·진료비 부담 줄어들어..._ 20150117. [중앙일보] 한의사 현대 의료기기 사용, 허용 맞나_20150204.
35) [한국경제] [맞짱 토론] 한의사에게 의료기기 사용 허용해야 하나_20180317.
36) 동아일보도 2017년 12월 한의사의 의료기기 사용과 관련된 찬반 토론을 게재하였다.

13. 변호사 자격

2017년 12월 변호사에게 자동적으로 세무사 자격을 취득하게 한 법이 폐지되면서 논란이 되었다. 파이낸셜뉴스는 변호사와 세무사 양측의 논거를 비교하는 기사를 게재하였다.[37] 세무사회와 법안 통과를 지지하는 측의 주장 요지는 다음과 같다. 변호사에게 세무사 자격을 자동적으로 주는 조항을 삭제한 것은 2003년 통과된 세무사법에서 변호사가 세무사 등록을 하지 못하도록 한 조치를 보완하는 성격이다. 변호사는 여전히 세무대리 업무를 할 수 있기 때문에 반대 측의 과잉반응일 뿐이고 향후 변리사, 노무사 자격 자동 취득이 제한되는 것을 우려하는 예방 차원에서 반대하는 것이다. 반대 측은 2003년 개정된 세무사법이 헌법재판소에서 위헌 심의중이고 국회 법사위 소위에서 논의 중인 사안을 국회 본회의에서 처리한 것은 절차상의 문제가 있다는 주장이다.

변호사 수가 2만 명이 넘어서고 매년 1천 600명이 새로이 배출되는 등 변호사시장이 포화상태가 되면서 변호사들이 지자체 6급 전문직으로 취업하는 등 취업난에 시달리고 있다.

2017년 말 기획재정부가 문재인 정부의 서비스산업 혁신방안의 일환으로 변호사와 다른 전문 자격사간의 동업허용 방침을 밝히면서 논란이 되었다. 한국경제신문은 찬반 토론을 2017년 12월에 게재하였다.[38] 찬성 측의 나승철 변호사의 논거는 다음과 같다. 과잉규제로 국내 법률시장은 정체되어 있는데 변호사 수는 급격히 증가하고 있다. 한 해에 1천 500명의 변호사를 배출하는 것이 생존권 침해라는 헌법소원을 낼 정도이다. 변호사, 세무사 등 다른 전문 자격자들도 모두 공공성을 지니고 있고 관련법에 규정되어 있다. 각자 일을 하면 공공성이 지켜지고, 같이 일하면 공공성이 훼손된다는 법무부 논리는 이해할 수 없다. 동업을 허용하면 고객의 편익이 증가하고 변호사도 다른 분야의 전문성을 제고할 수 있어 사회적 편

---

37) (파이낸셜뉴스) [어떻게 생각하십니까] 업무엔 변화 없는데 변호사들 과잉반응 vs. 위헌·절차적 문제 있어_20171211
38) [한국경제] [맞짱 토론] 변호사와 다른 전문 자격사 동업 허용_20171202.

익이 있다. 전문사간의 동업을 허용하여도 누구나 법인에 투자할 수 있는 것은 아니기 때문에 동업 허용 시 대기업 등 자본에 변호사가 휘둘릴 우려가 있다는 것은 오해이다. 법률시장을 육성하고 발전시킬 책임이 법무부에 있다.

반대 측의 박철 변호사의 논거는 다음과 같다. 의뢰인을 위해 소송을 제기하거나 방어하는 변호사가 자본에 장악되면 자본의 손익에 따라 소송을 남발하거나 인권 보호의 최후 보루가 무너질 수 있다. 미국, 독일 등에서 동업을 금지하거나 제한적으로 허용하는 이유이다. 변호사의 비밀유지의무, 충실의무와 회계사의 중립의무가 실제로 충돌할 수 있기 때문에 어느 자격의 윤리의무를 우선시하느냐의 문제가 발생한다. 동업을 허용할 경우 실질적으로 혜택을 보는 계층은 일정 규모 이상의 기업과 일부 부유층에 국한된다. 변호사의 법률서비스는 공익적 성격이 있는데, 단순히 경제 논리로 접근하여서는 안 된다.

2012년 1회 변호사시험의 합격률은 87.17%였는데, 탈락자가 누적되면서 2017년 6회 변호사 시험 합격률은 51.44%로 떨어졌다. 로스쿨 제도가 도입 취지를 살리지 못하고 있다는 비판과 함께 변호사시험 합격률을 제고시켜야 한다는 주장, 로스쿨 정원을 줄여야 한다는 주장도 제기되고 있다.[39]

로스쿨별 변호사시험 합격률을 공개하라는 법원의 판결이 있었고, 사법시험 제도 폐지가 확정되는 등 로스쿨제도를 둘러싼 환경변화도 있다.

매일경제신문은 변호사시험 합격자 증원에 대한 찬반 토론을 2018년 2월 게재하였다.[40] 변시 합격자수 증원을 주장하는 이형규 법학전문대학원협의회 이사장의 논거는 다음과 같다. 정부가 사법시험제도를 폐지하고 로스쿨제도를 도입한 것은 사법시험 제도로 인한 사법교육의 황폐화, 고시낭인의 폐해를 극복하기 위한 것이었다. 2017년 변호사시험의 합격률이 51.44%로 떨어지면서 학생들이 변호사

---

39) 변호사들이 가입하여 비용을 지불하여 광고를 하면 소비자들이 이를 보고 변호사를 선임하여 의뢰하는 로톡의 변호사법 위반 여부가 쟁점이 되고 있다. 2015년 사업을 시작한 로톡에 대해 변협은 가입 변호사에 대한 징계 규정을 시행하고 있다. 법무부는 변호사법 위반이 아니라는 입장이나 로톡이 공공성을 저해한다는 지적에 따라 2021년 8월 태스크포스를 구성해 대책을 마련하고 있다. 변협은 법무부의 입장 표병에도 불구하고 여전히 변호사법 위반이라는 입장을 고수하고 있고 회원 수를 부풀려 과정 광고를 하고 광고비를 많이 내는 변호사를 '프리미엄 로이어'로 지칭해 소비자를 오인하게 만들었다는 이유로 공정위에 로톡을 고발하였다.

40) [매일경제] [이슈 토론] 辯試 합격자수 증원 논란_20180208.

시험의 합격에만 매달리고 있어 로스쿨 도입 취지를 살리지 못하고 있다. 정원제의 합격자 결정방식을 바꾸어야 한다. 미국의 변호사시험 합격률은 평균 70% 이상이다. 우리도 적어도 60% 이상의 합격률이 유지되도록 변호사시험을 자격시험으로 전환하여야 한다.

반대 측의 김현 대한변협 회장의 논거는 다음과 같다. 변호사 시장은 포화상태인데 매년 1천 600명의 변호사가 배출되고 있다. 로스쿨 도입 취지대로 로스쿨이 운영되고 있지 않으며, 너무 많은 변호사 수로 인하여 기획소송이 우려되는 등 그 피해가 국민에게 돌아 갈 가능성이 크다. 변호사시험 합격자를 1천 명으로 줄여야 하고 로스쿨에 대한 과감하고 대폭적인 구조조정과 혁신이 필요하다. 미국의 뉴욕주, 캘리포니아주, 워싱톤DC의 변호사시험 합격률은 50% 미만이다. 변호사시험 합격자에 대한 내실 있는 실무교육이 필요하다.

14. 면세점 등록제

2013년 관세법 개정으로 면세점의 허가 기간이 5년으로 단축되면서 면세점 재심사가 2015년 11월 실시되었다. 황금 알을 낳는 거위인 면세점 사업의 재승인을 받거나 새로이 면세점 사업에 진출하고자 하는 대기업들의 경쟁이 치열하였다.

2015년 면세점 허가과정에서 허가제를 등록제로 전환하여야 한다는 주장 등 면세점 사업의 기본 틀을 바꾸자는 논의가 활발하였다. 면세점 사업의 재승인과정에서 가장 문제가 되었던 것 중의 하나가 인력이었다.

2015년 면세점 선정이 종료된 이후에도 면세점 사업을 허가제에서 등록제로 바꾸어야 한다는 주장이 지속적으로 제기되었다. 서울경제신문은 2017년 4월 면세점 허가제를 등록제로 바꾸는 것에 대한 찬반 토론을 게재하였다.[41] 찬성 측의 최준선 성균관대 교수의 논거는 다음과 같다. 시장자율권을 침해하는 면세점 특허제의 폐해는 크다. 관세청이 동일한 사업자 선정 절차를 두 번씩 하게 하고, 골목상권

---

41) [서울경제신문] [어떻게 생각하십니까?] 면세점 특허제 등록제로 전환_20170407.

과 관계없는 면세점에 대해 의무휴업일을 지정하고, 도입이 무산되었지만 입찰시 감점제도 도입, 특허수수료 20배 이상 방안 검토 등 정부는 면세점 사업을 특혜로 보고 이익환수 차원에서 접근하나 결과적으로 가격인상, 소비자 피해로 귀결될 뿐이다. 정부가 특허 기간을 5년으로 단축하면서 20년 이상 영업 노하우를 축적한 면세점 2곳이 폐쇄되어 근로자들의 고용불안을 가져 왔다. 대안은 등록제이다. 외국의 대형 면세점 진출이 우려되어 등록제로 전환하지 못한다고 하나 이미 외국대형사들은 중소사업자로 등록하여 진출해 있는 상황이고 엄격한 기준을 세워 등록하도록 하면 된다. 경쟁으로 인해 도산하는 업체도 있을 수 있으나 경쟁에 따른 편익이 더 크다. 세계 면세점 톱 10에 우리나라 면세점 2곳이 포함될 정도로 급속히 성장한 우리나라 면세산업이 더욱 도약하기 위해서는 등록제로 전환하여 글로벌 시장에서 성장할 수 있는 기반을 마련해 주어야 한다.

반대 측의 김영춘 한국관세무역개발원 연구실장의 논거는 다음과 같다. 우리나라 면세사업이 비약적인 발전을 해온 것은 세계관세기구의 권고와 지침을 잘 준수하면서 면세점을 허가제로 운영하여 온 결과이다. 면세점들의 면세시장에서의 시장지배자적 지위는 최근 추세인 대형화와 집중화로 인해 등록제로 전환 시 더욱 심화될 수 있다. 현행 면세점 신설의 일부 기준은 개선이 필요하나 현재의 면세점 수는 적정하다. 현행 심사제도의 기준과 절차는 공정하고 적절하다. 등록제로 전환하여도 일정 기준을 충족하는 경우에만 등록을 받아준다고 하면 현 허가제와 큰 차이가 없다. 허가제는 등록제에 비해 중소기업이나 중견기업에 유리하다는 것이 고려되어야 한다. 허가기간을 10년으로 늘리고 기간 연장을 위한 승인심사제도의 부활이 바람직하다.

2016년 정부가 시내면세점 신규 특허를 4개 내주고 사드의 영향으로 중국 관광객이 줄면서 면세점들의 고객 확보 경쟁이 치열해졌다. 2017년 면세점들의 수익성이 악화되면서 인천공항공사 입주 면세점들은 인천공항공사와 임대료 인하 협상을 하였고, 롯데는 대부분의 매장에서 철수하였다. 2018년에는 롯데가 인천공항공사 입찰에서 탈락하였다.

2018년에 들어서서 면세점 매출은 회복세로 돌아섰다. 그러나 국내 면세점업계는 코로나19의 직격탄으로 시련의 시간을 보내고 있다.

정부는 면세점 지원 대책으로 특허수수료를 경감하여 주고, 면세점 쇼핑이 가능한 무착륙 해외 관광비행선을 허용하는 등의 조치를 취하였다. 2021년 12월에는 41년간 유지되어온 면세점 구매한도를 폐지하였다.

그러나 면세점 업계가 연장을 원하던 '제3자 반송' 제도가 2020년 말로 종료되었으나 연장이 되지 않았다. 면세점도 의무휴업 대상에 포함하는 법안이 발의되어 있다.

입국장 면세장이 2019년에 도입되었으나 코로나19 등의 영향으로 1호 면세장이 2020년 11월에 인천공항에서 철수하는 등 존폐위기에 있다. 입찰자격을 중소기업에 한정한 것이 위기의 원인의 하나라는 지적이다.

제3장

금융 정책

금융 정책

1. 금융관련 개인정보 상업적 거래 허용

2018년 금융위는 빅데이터 산업 육성을 위해 관련 규제를 완화할 방침을 밝혔다. 규제완화안에 따르면 개인동의 없이도 암호화된 금융관련 데이터를 분석하고 가공할 수도 있다. 고객 동의를 전제로 금융회사의 개인정보를 활용하여 정보를 파는 '본인 신용정보 관리업'이 도입된다. 그러나 행정안전처, 방송통신위원회 등 타 부처와의 원활한 업무협의, 개인정보 관리에 관한 국민의 낮은 신뢰도 제고 등이 과제였다. 금융관련 개인정보는 일단 유출되면 그 피해가 크기 때문이다.

한국경제신문은 2018년 3월, 금융관련 개인정보의 상업적 거래 허용과 관련된 찬반 토론을 게재하였다.[1] 찬성 측의 오정근 한국금융ICT융합학회 회장의 논거는 다음과 같다. 알리바바의 금융지주회사 소속 마이뱅크는 중저신용도의 농민, 영세상인의 신용대출 심사를 3분 내에 하여 연 7~8%의 금리로 대출하여 주는데, 설립 첫해인 2015년을 제외하면 흑자이다. 중국정부의 공공데이터 개방 정책으로 활용 가능한 10만여 개의 데이터를 사용해 인공지능으로 심사분석하기 때문에 가

---

1) [한국경제] [맞짱 토론] 금융관련 개인정보 상업적 거래 허용해야 하나_20180331.

능하다. 한국의 인터넷은행이 활용하는 데이터는 수십 개에 불과하여 대면은행과 비교하여 큰 차이가 없다. 개인정보 수집처리에 사전 동의가 필요한 나라는 우리나라가 유일하다. 미국, 일본, 유럽연합에서는 비식별 데이터를 개인정보 보호대상에서 제외하고 있다. 4차 산업혁명의 발전을 위해 비식별 데이터의 상업적 이용을 허용하는 금융위 계획을 환영한다.

반대 측의 오병일 정보인권연구소 연구위원의 논거는 다음과 같다. 미국 등 다른 나라들도 개인정보 보호를 위해 사후규제를 하거나 보호를 강화하는 추세이다. 빅데이터 산업 활성화를 명분으로 개인정보 보호와 관련된 정부의 정책의지가 느슨해질까 우려된다. 우리나라는 개인정보 보호업무가 여러 부처로 분산되어 있으며 제도적 정비가 미흡하다. 금융 분야는 다른 분야에 비해 개인정보 보호규제가 상대적으로 완화되어 있는데, 이번 조치로 국민들의 불안감이 높아졌다. 정부가 공언하는 대로 비식별 개인정보가 완전히 익명 처리될 수 있는지도 명확하지 않다.

성소수자 차별 논란으로 폐기된 '이루다'사건을 계기로 혁신을 빌미로 속속 발의되는 개인정보보호법을 완화내지 우회하는 입법이 아니라 합리적이고 통합적인 개인정보 보호체계가 필요하다는 주장이 제기되었다.

2018년 11월 데이터산업 활성화를 위한 '개인정보보호법', '정보통신망법', '신용정보법'을 포함하는 '데이터 3법'이 발의되었다. 데이터 3법이 2020년 1월 국회를 통과하여 2020년 8월부터 시행되면서 개인 식별이 어렵도록 가공한 '가명정보'를 통계 작성, 공익적 기록 보존, 과학적 연구 등에 정보 소유자 사전 동의 없이 사용할 수 있게 됐다. 세 개 부처가 관장하는 개인정보 보호체계는 국무총리실 산하 개인정보보호위원회가 통합 관리한다. 대한상공회의소는 신산업 분야 19개 중 규제로 막혀 있는 12개 분야에 데이터 3법 적용이 가능하다고 분석하였다.

마이데이터는 은행 계좌와 신용카드 이용내역 등 금융데이터의 주인을 금융회사가 아니라 개인으로 정의하는 개념이다. '데이터 3법'의 개정으로 사업자들이 개인의 동의를 받아 금융정보를 통합 관리하여 주는 신용정보관리업(마이데이터 산업)이 가능하게 되었다. '은행 간 경쟁'이던 오픈뱅킹과 달리 마이데이터는 '플랫폼 간 경쟁'이 될 것이라는 분석이 나온다. 대형 금융지주사 임원은 "대형 플랫폼 위주로

금융이 재편되면 기존 금융사는 플랫폼에 상품을 공급하는 하도급업체가 될 수도 있다"고 말했다.[2]

2021년 9월 8일 현재 국민은행 등 45개사가 마이데이터 본허가, 신한생명 등 11개사가 예비허가를 받았다.

2. 인터넷은행/은산분리 완화

미국 등 선진국은 은행과 금융에 산업자본을 투자하는 것을 허용하고 감시하는 체제이지만 우리나라는 이러한 투자를 원칙적으로 막고 있다. 대기업집단의 경제력으로 인해 금융자본이 산업자본에 예속되는 것을 방지하기 위해 불가피한 측면이 있으나 은산분리로 은행산업의 성장이 저해된다는 비판도 있다.

은산분리 규제를 인터넷은행에 대해서는 완화하여야 한다는 주장이 처음으로 제기되었던 2015년 1월 한국경제신문은 인터넷전문은행을 위한 은산분리 완화에 관한 토론을 게재하였다.[3]

은산분리 규제완화를 주장하는 오정근 한국금융ICT융합학회 회장의 논거는 다음과 같다. 금융 산업의 주도권이 금융회사에서 산업자본으로 넘어 오고 있다. 인터넷전문은행 저장왕상은행을 중심으로 한 전자상거래은행 알리바바, 미국의 20여 개의 인터넷전문은행 등이 그 증거이다. 우리나라는 금산분리규정에 묶여 '금융산업의 삼성전자'가 나올 수 없으며 은행, 지주회사 중 외국계를 제외하면 모든 은행, 금융지주회사가 정부의 영향력 안에 있어 금융산업이 낙하산 인사, 과도한 규제 등으로 낙후되어 있다. 1인당 국민소득이 우리나라의 2배로 일찍이 선진국 대열에 합류한 싱가포르의 발전에는 규제완화를 통한 외국계 금융회사의 유치가 역할을 하였다. 따라서 거래 규제 등으로 기업의 사금고화를 방지하는 대안을 마련하고 인터넷은행에 한하여 은산분리 규제를 완화하여 금융산업 발전의 전기를 마

---

2) [네이버 지식백과] 마이데이터(한경 경제용어사전) (https://terms.naver.com/entry.nhn? docId = 5680641&cid = 42107&categoryId = 42107).
3) [한국경제] [맞짱 토론] 인터넷전문은행 설립 위해 금산분리 완화해야 하나_20150114.

련하여야 한다.

완화를 반대하는 새정치연합의 박영선 의원의 논거는 아래와 같다. 삼성생명의 삼성전자 지배, 저축은행의 동일인 대출한도 위반사례, 동양그룹 사태는 기업이 금융기관을 사금융한 대표적인 사례이다. 개인대출 업무를 하는 인터넷전문은행의 설립되어 대부업체가 예금수납까지 할 수 있도록 허용하는 것은 필요하지 않다. 이미 금융사고가 빈번하고 구제를 받는 것도 어려운데, 본인확인 의무에 대한 규제를 완화하는 것도 바람직하지 않다. 오히려 인터넷전문은행과 유사하나 금산분리 규제완화 및 본인확인의무 완화가 필요 없는 펀드슈퍼마켓을 활성화시키는 것이 대안이다.

2016년 인터넷은행인 카카오뱅크, K뱅크가 출범하였으나 인터넷은행에 한해서 은산분리를 완화하는 법이 여전히 국회에 묶여 있었다. 문재인 정부에 들어서서 2018년 9월 인터넷은행에 한해서 은산분리를 완화하는 관련법의 개정이 있었다.

법 개정 이후 설립신청 허가를 제출한 키움, 토스 모두 1차 예비심사에서 탈락하였다. 이후 지적사항을 해소하여 2차 예비심사에서 예비인가를 획득한 토스뱅크는 2021년 7월 제3의 인터넷은행으로 영업을 시작하였다.

인터넷전문은행 카카오뱅크의 시장진입으로 금융 산업에 변화의 바람이 일어났다. 기존 은행들의 수수료 인하 경쟁을 촉발시켰고 카카오의 마케팅도 벤치마킹 대상이었다. 기존 은행들이 비대면 중심의 디지털화를 가속화하고 온라인뱅킹에 주력하면서 은행 점포들이 줄어들었다. 2017년 말, 2007년 이후 처음으로 시중 은행 점포수가 7,000개 아래로 떨어졌다. 3,500명의 직원들이 은행을 떠났다.

카카오뱅크 가입자가 2019년에 1천만 명을 넘어섰고 적자에서 흑자로 전환하였다. 2020년 1분기에 2019년 한해 번 돈보다 많이 벌었다. 시장진입 초반부터 경쟁사인 K뱅크에 앞섰던 카카오뱅크는 격차를 더욱 벌리고 있다. 2019년 말 현재 K뱅크의 가입자 수, 수신 잔액, 여신 잔액 모두 카카오 뱅크의 10분의 1수준이었다. K뱅크는 대주주요건을 완화한 인터넷전문은행법 개정안이 통과되어야 증자가 가능하다.

대주주인 KT의 K뱅크에 대한 유상증자를 가능하게 하는 법 개정안은 국회 법사위까지 통과하였으나 특정 기업에 대해 특혜를 줄 수 없다는 여론에 밀려 본회의를 통과하지 못하였다.

3. 공매도규제 강화

공매도는 일정 수수료를 내고 남의 주식을 빌려와 판 후 사후에 주가가 내리면 다시 사서 갚아 차익을 내는 제도이다.

엔씨소프트의 상장 이후 사상 최대의 공매도 물량이 쏟아져 주가가 급락하였으나, 과열종목 지정을 하지 못하자 공매도 과열 방지제도의 실효성이 논란이 되었다. 국회에 미국이나 일본과 같이 공매도의 규제를 강화하는 법안이 제출되자 공매도 규제 강화에 관한 찬반 논란이 치열해졌다.

신성장사업인 의약분야에서 공매도로 주가가 폭락하자 다시 논란이 되었고, 우리나라의 공매도 규제가 다른 나라에 비해 덜한 것은 아니라는 주장도 제기되었다. 미공개 정보를 이용하여 주식시장에 개입하는 외국인 투자자들의 공매도를 비난하는 목소리도 높았다.

공매도의 규제를 강화하는 법안이 제출되자 서울경제신문은 2017년 1월 찬반 토론을 게재하였다.[4]

규제 강화를 찬성하는 손혁 계명대 교수의 논거는 다음과 같다. 공매도할 때 차입하는 조건이나 수수료는 기관에 유리한 반면 개인은 그럴 여건이 되지 않는다. 결국 공매도 시장은 기관 투자자에게 유리한 불공정한 시장이다. 공매도의 이익은 대부분 외국인 투자자가 가져가지만 공매도 주식을 빌려주는 기관은 국민이 주인인 국민연금이다. 공매도가 악재를 시장에 알리는 순기능이 있지만 이를 활용해 수익을 창출하려는 작전 세력도 있다. 거짓 소문이나 악재를 통한 작전으로 주가가 폭락할 때 공매도가 문제가 되는데, 현 시스템에서는 거래 투명성을 높일 대안이 미흡하다. 작전 세력의 불공정 투자로 피해를 본 건전한 투자자가 많아지는 현실을 고려하면 공매도에 대한 규제를 강화하여야 한다.

---

4) [서울경제신문] [어떻게 생각하십니까?] 공매도 규제강화_20170120.

반면 규제 강화를 반대하는 반기범 명지대 교수의 논거는 다음과 같다. 심각한 사회문제인 가계 부채에도 불구하고 신용으로 자산에 투자하는 것은 정부가 독려하면서 유사한 형태의 투자행위인 공매도를 규제하는 것은 불합리하다. 주식시장에서의 공매도는 신용매수에 비해 디폴트의 위험이 적다. 특정 개인이나 집단의 유·불리를 따지기 보다는 주식시장, 거시 경제 전체에서 합리적이고 공정한 룰을 만들어야 한다.

2018년 '삼성증권 유령증권 사태'로 공매도 규제 강화의 필요성이 다시 강력하게 제기되었다.

코로나19 장세로 공매도가 심각하여 지자 정부는 공매도 과열 종목 지정요건을 완화하고 거래 금지기간을 확대하는 조치를 취하였다. 그래도 시장이 안정되지 않자 정부는 모든 상장 종목에 대해 6개월간 공매도를 금지하는 조치를 2020년 3월 14일 취하였다. 또한 동일 기간 상장기업의 1일 자기주식의 매수주문 수량한도를 완화하고, 동일기간 신용융자담보비율 유지의무를 면제하는 조치를 취하였다. 증권당국은 글로벌 금융위기 상황이었던 2009년, 2011년 유럽 재정위기 때도 공매도 금지를 하였다.

증권당국은 코로나19 장세가 지속되고 일반 투자자들의 투자 심리가 위축되는 것을 방지하기 위해 공매도 금지조치를 여러 차례 연장하다가 2021년 5월 코스피 시장에서는 200개 회사, 코스닥 시장에서는 100개 회사 등 대형주를 중심으로 부분 해제(2021년 12월 초 현재)하였다.

공매도 전면 재개를 두고 공방이 뜨겁다. 개인투자자에게 불리한 공매도를 계속 금지하여야 한다는 주장과 공매도 금지는 중장기적으로 주식시장 발전을 저해한다는 주장이 대립되어 있다. 금융당국은 "MSCI(모건스탠리캐피털인터내셔널) 선진국 지수 편입 등을 위해서도 언젠가는 가야될 길"이라는 입장이다.

4. 가상자산/ 암호화폐/ 가상통화

유럽중앙은행의 정의에 의하면 가상화폐는 "정부에 의해 통제를 받지 않는

디지털화폐의 일종으로, 개발자가 발행하고 관리하고, 특정한 커뮤니티에서만 통용되는 결제수단이다." 비트코인이나 이더리움은 참여자가 모두 공동관리자이고, 가상공간이 아니라 현실에서 통용되며, '블록체인'이라는 암호학 기술을 기반으로 한다는 점에서 가상화폐와 다르며 암호화폐라고 부른다.

암호화폐에 대한 관점은 암호화폐가 '블록체인'이라는 혁명적 기술에 중점을 두느냐 자산적 가치를 중시하느냐에 따라 달라진다. 암호화폐가 논란임에도 불구하고 지속적으로 성장세를 유지하고 있어 점진적으로 관점이 변화(상대적인 의미에서)하고 있다.

블록체인이란 신기술에 기반하고 있음에도 불구하고 암호화폐에 대한 우려는 단기간에 가격이 너무 급등하였다는 것이다. 2017년 8월 기준으로 비트코인의 거래 가격은 7년간 150만 배 증가하였고 이더리움은 2017년 한해에 30만 배 이상 가격이 뛰었다. 비트코인 세계 거래량의 20%가 원화로 결제되어 암호화폐 열풍이 우리나라에서 특히 심하다.

투기적 위험성이 있는 암호화폐 시장의 과열에 따른 사고가 빈발하고 사회적 폐해도 심각하다.

2017년 암호화폐의 가격이 급등하고, 급락 폭이 커지자 국내에서 암호화폐에 대한 규제조치를 요구하는 목소리가 높아졌다.

2017년 9월 발표한 정부의 가상화폐에 대한 규제조치는 실명제와 ICO를 통한 자본조달의 금지로 요약된다. ICO 전면금지는 블록체인 기술에 기반한 혁신을 저해할 수 있기 때문에 우려의 목소리가 나왔다.

정부가 가상화폐 IOC를 전면 금지하겠다는 방침을 밝히자 한국경제신문은 2017년 10월 가상화폐 규제에 관한 찬반 토론을 게재하였다.[5] 찬성과 반대 모두 규제는 불가피하다고 보았으나 규제의 방식이나 방향에 대해 의견의 차이가 있다. 찬성 측의 홍기훈 홍익대 교수의 논거는 다음과 같다. 현재 가상화폐 시장에는 사기, 투자위험 등 제재, 관리가 필요한 문제가 나타나고 있으며 대형 사고가 일어날 수 있다. 새로운 현상에 대한 합리적인 규제 방안을 수립하기 위해 일단 ICO를 금

---

5) [한국경제] [맞짱 토론] 가상화폐 규제 해야하나_20171014.

지하는 것은 합리적인 정책이다. 산업규제 정책의 목적은 산업 활성화에 있는 것이 아니라 게임의 법칙을 정해 공공의 이익을 도모하는 것이다. 규제는 국가마다 상황이 다르기 때문에 외국의 규제를 무조건 따르는 것은 옳지 않다. 가상화폐를 금융자산으로 규제하는 필요성에는 공감하지만 화폐로도 통용되는 가상화폐를 100% 금융자산으로 규제하는 문제를 장기적 관점에서 고민하여야 한다.

　반대 측의 법무법인 세움의 정호석 변호사의 논거는 다음과 같다. 정부가 가상화폐 IOC를 유사수신행위로 보고 중국에 이어 두 번째로 ICO를 전면금지하기로 하였으나 규제안은 가상화폐의 부정적인 측면만을 고려하고 블록체인 산업의 성장성을 고려하지 않았다. 우리나라는 주요 가상화폐 통화 거래량의 40%를 점유하고 있으나 블록체인 산업의 발전은 더디다. 그러나 글로벌 시장은 기술의 흐름에 편승하기 위해 노력하고 있다. 다른 나라는 합리적인 규제를 통해 부작용을 방지하면서 가상화폐 산업을 제도화하는 방향으로 가고 있다. 과거 벤처 붐이 있었을 때 투자사기가 많았는데, 그 당시 벤처투자나 인터넷기술 확산을 금지하는 방향으로 가지 않은 것처럼 블록체인 산업을 육성하되 사기 등의 피해를 방지하는 쪽으로 규제하여야 한다.

　정부의 9월 조치에도 불구하고 가상화폐 시장 열풍이 지속되자 정부가 범정부대책팀을 가동하면서 2017년 12월에는 긴급대책을 발표하였는데 5일 만에 비트코인 가격이 180% 상승하는 등 정부 대책의 실효성이 논란거리가 되었다.

　한국경제신문은 가상화폐의 금전적 가치를 인정하지 않고 제도권 내로 끌어들여 규제하지 않겠다는 정부의 방침에 대해 또 하나의 찬반 토론을 2017년 12월 16일 게재하였다.[6] 정부가 자산화폐의 가치를 인정하고 규제하여야 한다고 주장하는 김진화 한국블록체인협회 준비위원회 공동대표의 논거는 다음과 같다. 국내 가상화폐 거래자는 약 100만 명, 하루 거래대금은 1조 원에서 6조 원이다. 규모는 늘어나는데 최소한의 질서도 없어 투기장 양상을 보이고 있음에도, 정부는 규제 마련에 소극적이다. 정부는 향후의 시장 그리고 기술의 변화에 대한 고민이 없이 일관성도 없이 단기적으로 밀어붙이기 방식으로 대응하고 있다. 모든 버블은 꺼지

---

6) [한국경제] [맞짱 토론] 가상화폐 전면 규제해야 하나_20171216.

고 난 후 버블인지를 알 수 있을 뿐이다. 과열된 시장에서 중장기적인 관점으로 소비자와 관련 시장을 보호하고 육성할 방안을 찾아야 한다. 규제 공백 상황은 한탕주의만을 부추긴다.

　　무분별한 규제를 반대하는 오정근 ICT금융융합학회 회장의 논거는 다음과 같다. 2008년 글로벌금융위기 이후 제3의 기축통화 필요성이 지속적으로 제기되어 왔다. 블록체인 기술을 활용한 거래비용을 획기적으로 절감하는 가상화폐의 등장은 달러기축통화를 반대하고 글로벌 화폐의 창출을 주장한 케인즈의 꿈을 실현시킬 수 있는 문명사적 혁명이다. 과도기적 상황이 안정되면 경쟁의 결과 살아남은 가상화폐 보유국이 미국과 같은 위치를 가지게 될 것이다. 통화체제의 새로운 패러다임이 형성되는 시기에 무분별하게 규제하면 우리나라만 뒤처지는 결과가 될 것이다. 시장 형성기 초기 어느 정도의 혼란과 초기 진입자만이 누릴 수 있는 과도한 이익은 혁신을 위해 지불하여야 하는 대가이다.

　　서울경제신문도 2017년 12월 가상화폐 규제에 대한 찬반 토론을 게재하였다.[7] 찬성, 반대측 모두 ICO 금지 조치는 반대하고 있다. 찬성 측의 한호현 경희대 교수의 논거는 다음과 같다. 가상화폐 시장이 투기 과열 양상이다. 투기 과열 및 거래소 해킹에 따른 소비자 피해는 우리나라에 국한된 것이 아니다. 가상화폐가 해킹으로부터 안전하다는 잘못된 정보를 여과 없이 확산시키는 금융당국의 책임이 크다. 미국, 싱가포르 등은 가상화폐를 화폐로 인정하지 않지만 자금 흐름의 규제를 통해 소비자 피해를 예방하는 조치를 하고 있다. 규제는 필요하나 올바른 규제를 하여야 한다. ICO를 허용하되 주식공개에 준하는 제도를 도입하여야 한다. 신뢰성 확보를 위해 피해 시 거래 사업자가 책임을 지도록 하여야 한다. 정부당국은 잘못된 정보의 유통을 차단하는 조치를 하여야 한다.

　　반대 측의 이영환 차의과학대 교수의 논거는 다음과 같다. 우리나라가 ICO를 전면 금지하기로 한 것은 다소 과격한 규제이다. 라이트코인, 마스터코인, 리플 등 블록체인의 기술을 활용한 가상화폐의 발전은 ICO를 통해 가능하였다. 4차 산업혁명의 근간이 되는 블록체인 기술의 발전을 저해하는 ICO 전면 금지 조치는 해

---

7) [서울경제신문] [어떻게 생각하십니까?] 가상화폐 규제해야 하나_20171201.

제되어야 한다.

중앙일보와 한겨레신문은 2017년 12월 암호화폐 시장에 대한 사설을 각각 게재하였다. 중앙일보 사설의 요지는 다음과 같다.[8] 우리나라 암호화폐 시장이 투기 광풍에 놓여 있다. 우리나라의 경제는 세계 경제의 2%를 차지하는데, 우리나라의 세계 암호화폐 시장 점유율은 20%가 넘는다. 암호화폐 기술은 혁신적이나 거래소는 해킹의 위험에 노출되어 있고, 소유가 독점화되어 있어 시세조정으로 폭락할 가능성이 있으며 화폐의 기존 기능인 법적 안정성과 신뢰가 떨어진다. 암호화폐의 법적 지위, 상품 인정 여부는 신중히 검토하더라도 광풍을 진정시킬 정부 대책이 필요하다.

한겨레신문의 논지는 다음과 같다.[9] 정부의 암호화폐 투기 근절방침에도 시장이 흔들리지 않는 것은 정부 대책의 시장에 대한 영향이 제한적이라는 것을 보여준다. 정부는 암호화폐를 금융상품으로 인정하지 않는다 할지라도 상품으로 인정할 것인지 여부를 조속히 결정하여야 한다. 현실적으로 거래 금지가 어렵다면 상품으로 인정하고 과세하여야 한다. 투기 광풍의 부작용을 예방하는 조치를 신속히 취하여야 한다. 암호화폐를 규제하면 블록체인 기술의 발전이 저해될 것이라는 일부의 주장에 현혹되어서는 안 된다.

정부는 가상화폐거래소 폐쇄까지 검토하였으나 핵심 지지층인 20·30세대의 반발 등 정치적 이유로 폐쇄는 확정적이지 않았고 검토단계였던 것으로 입장을 정리하였다.

서울경제신문은 가상화폐거래소 폐쇄를 검토하고 있다는 정부 입장에 대한 찬반 토론을 게재하였다.[10] 찬성, 반대 측 모두 궁극적으로 가상화폐를 제도권으로 끌어들이는 것에 대해서는 동의하고 있다. 찬성 측의 문종진 명지대 교수의 논거는 다음과 같다. 암호화폐의 대장격인 비트코인의 시세는 5년간 250배 상승하였다. 우리나라 암호화폐 시세는 국제가보다 40% 높다. 급락 시 발생할 소비자 피해를 예방하기 위해 폐쇄하는 것이 바람직하다. 열성투자자는 해외 거래소 이용 등

---

8) [중앙일보] 비트코인 투기 광풍 정부가 진정시킬 때 됐다_20171211.
9) [한겨레신문] 비트코인 거래 금지 않을 거라면 과세 서둘러야_20171214.
10) [서울경제신문] [어떻게 생각하십니까?] 가상화폐거래소 폐쇄_20180119.

대안이 있다. 지금은 9년간의 국제금융 완화 기조가 마무리되는 시점이기 때문에 향후 금융시장 불안도 예상된다. 실용성이 제한된 가상화폐는 가상화폐끼리 서로 가격을 떠받들고 있는 전형적인 다단계판매 방식의 수익구조를 가지고 있다. 상위 1%가 비트코인 88%를 보유한 것을 보면 시세조정도 의심된다. 미국은 기축통화국이고 재정 및 무역 수지 적자를 국채 발행을 통해 해소하여 왔기 때문에 우리의 경우와 다르다. 단계적으로 폐쇄하는 것도 고려하여 볼 수 있으며 궁극적으로는 가상화폐를 상품으로 규정하여 과세하고 실명제 등의 보완조치를 한 이후 새로운 거래소 개설을 검토하여야 한다.

반대 측의 박성준 동국대 교수의 논거는 다음과 같다. 가상화폐와 블록체인은 동전의 양면과 같은데, 가상화폐거래소 폐쇄 조치는 가상화폐와 블록체인 기술은 별개라는 잘못된 전제에서 출발한다. 가상화폐거래소가 폐쇄되면 P2P 결제시스템의 근간인 블록체인 기술의 발전이 저해될 것이다. 가상화폐거래소가 폐쇄되면 투자자는 해외거래소를 이용할 것이고 이 경우 우리나라 투자자 보호는 더 어려워진다. 개인 간 거래가 활성화되면 투자자를 법제도의 사각지대로 내모는 결과가 될 것이다. 가상화폐 시장 및 블록체인 활성화 그리고 이로 인한 부작용을 예방하기 위한 강력한 규제의 방식으로 정부 정책이 바뀌어져야 한다.

블록체인 기술혁신은 지원하되 가상화폐 투기는 규제한다는 것이 정부의 기본입장인데, 투기에 집중한 정부 대책이 기술혁신 지원의 장애요인이기 때문에 ICO 전면 금지를 해제하여야 한다는 주장도 제기되고 있다.

모든 나라에서 가상화폐 시장 정책이 논란거리이다. 우리나라와 중국이 ICO를 전면 금지하여 규제를 강하게 하는 대표적인 나라이다. 그러나 중국은 시장에 대한 규제와는 별도로 블록체인 기술의 혁신을 파격적으로 지원하고 있다. 미국이나 일본은 제도권 안에서 규제의 틀을 만들어 관리하고 있다.[11]

가상화폐에 대한 우리나라 정부 기본입장은 금융자산으로 인정할 수 없다는

---

11) 비트코인이 사상 처음으로 피자를 구매하는 수단으로 쓰인 날이 2010년 5월 22일이다. 비트코인 이용자들은 해마다 5월 22일을 '피자 데이'로 정해 기념하고 있다. 미국 플로리다주 잭슨빌에 사는 라스즐로 한예츠라는 비트코인 보유자가 피자 두 판을 배달시켜주면 1만 비트코인을 지불하겠다고 약속했는데 나흘 만에 실제 거래에 성공하였다.

것이었으나 2020년 3월 국회에서 2021년 3월부터 시행되는 '특정 금융거래정보의 보고 및 이용 등에 관한 법률(특금법)' 개정안이 의결되면서 가상화폐는 제도권으로 편입되었다. 특금법은 가상자산과 가상자산 사업자로 암호화폐 및 관련 사업을 재정의하였다. 2020년 3월 현재 암호화폐 거래에 실명 확인이 가능한 거래소는 빗썸, 업비트, 코인원, 코빗 4곳 뿐이었다.

2021년 9월 24일 가상자산 사업자로 등록을 신청한 48개 사업자 중 업비트 등 14개 사가 2021년 12월 10일 현재 정부로부터 허가를 받았고 28개 사는 금융당국이 심의중이다.

가상자산에 대한 과세를 당초 2022년부터 할 예정이었으나 대선과 맞물려 과세가 1년 유예되었다. 전문가들은 거래방식별 과세기준을 마련하는 것이 시급하다고 주장하고 있다.

가상화폐에 대한 부정적인 여론에도 불구하고 가상화폐 시장은 일시적으로 흔들리기는 하나 지속적으로 성장하고 있다. 코인데스크 비트코인 가격 인덱스 기준으로 2020년 12월 1일 1만 9천 850달러(2,156만 원)로 2017년 12월 기록한 고점을 3년 만에 돌파한 비트코인 가격은 2022년 9일 오전 8시 54분 기준 국내 암호화폐 거래소 업비트에서 6천 220만 원을 기록했다. 미국에서는 2021년 10월 말 기준으로 코로나19가 전 세계 금융시장을 강타한 2020년 3월 16일 대비 10배 상승하였다.

5. 금융기관 영역 규제

5.1. 보험사의 은행증권 '복합점포' 입주 허용

금융개혁위원회가 2014년 7월 '금융규제개혁방안'의 하나로 은행과 증권사 직원이 같은 공간에서 소비자를 상담하는 복합점포 제도의 도입을 발표하였다. 2015년에는 원스톱서비스의 대상에 보험을 추가하여 소비자가 한 장소에서 은행, 증권, 보험 상담을 같이 받을 수 있는 방안을 검토하자 업계에서 찬반 논란이 있었다.

한국경제신문에는 관계자의 찬반 토론을 2015년 6월에 게재하였다.[12] 찬성 측의 하나금융경제연구소 정희수 연구위원의 논거는 다음과 같다. 보험사의 복합점포 입점은 업종의 이해관계가 아닌 소비자 시각에서 보아야 한다. 연금과 보험이 개인금융자산의 30%가 넘는 상황에서 예금, 증권, 보험관련 상담을 한 자리에서 받는 것은 소비자의 편익을 증대시킨다. 보장성 보험을 판매할 수 없고 보험영업 인원을 제한하는 등 현행 방카슈랑스 제도의 불합리한 규제로 인한 소비자 접근성에 대한 제한을 완화할 수 있다. 금융소비자가 보험사 직원을 통해 보험관련 상담을 받는다면 소비자는 보다 전문적인 상담을 받을 수 있다.

반대 측의 박선영 보험연구원 연구위원의 논거는 다음과 같다. 입점한 보험사가 자사 상품만을 판매한다면 자사 상품의 판매를 25%로 제한하고 여러 보험사의 상품을 판매하도록 하는 현행 방카슈랑스 제도보다 오히려 소비자의 선택권이 후퇴한다. 2003년 도입된 방카슈랑스도 여전히 꺾기(구속성 계약) 등의 문제가 남아 있는 현실에서 다른 나라에서 사례를 찾아보기 힘들고 효과도 검증되지 않은 복합점포를 확대한다면 소비자 피해가 발생할 수 있다. 원스톱 서비스를 강화하는 것은 기존의 제도로도 충분히 가능하고, 파이낸셜플라자 등 기존 통합 서비스도 큰 실효성이 없는 것으로 나타났는데 새로운 제도를 도입할 필요는 없다.

보험의 복합점포 입점 이후 2년여 경과한 시점에서 금융복합점포에서 자사 보험상품이 25%를 넘어 법적으로 문제는 없으나 규제를 우회하는 꼼수가 아니냐는 비판이 있었다. 2년의 복합점포 시범사업 기간 동안 보험상품 판매실적이 기대치 이하라는 평가도 있었다.

은행들은 단순 은행업무 중심의 지점은 폐쇄하고 있으나, 종합자산관리 서비스를 제공하는 복합점포는 확대하고 있다.

각 금융기관들은 각자의 고유 영역이 아닌 분야의 사업으로 진출을 확대하고 있다. 2018년부터 정부가 보험복합점포의 개설 요건을 완화하면서 은행·보험형, 증권·보험형 등 다양한 방식으로 보험복합점포를 열 수 있게 됨에 따라 은행이 없는 금융그룹도 개설할 수 있게 되었다. 시중은행들의 복합점포는 더욱 확대되고

---

12) [한국경제] [맞짱 토론] 보험사의 은행·증권 '복합점포 입점' 허용해야 하나_20150613.

있으며, 증권사들도 자산관리의 비중을 늘리고 있다.

5.2. 은행 신탁업 확대

2004년 정부는 은행의 불특정 금전신탁 업무를 금지시켰다.

문재인 정부 출범과 함께 본격화된 신탁업법 제정 움직임을 계기로 은행, 증권, 자산운영 등 금융기관의 업무영역을 구분하는 전업주의 고수를 주장하는 증권업계와 겸업주의로의 전환을 촉구하는 은행업계의 다툼이 치열하다.

서울경제신문은 2017년 3월 은행에 불특정 금전신탁업무를 허용하는 것과 관련된 찬반 토론을 게재하였다.[13] 찬성 측의 고동원 성균관대 교수의 논거는 다음과 같다. 은행이 신탁의 정의에 가장 충실한 신탁상품인 불특정 금전신탁 업무에 참여함으로써 고령화시대, 초저금리시대에 신탁상품이 다양해지고 소비자의 욕구도 충족시키면서 신탁산업도 발전할 수 있다. 불특정 신탁업무를 은행, 증권사, 보험사 모두에게 허용한다면 자산운용업계에 경쟁과 활력을 촉진시켜 산업이 성장할 수 있는 계기가 된다. 금융산업 전반에 전업주의를 겸업주의로 전환하는 것을 고민해야 한다. 영국이나 독일과 같이 겸업주의로 기조를 바꾸면 향후 업종 간 업무영역의 갈등에 따른 소모적 낭비를 방지할 수 있다.

반대 측의 맹수석 충남대 교수의 논거는 다음과 같다. 신탁법의 적용을 받는 신탁은 수탁자가 상당한 자율권을 가지기 때문에 신탁자의 권리가 침해될 소지가 있다. 금융투자법은 자본시장법의 적용을 받기 때문에 상당히 엄격히 규제받는다. 신탁업법 별도 제정보다는 금융투자법의 틀 안에서 해법을 찾는 것이 투자자 보호를 위해 적절하다. 신탁법이 별도로 제정되면 시장진입 기준이 완화되고 영업행위에 대한 규제도 완화되는데 이는 자본시장법의 기능별 규제원칙에도 반한다. 은행이 직접적으로 신탁업 업무를 하는 것보다는 2000년 도입된 금융지주회사 제도의 활용을 고려해 볼 수 있다.

2017년 6월 은행연합회는 문재인 정부 출범에 맞추어 업무영역을 구분하는

---

13) [서울경제신문] [어떻게 생각하십니까?] 은행신탁업 확대_20170303.

전업주의에서 겸업주의로의 전환 등을 내용으로 하는 금융산업 발전방안을 국민 인수위원회에 전달했다.

반면에 증권업계는 우리나라를 2020년까지 아시아 3대 금융허브로 발전시킬 목적으로 2007년 6개 금융관련법을 통합하여 자본시장통합법을 제정한 지 10년이 지났지만 자본시장 확장 효과는 없고 지주사 중심의 은행자본이 강화되면서 금융 산업을 오히려 위축시켰다고 주장했다. 금융지주회사가 은행, 증권사, 운용사, 보험사를 모두 가지고 있는 상황에서, 은행이 주요 지배자인 지주회사 겸업주의를 주장하는 것은 불합리하며 선진국도 펀드 운영과 판매는 별도로 이루어진다는 것을 강조했다.

신탁업법을 별도로 제정할 필요성을 주장하는 은행권과 자본시장법 내에서 신탁업 활성화 방안을 찾을 수 있다는 증권업계의 이해관계 조정이 여의치 않자 금융당국은 2017년 11월 신탁업법 별도 제정을 원점에서 재검토하겠다는 방침을 밝혔다. 신탁업 인가의 핵심은 비금융기관이 참여하여 신탁업을 활성화하자는 것인데, 이를 담을 법적 테두리를 어떻게 정할 것인가를 두고 소모적인 논쟁을 하고 있다는 비판이 있었다.

2018년 초 금융당국이 신규로 신탁사업자 면허를 부여할 것이라는 방침을 밝힌 후 중소 신탁사들의 위기감이 고조되었다. 시장규모는 한정되어 있는데 신규 진입자는 대형 금융사의 자회사일 가능성이 크고, 기존 중소 신탁사에 맡겨 왔던 업무를 몰아준다면 중장기적으로 신탁시장이 대형사 위주로 개편되고 중소형 신탁사들은 고사할 수 있기 때문이다.

고령화시대에 신탁시장에서의 신탁업 경쟁이 치열하다. 재산신탁 규모가 커지고 있고 직접 신탁상품을 관리할 수 있도록 법이 개정되는 것에 대비하여 로펌들이 몸집을 키우고 있다. 건설·시행사도 자산운용사, 리츠를 설립하는 등 사업자금 조달창구를 다변화하고 분양에서 운용으로서의 전환을 모색하고 있다.

국내 신탁시장이 특정 금전신탁 위주로 성장하면서 신탁의 고유 기능인 종합적인 자산관리 수단으로서의 역할이 미미하다는 지적이 제기되고 있다. 고령층의 부의 이전 및 자산관리수단으로 활용되도록 제도적 지원이 필요하다는 주장도 제기되고 있다.

6. 금융소비자 보호

6.1. ISA 가입대상

정부가 2016년부터 개인종합자산관리계좌(ISA)의 가입대상을 확대한다는 발표를 2015년 11월에 하였다.

한국경제신문은 관련된 찬반 토론을 게재하였다.[14] 찬성 측의 천창민 자본시장연구원 연구위원의 논거는 다음과 같다. 우리나라의 ISA 가입대상은 일본, 영국 등 다른 나라에 비해 제한적이다. 직전 연도에 사업소득이나 금융소득이 있는 거주자만이 가입할 수 있다. 우리 사회가 고령화사회로 진입하였음에도 가정주부, 은퇴자, 농어민 등을 재산형성을 지원하는 ISA 가입대상에서 제외되는 것은 불합리하다. 고소득자에 대한 혜택을 줄이기 위해 금융소득종합과세자는 제외하였으나 종합과세 대상자가 아닌 고소득자를 허용하는 것은 형평에 맞지 않다. 금융소득종합과세 대상자의 여부가 아니라 소득을 기준으로 하여 고소득자를 가입대상에서 제외하는 것이 합리적이다.

반대 측의 안창남 강남대 세무학과 교수의 논거는 다음과 같다. 정부의 입법취지는 장차 관련 제도를 정비하여 저소득근로자와 자영업자의 세 부담을 줄여 주자는 것이다. 조세제도는 조세평등주의 입장에서 설계되어야 하는데, 이미 비과세되는 금융상품을 한데 모아서 관리한다는 측면에서 일부 계층에게 혜택을 준 것은 합리적인 사유다. 공평과세보다 경제 안정과 회복을 위해 정책을 시행하는 것은 이해할 수 있는 측면이 있으나 일정 근로소득이나 사업소득이 있는 사람들이 혜택을 보는 제도를 확대하는 것은 저소득자에게 박탈감을 준다.

가입대상자를 제한하는 등 여러 가지 제약조건을 가지고 시작한 ISA는 출시 첫 달 120만 명이 가입하는 등 출발은 좋았다. 그러나 가입자 수 증가폭이 감소하다가 2017년 1월부터 오히려 줄어드는 등 실적이 저조하였다. 2017년 가입자 수는 전년대비 22만 8천 명이 줄어들었고 가입금액은 전년의 5분의 1 수준인 7천 85원

---

14) [한국경제] 세금혜택 누리는 ISA 가입대상 늘려야 하나_20151128.

이었다.

문재인 정부가 출범하면서 ISA의 가입자격을 완화하고 세제혜택을 늘리는 등의 개선 조치가 이루어졌다. 2017년 8월, 투자 여력이 적은 서민이나 농어민의 비과세 한도를 확대 하는 등 당초 정부안 보다 후퇴한 ISA 세제혜택 확대 방안이 국회를 통과하였다.

6.2. 펀드·ELS 방문판매 허용

금융투자상품을 포함하여 상품계약을 체결한 소비자는 14일 이내에 계약을 철회할 수 있다. 금융상품은 매일 투자가치가 변하는데, 소비자가 손실을 입어 계약을 철회할 경우 그 손실을 판매사가 떠안아야 하기 때문에 금융투자상품을 방문판매의 예외로 해야 한다는 논의가 국회에서 진행중이다.

2013년 4월 발의된 '방문판매업 개정안'은 금융투자상품의 방문판매에 '14일 환불' 규정을 배제한다는 내용을 포함하였다. 통과될 경우 금융투자회사들이 공정거래위원회의 감독을 받아야 하는 이 법은 일부 의원들의 반대로 국회의 문턱을 넘지 못했다.

2016년 8월 금융투자상품의 방문판매를 자본시장법의 적용대상으로 하는 법이 발의되었다. 방문판매법의 적용을 받지 않는 경우 '14일 환불규정'의 적용을 받지 않아 금융상품 방문판매의 제약 요인이 없어진다. 소비자 보호를 위해 철회 가능기간은 3일로 하였다.

2017년 10월 문재인 정부 출범과 함께 금융투자협회는 '한국판 골드만삭스' 육성을 위한 30대 핵심과제를 발표하였는데, 금융투자 상품의 방문판매를 허용하는 것이 포함되었다.

한국경제신문은 '펀드·ELS 방문판매' 허용과 관련된 찬반 토론을 2015년 4월 게재하였다.[15] 찬성 측의 반기범 명지대 교수의 논거는 다음과 같다. 방문판매 시 금융투자상품의 불완전판매가 우려되긴 하지만 방문판매를 허용하는 보험만큼 안

---

15) [한국경제] [맞짱 토론] '펀드·ELS 방문판매' 허용해야 하나_20150408.

정적인 금융투자상품도 많기 때문에 규제를 하는 것은 불합리하다. 금융투자업과 같이 업체 수가 많고 경쟁이 치열한 시장에서는 규제를 완화하면 소비자의 선택권이 확대되어 제품가격이 하락하고 품질이 향상된다. 금융상품의 개발과 판매를 놓고 보험사, 증권사, 자산운용사가 공정한 경쟁을 벌이게 되면 소비자에게 이익이 된다. 판매의 온·오프라인의 경계가 희미해지고 금융상품의 판매 경로가 다양해졌는데 방문판매만을 허용하지 않는 것은 설득력이 떨어진다.

반대 측의 백주선 변호사의 논거는 다음과 같다. 금융회사의 부담을 덜어 주기 위해 청약 철회를 할 수 없도록 하는 것은 소비자에게 경솔한 선택을 되돌릴 수 있는 기회를 주는 소비자 보호원칙과 전면으로 배치된다. 금융상품은 도박의 성질이 강한 위험한 상품이기 때문에 소비자 보호를 위해 엄격히 규제하여야 한다. 키코에 가입하였다가 도산한 많은 중소기업의 예에서 보듯이 금융상품은 사고가 한 번 터지면 그 피해가 크기 때문에 소비자 보호가 더 중요하다. 방문판매를 허용하면 소비자층이 확대될 가능성이 큰데, 정보의 비대칭성이 심한 금융투자시장에서 판매자의 책임은 없어지고 그 위험을 소비자가 지는 것은 불합리하다. 보험상품은 위험한 투자상품이 아니나 보험계약에서 소비자의 청약철회를 인정하도록 보험법도 개정되었다.

6.3. 금융소비자보호원

금융감독시스템 개편과 맞물리면서 금융소비자 보호를 강화해야 한다는 사회적 공감대가 형성되어 있으나 금융소비자보호법은 진전이 더디다. 금감원에 진정 혹은 고발되는 소비자보호 관련 민원은 연간 수만 건이 넘는다.

저축은행 사태, 동양그룹 사태, 삼성증권 배당 사고 등 대형 금융사고가 발생하고 소비자들의 불안감은 더욱 커졌으나 이를 예방하고 피해를 구제하는 시스템 구축은 결실을 맺지 못하고 있다. 사고가 터지면 규제를 하는 정책의 한계를 극복하고 소비자 보호의 근본해법이 필요하다는 주장이 제기된다.

이명박 정부는 2012년 2월에 금융소비자보호법을 국회에 제출하였으나 18대 국회 임기가 종료하면서 폐기되었다. 19대 국회에서는 6건의 의원입법이 발의되었으나 제정되지 못하였다.

현재 금융감독시스템을 유지하면서 금융소비자보호를 강화하자는 측과 금융감독시스템을 전반적으로 개편하면서 그 틀 안에서 소비자보호를 강화하자는 측이 대립하고 있다. 금융소비자보호 제도를 강화하자는 논의 속에서 금융감독위원회와 금융감독원의 다툼이 치열하다. 금융위원회는 '소비자 중심 금융개혁추진단'을 위원장 직속으로 설치하였고, 금감원은 금융소비자보호위원회를 만들었다.

2013년 금융소비자보호원을 금융감독원 산하의 준독립기구로 하는 방안에 대해 대통령의 재검토 지시가 내려지면서 금융소비자보호원을 금융감독원과 별도로 설치하는 것이 논란이 되었다.

한국경제신문은 관련된 토론을 2013년 7월에 게재하였다.[16] 찬성 및 반대 측 모두 금융감독 지배구조의 근본적인 개편이 필요하다는 것에는 공감하는데, 찬성 측의 원승연 명지대 교수의 논거는 다음과 같다. 금융기관들이 금융소비자가 위험을 안는 펀드 등 금융상품 판매를 확대하면서 키코 사태와 같이 금융기관의 건전성이 소비자 피해를 유발하는 이해관계 상충 문제가 빈번히 나타나고 있다. 현행 독점적 금융감독 체계 하에서는 금융감독 기능이 금융산업 정책 및 거시경제 정책에 비해 우선 순위에서 뒤쳐져 있다. 종종 단기적인 정책 목표를 위해 감독정책을 희생시켜 온 것이다. 또한 금융감독이 건전성 감독에 치중되어 소비자 보호를 소홀히 해왔다. 금융위원회로부터 독립되고 금감원과 대등한 관계의 금융소비자보호원이 설립되어야 충실한 금융소비자 보호가 가능하다. 금융소비자보호원 설립을 계기로 금융정책 기능과 금융감독 기능이 분리되는 금융감독체계 개편과 함께 관치금융을 종식시키고 공급자 중심의 금융구조를 소비자 중심으로 전환시켜야 한다.

반대 측의 김홍범 경상대 교수의 논거는 다음과 같다. 정책수립과 감독기능이 분리된 이원적 감독구조가 결과적으로 금융감독이 경기정책에 종속되는 결과를 가져 왔다. 2003년 신용카드 사태, 2011년 저축은행 사태는 관치 감독의 정치적 종속성으로 금융기관, 금융소비자 모두가 피해를 입는 대표적인 사례이다. 금융소비자보호원을 금융감독위원회 산하에 그대로 두면서 금감원과 별도로 설치하는

---

16) [한국경제] [맞짱 토론] 금융소비자보호원 분리해야 하나_20130706.

것은 문제를 해결하기 보다는 두 개의 감독기관으로 인한 유지비용, 관치 및 종속 심화, 두 기관의 경쟁에 의한 폐해 등 오히려 비용을 증가시킨다. 땜질식 처방보다는 근본적으로 관치를 종식시킬 금융감독 지배구조를 만들어야 한다.

금융감독위원회의 정책기능과 집행기능의 분리, 금감원의 소비자 보호기능과 감독기능의 분리가 문재인 정부의 기본적인 금융감독체계 개편방안이었으나 큰 진전은 없었다. 2022년 대선과 맞물려 금융소비자 보호기능을 금융감독원으로부터 분리하여야 한다는 주장이 다시 제기되고 있다.

제4장

조세 · 재정 정책

제4장

조세·재정 정책

1. 소득주도성장과 확장재정

소득주도성장 정책은 재정에 의해 뒷받침되기 때문에 확장재정 정책을 수반한다. 문재인 정부 출범 이후 소득주도성장을 뒷받침하기 위해 2017년 7월 추경이 편성되었다. 추경의 절반이 정부의 직접 일자리 창출 및 여건 개선을 위한 것이었다. 그러나 공무원 증원과 관련된 예산도 편성되어 논란이 컸다. 공무원은 한 번 채용되면 평생고용이 보장되어 추후에도 의무적 지출비용이 발생되기 때문이다. 연례적인 추경의 편성에 대한 문제점과 함께 구조적인 문제로 발생한 청년 일자리 문제가 추경으로 해결될 수 없다는 비판이 제기되었다.

2017년 2분기 경제성장률이 0.6%로 떨어지고 수출도 8년 만에 최대 폭으로 하락하였다. 3% 경제성장률 목표 달성은 7월에 편성된 추경 효과에 달려 있다는 분석이었다. 그러나 추경이 공공부분 일자리에 집중되어 성장률 제고에 기대한 만큼 도움이 되지 않을 것이고, 성장률 수치보다는 경제 체질 강화에 역량을 집중해야 한다는 주장도 있었다.

추경의 집행에도 불구하고 일자리 사정이 나아지지 않자, 정부는 정규직 전환

지원금을 늘리고 서민 전세자금 대출을 늘리는 등의 조치를 취했으나 실질적으로 예산집행 실적이 저조하였다. 추경 편성 취지에 맞추어 적시에 집행된 사업도 있으나 일자리 관련 사업의 예산집행 실적이 저조하여 비판을 받았다.

정부는 2018년 예산안으로 전년대비 7.1% 증가한 429조 원을 편성하였다. 전년도 예산 증가율 3.7%에 대비하면 슈퍼 팽창예산이었다. 고용복지 부분이 전년대비 13% 증가하였다. 사람중심을 표방하는 2018년 예산에 대한 여야의 시각은 크게 엇갈렸다. 정부 주도의 복지에 치중한 예산집행으로는 성장에 필요한 경제의 구조개혁을 이끌 수 없다는 비판이 제기되었다.

2018년 3월 정부가 추경 편성의 필요성을 제기하면서 많은 비판을 받았다. 청년실업을 이유로 추경을 편성하는 것은 국가재정법을 위반한 것이며, 전년대비 7.1% 늘어난 슈퍼 본예산을 집행한지 2개월도 경과하지 않아 추경을 편성하는 것은 6월의 지방선거를 의식한 것이라는 비판이었다. 구조개혁 등 근본적인 혁신 없이는 재정을 투입하여 구조적인 문제로 발생하는 일자리 문제를 해결할 수 없다는 것이었다. 추경에 대해 일자리 효과도 제한적이고 일자리 사업의 예산집행 실적도 저조하여 여론은 부정적이었다.

4조 원 규모의 2018년 추경이 발표되면서 추경 내용이 논란이 되었다. 청년일자리 추경을 표방하였으나 청년일자리 사업의 규모가 예상보다 작고 SOC관련 사업이 대거 포함되었기 때문이었다. 정부는 GM 공장 폐쇄로 어려움을 겪고 있는 군산 등 6곳을 고용위기지역으로 지정하면서 추경의 조속한 처리를 요청하였으나 야당은 선거용 선심이라고 냉담한 반응을 보였다. 5월 22일 야당이 요구한 드루킹 특검법과 추경안을 맞교환하여 추경이 통과되면서 부실 심사라는 비판을 받았다. 또한 고용관련 본 예산의 집행 실적도 저조하면서도 추경을 편성한다는 비판을 받았다.

2018년 3월 추경과 관련하여 서울경제신문은 찬반 토론을 게재하였다.[1] 찬성하는 측의 박철우 한국산업기술대 교수의 논거는 다음과 같다. 이번 추경에는 김대중 정부 때부터 박근혜 정부까지 기존에 추진되어 성공적이라고 평가받은 사업

---

1) [서울경제신문] [어떻게 생각하십니까?] 청년일자리 추경_20180413.

들이 많이 포함되어 있다. 다만 추경으로 기업에 보조금이나 임금을 지원하는 것이 적정한가는 논란이 될 수 있으나 중소기업으로의 청년 유입을 유도하는 것이기 때문에 격차 해소 및 청년실업 해결에 도움이 된다. 고용이 없으면 지원도 없기 때문에 예산 투입이 한없이 늘지는 않는다. 보완적으로 격차 해소의 기준선에 대한 사회적 합의가 있어야 하고, 중소기업의 생산성 혁신을 유도하는 방법으로 예산이 지원되어야 한다.

반대 측의 최배근 건국대 교수의 논거는 다음과 같다. 본예산을 편성한 지 3개월 밖에 지나지 않았는데 추경예산을 제안하는 정부의 부실한 재정운용 능력은 별개로 하고, 문재인 정부도 과거 정부와 같이 청년 일자리 문제에 단기적인 땜질 처방을 하고 있다. 산업 생태계의 재구성을 통해 새로운 일자리가 공급되고 청년들의 창업·창직이 활성화되어야 청년일자리 문제가 해결될 수 있다. 기획재정부가 주도하는 것이 아니라 대통령이 전면에 나서서 청사진을 제시하고 추진하여야 한다.

정부는 2019년 예산도 2018년에 이어 초팽창예산을 편성하고자 하였다. 국가부채가 1천

500조 원을 넘어선 상황에서 2년 연속 경제성장 속도보다 지출을 더 늘리는 예산이어서 재정건전성을 우려하는 목소리가 높았다. 그러나 정부의 적극적인 재정 투입이 필요하다는 주장도 있었다. 정부가 실시한 여론 조사에서 일반 국민의 80% 이상, 전문가의 70% 이상이 재정지출이 '현행 유지 내지 또는 축소'해야 된다는 의견을 냈으나 정부는 2018년 8월에 전년 대비 9.7% 증가한 2019년 예산안을 국회에 제출하였다.

한국경제신문은 2019년 슈퍼팽창예산의 적정성에 대한 찬반 토론을 2018년 4월 게재하였다.[2] 찬성 측의 윤덕룡 대외경제정책원 선임연구위원의 논거는 다음과 같다. OECD와 IMF는 우리나라에 세수보다 세출이 많은 적극적 재정정책을 권고해 오고 있다. 우리나라는 2009년을 제외하고 높은 수준의 재정수지 흑자를 기록하고 있다. 고령화로 세수가 줄어들고 세출이 늘어나면 흑자 기조가 무너질 것

---

2) [한국경제] [맞짱 토론] 슈퍼팽창예산 적절한가_20180407.

이다. 노인빈곤문제 등을 해결하기 위해서는 적극적인 재정 투입을 통해 사회안전 망을 확충하고 소비 기반을 확보하여 사회적 문제를 해결하여야 한다. 여성경제 활동률 제고 등 성장 기반을 확충할 수 있는 부분에 재정 투입의 우선순위를 두어 야 한다.

반대 측의 박완규 중앙대 교수의 논거는 다음과 같다. 국가채무 규모가 상당 하고 앞으로 복지예산 증가 추세와 공무원 증원 등을 고려할 때 슈퍼팽창예산은 중장기 국가재정운영계획의 신뢰성을 저하시킬 것이다. 신뢰성이 저하되면 재정 운영의 예측 가능성도 크게 저하될 것이다. 복지지출은 하방 경직성이 있어 새로 운 제도도입에는 신중하여야 하는데, 최근에는 정부사업 결정에 있어 경제적 논리 보다는 정무적 판단이 개입된다. 저출산·고령화, 미세먼지 대책 등은 단기적인 효 과를 내기 어려운 사업이니 중장기적으로 보면서 우선순위 결정, 선택과 집중이 이루어져야 한다. 미국이나 영국의 경우와 같이 발상의 전환을 통해 점증주의적 예산편성의 타성에서 벗어나야 한다.

정부는 2019년에도 추가경정예산을 편성하였다. 미세먼지 등 국민안전과 경 제여건 악화에 따른 경기 침체 위험에 대응하겠다는 취지였다. 2013년 이후 2014 년을 제외하고는 매년 추경을 편성하여 습관적 추경편성이라는 비판을 받았다.

2020년에도 정부는 슈퍼팽창예산을 편성하였다. 이명박 정부, 박근혜 정부에 서 8년간 늘어난 예산 130조 원을 문재인 정부에서는 3년 만에 늘린다는 비판을 받았다. 문재인 대통령이 재정의 '적극적 역할'을 강조하였으나 지속성장이 가능하 게 재정을 개혁하는 것을 도외시하고 정부재정에 의존하여 경제체질 약화를 보완 하는 것은 한계가 있다는 비판이었다.

IMF는 "다른 성장 동력이 없다면 한국 경제는 (투자와 소비 부진이 성장을 낮추고 이것 이 다시 투자와 소비를 약화시키는) 악순환에 빠질 수 있다"며 우리나라는 "단기적으로 하 방 트렌드를 상쇄하기 위해 재정여력을 쓸 수 있다"고 했다. 그러나 "재정을 효율 적으로 써야 하는 동시에 재정수입을 늘려야 한다"고 권고했다.

2. 코로나19와 확장재정

코로나19가 발생하면서 정부는 2020년에는 추경을 4번 편성하였다. 1차 추경부터 추경의 내용과 관련되어 논란이 있었다. 코로나19 추경을 내세우면서 선거 등을 의식한 선심성 지출이 많다는 비판이었다. 1차 추경의 경우 7세 미만 아동을 둔 아동수당 수급자 전원에게 40만 원의 쿠폰을 지급하였는데, 거리 두기 등으로 실효성이 논란이 되었다. IMF는 기축통화국이 아닌 우리나라는 재정을 너무 쓰면 환율이 급등할 우려가 있고 재정통화정책으로 코로나19로 인한 소비 침체를 막기는 어렵기 때문에 "현금살포에 의존말라"는 경고를 하였다.

역대 최대인 35조 3천억 원 규모의 3차 추경은 경기 침체에 따른 법인세 등 세수 감소 충당을 위한 11조 4천억 원, 공공일자리 8조 9천억 원, 한국판 뉴딜 5조 1천억 원, 소상공인·중기 지원 5조 원 등을 포함하였다.

코로나 위기 극복을 위한 공감대가 여야 간에 형성되면서 2021년 예산은 기존 정부안 555조 8천억 원보다 2조 2천억 원 늘어나 558조 원으로 국회를 통과하였다. 2009년 글로벌 금융위기에 대응하기 위해 2010년 예산이 국회과정에서 증액된 후 11년 만에 처음으로 정부안 보다 국회에서 예산이 늘어났다.

2021년에도 여러 차례 추경이 편성되었다. 3월 25일 국회에서 통과된 1차 추경에는 소상공인 지원 7조 3천억 원, 고용취약계층 지원 1조 1천억 원, 집합제한금지 경영위기 업종 지원을 위한 긴급 고용대책 2조 5천억 원 등 코로나19 피해지원을 위한 재난지원금이 포함되었다. 2021년 7월 24일 통과된 33조 원 규모의 3차 추경에는 전국민 88% 대상으로 하는 재난지원금 등 소비진작 대책, 소상공인 피해지원 대책이 포함되어 있었다.

초과세수가 20조 원 가까이 될 것이 예상됨에 따라 초과세수를 활용하여 정부는 13조 원 규모의 민생경제 회복 대책을 추진했다. 사실상 또 한 번의 추경을 편성한 것이라는 비판을 받았다.

2022년 예산도 정부안보다도 국회에서 늘어났다. 608조 원의 슈퍼예산은 과반수의 의석을 가지고 있는 여당이 재정당국의 반대에도 불구하고 밀어 붙였는데,

2022년 3월의 '대통령선거용'이라는 비판을 받았다. 예산심의과정에서 여당 대선후보가 전국민을 대상으로 하는 '위드코로나 방역지원금'을 추진하여 논란이 되었으나 국채발행이 필요하고 현실적으로 대선 전에 지급하는 것이 어렵고 여론도 부정적인 등의 이유로 여당이 추진하지 않는 것으로 결론이 났다.

확장재정 정책을 추진하면서 예산심의가 더욱 부실해지고 있다. 형식적으로 예산심의를 하고, 쪽지 예산도 여전하고, 코로나 추경에 지역 민원사업을 끼워 놓고, 경제성을 무시한 근거 없는 사업에 예산이 배정되고, 예산편성은 되나 집행이 되지 않은 사업도 많다.

3. 복지와 증세

우리나라가 중진국으로 발전하면서 국민들이 복지 확충에 대한 요구는 증가하고 있다. 복지 확충에는 재정이 필요하고 재정 투입을 위해서는 증세가 불가피하다. 그러나 증세에는 납세자들의 저항이 크다. 복지 확충과 관련하여 보편적 복지과 선택적 복지 중 어느 방향으로 가야 하는 것도 논쟁거리이다.

모든 정부는 복지를 확대하면서 국민들의 증세에 대한 저항감을 줄여야 하는 과제를 가진다.

3.1. 박근혜 정부

후보시절 '증세 없는 복지'를 약속하였던 박근혜 대통령은 세수 부족에 직면하면서 복지 공약을 축소할 수밖에 없었다. 복지 공약을 이행할 경우 5년간 80조원의 추가 재원이 소요될 것으로 추정되면서 박근혜 대통령은 복지 공약 축소를 사과하였다.

박대통령의 복지 공약 파기에 대하여 복지 확대, 보편적 복지를 주장하는 측은 증세의 필요성을 국민들에게 설득하여 적극적인 복지를 하여야 한다고 주장하였다. 증세 없는 복지는 현실적으로 가능하지 않기 때문에 보편적 복지를 재검토하여야 한다는 주장도 제기되었다. 복지 확대에 필요한 중앙정부의 세수 부족을 가능한 한 지방에 분담시키려고 했기 때문에 중앙정부와 지방정부 간에 재원 분담에 따른 갈등이 발생하였다.

'증세 없는 복지'라는 기조에 집착한 박근혜 정부는 소요 재원을 세금감면 혜택 축소, 지하경제 양성화 등을 통해 조달하고자 하였다. 부족한 재원을 확보하기 위해 2014년 9월에 정부가 10년간 묶여 있던 담뱃값을 2,000원 인상하겠다고 발표하면서 우회 증세, 서민 증세라는 비판이 제기되었다.정부의 담뱃세 인상은 기초연금 공약 축소 시와 같이 증세 논쟁을 불러일으켰다.

정부의 담뱃값 인상, 지방세 인상 등으로 증세 논란이 불거지자 중앙일보와 한겨레신문은 2014년 9월 각각 사설을 게재하였다. 중앙일보의 논거는 다음과 같다. 박근혜 정부는 담뱃세 인상으로 1조 8천억 원, 지방세 인상으로 1조 4천억 원의 세금을 더 걷기로 하였다. 정부는 기존 세목의 인상이 아니니 증세가 아니라는 입장이나 국민의 입장에서는 지방세 인상이나 담뱃값 인상은 세금이 늘어 난 것이다. 정부가 약속한 무상보육비, 기초연금 등 복지 수요를 충당하기 위해서는 증세는 불가피하다. 작년에는 지하 경제 양성화, 제도 정비를 통해 세수를 늘렸으나 목표액보다 15조 원 부족하였다. 재정 기반이 취약한 지방 정부의 복지비 분담을 위해서는 지방세 인상이 불가피해 보인다. '증세는 없다'는 공허한 구호를 접어 두고 복지 수요 충당을 위해서는 증세의 불가피함을 공론화하여 복지지출의 증가 속도와 재원 마련에 대해 국민적 합의를 이끌어 내야 한다.

한겨레신문의 논거는 다음과 같다. 최 부총리의 담뱃값 인상은 국민 건강을 위한 것이고 경기 회복을 위해서 세금을 올리지 않겠다는 주장은 궤변이다. 기재부 실무자에 따르면 담뱃값 인상은 증세 효과가 있고 내년도 예산에도 반영이 되어 있다. 담뱃값 인상을 통한 증세는 역진성이 있어 조세 형평성과 소득 재분배 기능을 약화시킨다. 복지 수요 충당을 위해서는 증세가 불가피한데 변칙적이고 우회적인 간접세 인상을 통한 증세는 서민과 중산층에 부담을 주는 것이다. 조세체계 전반을 개편하여 증세하여야 한다.

2015년 예산편성과정에서 누리과정 예산과 관련하여 정부와 지자체, 여야 간에 논쟁이 2014년 가을에 치열하였다. 부자 증세를 통해 무상복지를 확대하여야 한다는 주장과 보편적 증세를 통해 복지 확충 재원을 마련하여야 한다는 주장이 대립되었다.

무상보육 및 무상급식을 둘러싸고, 증세 여부 및 '보편적 복지 vs 선택적 복지' 논란이 일어나자 중앙일보와 한겨레신문은 2014년 11월 각각 사설을 게재하였다. 중앙일보 사설의 요지는 다음과 같다.[3] 정치적 논쟁에 매몰되어 '무상보육만 합법'이라는 청와대나 '해법은 증세'라는 야당이나 국민의 눈에는 한심하다. 정부가 약속한 3대 무상복지는 증세 없이 불가능하다. 야당은 지난 대선에서 여당의 2배가 넘는 복지 공약을 내세웠다. 이미 우리나라는 '중부담－중복지'시대에 들어갔다. 복지 지출에 대한 과감한 구조조정, 복지전달체계의 대폭적인 손질이 증세 논의 전에 이루어져야 한다. 우리나라 복지 비율이 북미나 OECD 평균에 비해 낮으나 복지 지출 속도는 OECD 회원국 중 1위이다. 조세 부담률이 우리와 비슷한 미국이나 일본을 벤치마킹하여야 한다. 증세는 경기부양의 저해 요인이지만 청와대와 여야가 증세의 불가피함을 국민에게 설득시켜야 한다. 세금이 들어가는 복지 공약을 '무상', '공짜'로 포장하여 선거에 활용하고 여야가 서로 책임을 떠 넘겨서 해결될 일은 아니다.

한겨레신문 사설의 요지는 다음과 같다.[4] 청와대 수석이 '무상급식은 대선 공약이 아니다', '누리과정은 법적 의무사항이다'라는 논리로 지방교육청의 무상급식 예산을 누리과정으로 돌리라고 요구하는 것은 황당하다. 무상급식은 2000년 지방선거를 통해 사회적 합의가 이루어져 이미 대다수 지자체에서 시행하고 있다. 박 대통령도 대선 후에 보육사업과 같은 전국적 사업은 국가가 책임지겠다고 공언한 바 있다. 떠넘기기식의 국정 운영은 국정을 더 어렵게 하고 혼란만 가중시킨다.

2015년 1월 연말정산으로 나라 전체가 떠들썩하였다.[5] 2013년 소득세법 개정으로 2014년부터 공제방식이 소득에서 세액으로 바뀌어 실제 세액부담이 늘어났

---

3) [중앙일보] 무상복지 파탄… 정치권은 고해성사부터 해야_20141112.
4) [한겨레신문] 청와대, '급식－보육' 편 가르기 할 때인가_20141110.
5) 매년 1월이면 근로소득자는 연말정산을 한다. 정산결과 세금을 돌려받으면 13월의 보너스가 되고, 세금을 더 내면 13월의 세금폭탄이 되는데 납세자 입장에서는 세금을 많이 돌려받는 것을 원하기 때문에 공제혜택이 많았으면 한다.

고, 간이세액표 조정으로 전체 세금납부액은 같으나 월 세금 징수액을 덜 내고 연말정산 시 더 내는 방식으로 바뀌어서 납세자가 연말정산 시 느끼는 세금부담액이 커진 것이 강력한 조세저항을 불러왔기 때문이다.

중앙일보와 한겨레신문은 2015년 1월 연말정산 사태에 대한 사설을 각각 게재하였다. 중앙일보는 정부의 무성의와 정치권의 무신경으로 연말정산 파동이 발생하였다고 보았다.6) 간이세액표 조정으로 과거 13번째 월급이 세금으로 될 수 있다는 것, 일부 계층은 세 부담이 늘어날 수 있다는 것을 국민과 충분히 소통하지 않고 정책을 추진한 것을 비판하였다. 특히 다가구자녀, 중산층 노후보호 관련 항목과 관련하여 세금이 늘어난 것을 지적하였다. 한겨레신문은 보완대책의 원칙이나 근거를 정부가 제시하지 못하고 있고, 보완대책대로 하면 2013년 법 개정 취지가 훼손되고 소득 재분배 효과도 줄어든다고 비판하였다.7) 소급원칙은 법적 안정성을 저해하는 것이니 보완대책을 졸속으로 추진하기 보다는 결과를 확인 한 후 미세조정을 하고 법인세 인상 등을 포함한 세제개편을 하여야 한다고 주장하였다.

정부는 연이어 대책을 발표하였고 일단 세금을 내면 법 개정을 통해 소급하여 2014년 납부액을 줄여 주겠다는 입장을 발표하였다. 2013년 세법 개정 시 예상하지 못하였던 조세조항에 대해 소급입법이라는 원칙 없는 편법이 동원된 것에 대해 2016년 총선, 2017년 대선을 의식한 것이라는 비판이 있었다. 연말정산이 가지고 있는 구조적인 문제점도 개선하여야 한다는 여론도 있었다.

연말정산 파동에 놀란 정부는 개혁과제로 추진해 오던 건강보험료 부과체계 개선을 연기하였다. 지역가입자의 불합리한 부과체계를 개선하여 지역가입자의 80%는 건보료 부담이 줄어드나, 2%의 고소득 직장가입자의 부담이 늘어나는데 사회적 공감대 형성이 미흡하다는 이유로 연기되었다. 지역가입자의 소득파악이 정확하지 않은 상황에서 직장가입자의 부담을 증가시키는 것이 불만을 가져 올 수 있다는 고려로 인한 조치인 듯하나, 주로 고소득 직장가입자의 부담이 늘어나기 때문에 개혁과제를 포기한 것이 아닌가에 대해 비판이 높았다.

건보료 부과체계 개선을 연기한 정부는 지자체의 강한 요구와 국회의 협조가

---

6) [중앙일보] 얼빠진 정부와 정치권이 연말정산 분노를 불렀다_20150122.
7) [한겨레신문] 법 개정 취지 뒤흔드는 연말정산 보완 대책_20160122.

없다면서 주민세, 자동차세 등 지방세 인상을 추진하지 않겠다는 입장 변화를 발표하였다.

소득세법 개정 및 소급 적용, 건보료 부과체계 개선 연기, 지방세 인상 연기 등 개혁과제가 원칙 없이 연이어 좌절되면서 대통령 지지율은 30% 이하로 떨어졌고, 국정운영 동력을 상당 부분 상실하였다.

연말 정산 파동을 커지면서 증세, '보편적 복지 vs. 선별 복지' 논쟁이 다시 불거졌다. 이명박 정부 시절 법인세를 깎아 주었으나 기업들이 사내유보금을 쌓아두고 투자를 하고 있지 않으니 법인세를 올려야 한다는 주장도 있었다.

3.2. 문재인 정부

보편적 복지를 주장하는 문재인 정부에 들어 복지 확충에 대한 기대감이 높아졌다. 문재인 정부는 집권 초기부터 종부세, 재산세, 임대소득, 금융소득, 법인세 인상 등 다각도로 증세방안을 검토하였다.

박근혜 정부의 실질 법인세율 인상 등으로 세원 확보가 되어 있어서 문재인 정부 초에는 복지 확충을 위한 세수 확보에 문제가 없었다.

문재인 대통령은 2019년 2월 "2022년까지 전국민, 전생애 기본생활권을 보장"하는 '포용국가 사회정책'을 발표하였다. 그러나 332조 원의 재원 조달에 대해서는 구체적인 계획을 제시하지 않았다.

문재인 정부에 들어서 복지비 지출이 대폭적으로 증가하였다.

전년대비 7% 이상 늘어난 2018년 예산은 복지 부문을 강화하고 선심성 예산 지출이 많다는 비판을 받았다.

보편적 복지의 불씨가 살아났다. 야당의 반대로 선별적으로 지급하던 아동수당도 2019년부터는 가구소득과 관계없이 모든 가구에게 100% 지급하기로 여야는 합의하였다.

세액감면을 통해 2019년에 저소득층 근로자 가구에 근로장려금 등으로 5조 원을 지원하기로 결정하였다. 근로장려금은 지급대상을 2배, 지급규모는 3배 이상 늘렸다. 2019년에는 국세감면율이 법정한도를 초과하였다.

2020년에는 기초생활보장제도를 개편하여 생계비 지원금을 늘리고 기초수급자의 진입 문턱을 낮추기 위해 자녀의 재산기준을 대폭적으로 완화하였다.

2020년에 실업부조제도 도입을 계획하였으나 야당의 반대로 실현되지 못하였다. 21대 국회에서 관련법이 통과되어 2021년에 실업부조제도가 도입되었다.

2013년부터 2018년까지 복지예산은 45% 증가하였는데, 전체 예산 증가율 22.9%의 2배였다. 복지예산의 급격한 확충에도 예상하지 못한 부정적 결과가 나타났다. 2018년 4분기 가계소득을 보면 상위 20%의 공적이전소득 증가율이 하위 20%의 3배였다. 오히려 빈곤율이 높아졌다. 소득분배 구조도 악화되었다. 2019년 가계소득을 보면 하위 20%는 근로소득이 5분기 연속 감소하면서 이전소득의 비중이 전체 소득의 절반을 넘었다.

보조금을 신설하거나 보조금 지급 규모를 늘리면서 문재인 정부 들어서 2년간 보조금이 30조 원 늘어났다. 정부의 현금성 복지는 2017년 22조 원에서 2018년 28조 2천억 원, 2019년 40조 5천 6백억 원으로 증가하였다.

2019년에는 증액된 기초연금 예산이 고갈되어 예비비까지 사용하였다. 예비비 중 사회복지부분 지출은 2016년 50억 원에서 2018년 4천 420억 원으로 2년 사이에 85배 폭증하였다.

공적 이전소득에서 4대 연금과 연말정산 환급금을 뺀 '현금복지' 수혜 가구의 수혜액은 2014년부터 2019년까지 5년간 2배로 증가한 반면 근로소득이 있는 사람의 비율은 오히려 떨어졌다. 2019년 3분기 가계소득 조사에 따르면 전체 가구 중 현금복지 수혜가구는 45%인데, 2년 사이에 10%포인트 높아졌고 하위 10% 가구의 경우 정부 이전소득이 근로소득의 3배였다.

2019년 가계금융복지조사 결과에 따르면 세금증가율이 소득증가율보다 높았다. 세금 등 비소비지출이 6% 이상 증가했다.

우리나라의 복지비 지출 증가 속도가 OECD 국가 평균의 4배 넘는 등 급속한 복지 확대, 특히 보편적 복지를 지향하는 문재인 정부의 복지정책에 대한 우려와 비판이 제기되었다. 그러나 OECD 국가의 평균에 비해 우리나라의 현금복지의 비중이 낮기 때문에 현금복지를 더 늘려야 한다는 주장을 보건복지부 장관이 하였다.

2020년 예산안을 보면 복지 확충 지향의 정부정책 기조는 변하지 않았다. 기초연금 수급자의 대상을 소득하위 20%에서 하위 40%로 확대하는 등 정부가 마음대로 줄일 수 없는 예산이 급증하였다. 의무지출 보조금이 2018년 24조 원에서 2020년 36조 원으로 증가하였다. 복지고용 예산이 전체 예산의 36.4%이다. 2020년 현금지원 예산은 50조 원 이상으로 편성되었다. 정부가 기초연금을 지급하는데 지자체가 노인수당을 지급하는 등 중복 지급되는 현금복지가 23조 원이었다. 현금지원과 바우처 예산을 합하면 63조 원이 넘어 2017년과 비교하여 40% 이상 증가했다. 정부가 주는 지원금 외에 지자체들도 경쟁적으로 청년 수당을 신설하면서 청년들이 수령할 수 있는 현금성복지의 최대 액은 4천만 원이 넘었다.

코로나19로 편성된 역대 최대 규모의 2020년 3차 추경예산의 대부분이 일회성 복지와 현금지원이었다. 코로나19 확산에 따른 경제 충격을 완화하기 위한 추경이나 민간에서 일자리가 창출되도록 지원하는 예산은 소액에 불과하였다.

재난지원금 등의 영향으로 2020년 2분기 기준으로 공적 이전소득이 1년 사이에 2배 이상 증가하였다.

2021년 예산도 고용복지의 비중이 제일 컸다. 정부 각 부처가 요구한 2021년 지출 예산 542조 9천억 원 중 보건복지고용예산이 198조 원이었다. 현금성 복지도 70조 원으로 늘어났다.

2021년에도 재난지원금 등의 영향으로 소득 증가를 공적 이전소득이 주도하는 현상이 지속되었다. 3분기 기준으로 가구당 월평균소득이 8% 증가하였는데, 근로소득은 6.2%, 사업소득은 3.7%, 공적 이전소득은 25.3% 증가하였다. 하위 20%의 월평균소득은 21.5% 늘어났는데, 소득의 49%가 공적 이전소득이었다.

2022년 사회복지 부분의 예산 증가율은 5.4%로 총지출 증가율 8.3%보다 3% 포인트 가까이 낮았다. 박근혜 정부도 사회복지 부문을 임기 초에 대폭 늘렸다가 임기 후반에 증가율을 축소시켰다.

문재인 정부 출범 초기에는 박근혜 정부의 세제개편 등으로 세수가 늘어났는데, 늘어난 세수를 가지고 확장재정을 하지 않았다는 비판을 받았다.

복지확충을 위한 확장재정을 뒷받침하기 위해서는 문재인 정부에서 증세는 불가피하였다. 정부는 고소득자와 대기업의 세 부담을 늘리고 서민중산층과 중소기업의 세 부담을 줄이는 세법 개정을 2018년에 했다.

2019년 들어서 여권을 중심으로 확장재정 정책을 뒷받침하기 위해 증세는 불가피하나 선거 일정 등을 고려하여 신중한 접근이 필요하다는 주장이 제기되었다. 노동계에서는 고소득자, 대기업은 증세하여야 한다는 주장을 하였다. 2020년에는 지속적 경기침체로 세수가 예측보다 줄어들고 국가채무도 증가할 것이라는 전망이 제기되면서 증세가 필요하다는 주장이 더욱 커졌다. 포용적 복지국가가 완성되기 위해서는 조세부담률을 25%로 상향시키고 법인세, 부가세를 올려야 한다는 주장이 제기되었다. 보편적 복지를 위해서는 저소득층도 세금을 더 내어야 한다는 주장도 제기되었다.

문재인 정부에 들어서 부유층의 세 부담이 커지고 있다. 소득세 최고세율이 2016년 38%에서 2020년 42%로 올랐다. 같은 기간 법인세 최고세율은 22%에서 25%, 종합부동산세 최고세율은 2%에서 4%로 올랐다.

2010년 이후 소득세 최고세율이 OECD 국가 중 가장 가파르게 올랐고 고소득 1인가구의 세금이 느는 속도도 우리나라가 OECD 국가 중 1위이다. 최고 법인세율은 OECD 국가 중 9위이다. 문재인 정부 들어서 10단계 상승하였다.

건강보험 보험료 등 사회보험료 부담도 올라가고 있다. 경영계에서는 건강보험, 국민연금 등 준조세가 조세 총액의 40%이고 향후에도 지속적으로 증가할 것이 예상되기 때문에 관리가 필요하다는 주장을 하고 있다.

우리나라는 세수구조에 취약성이 있다. 2019년에 모두 세수 항목이 줄어들었으나 법인세만 증가하였다. 반도체 호황 덕이었다. 일부 산업에 의존하는 경제구조가 세수 기반의 취약성으로 나타났다. 근로자 39%가 소득세를 0원도 내지 않는 반면 종합소득 상위 10%가 총 세액의 86%를 부담한다.

2020년 상반기 기준으로 국세 수입이 전년도 동기 대비 23조 원 줄었고 세외수입도 7년째 하락하였다. 세수비상이 걸린 정부는 증세는 현실적으로 어렵다는 입장을 밝혔다. 그러나 소득세 최고세율을 다시 올리는 등 부자증세를 통해 세수 감소를 보충하려고 하고 있다. 또한 정부는 세수 증대를 위해 비트코인 거래에 대한 양도세 도입을 2022년부터 계획하였으나 2023년으로 일 년 연기하였다.

프랑스의 피케티 교수는 300년간의 20여 개국의 조세자료를 분석하여 소득과

부가 상위 소수 계층에 집중되고 있음을 보여 주었고 자본수익률이 경제성장률보다 높은 것을 그 원인으로 지목하고 자산에 대한 과세를 주장하였다. 2014년 전미 경제학회 연례 총회에서 진보의 아이콘으로 떠오른 피케티 교수와 조지 W. 부시 대통령의 경제자문위원회 위원장을 맡았던 전통 경제학의 대가인 하버드대 그레고린 맨큐 교수의 공방이 큰 관심을 받았다.[8]

프랑스 경제학자 토마 피케티의 '21세기 자본론'이 세계적으로 큰 반향을 일으키자 2015년 4월 한국경제신문은 피케티 주장의 타당성에 관한 찬반 토론을 게재하였다.[9] 피케티 주장에 설득력이 있다는 유종일 KDI 국제정책대학원 교수의 논거는 다음과 같다. 피케티의 연구는 기존의 소득분배 연구와는 달리 조세통계를 활용하여 고소득층의 소득을 정확히 파악하고, 300년간의 소득분배 추이를 분석하였다. 특히 최상위 1%, 0.1% 등 고소득층을 집중적으로 연구했다. 이를 통해 앵글로 색슨 계열 국가의 소득 불평등이 심화된 것은 대기업 경영진의 폭발적인 보수 증가 등을 통한 상위 1%로의 부의 이동에서 비롯되었다는 것을 입증하였다. 또한 이로 인한 세습자본주의의 도래를 경고하였다. 우리나라의 경우도 통계청 조사가 아닌 국세청 자료를 활용하여 추정하면 상위 1%로 소득이 빠르게 집중되고 있음을 알 수 있다. 우리나라도 자본수익률보다 낮은 경제성장률, 폭증한 대기업 임원의 보수, 부자 감세 등이 소득의 불평등을 심화시켜 왔다. 세습자본주의는 능력주의와 민주주의의 위협요인이다. 우리나라도 재벌 2, 3세의 세습경영으로 어느 정도 세습자본주의의 모습을 보이고 있다. 글로벌 부유세를 제안한 피케티의 주장대로 우리나라도 부자들의 편법적인 상속와 증여를 차단하고 부유세를 도입하는 것을 검토하여야 한다.

피케티 주장에 설득력이 없다는 현진권 자유경제원 원장의 논거는 다음과 같다. 피케티의 책은 감각적이고 감성적이다. 대다수의 사람 속에 있는 자본과 부자에 대한 미움을 건드리고 있다. 책의 강점인 실증자료의 단순나열은 모든 사람의 부와 소득이 같아야 한다는 암묵적 가정을 바탕으로 하고 있다. 그러나 20세기 사회주의 실험은 그것이 지속 가능하지 않다는 것을 역사적으로 입증하였다.

8) [조선일보] 맨큐 vs 피케티, 일보수·진일보 경제학 거물, 빈부격차 놓고 첫 맞짱 토론_20150105.
9) [한국경제] [맞짱 토론] 피케티의 주장 설득력 있나_20140524.

주류 경제학에서는 부의 분배를 결과적 현상으로 본다. 사전적으로 조정이 불가능하고 가치를 부여할 수 없기 때문이다. 상위 1%가 소득의 20%를 가져간다는 지표는 경제를 제로섬 게임으로 본 것이다. 소비자를 만족시킨 대가로 얻은 소득은 착취의 결과가 아니다. 올해 1%에 속한 부자가 언제든지 빈자 1%로 떨어질 수 있는 것이 시장경제이다. 최고한계세율 80% 부유세는 새로운 것이 아니다. 유럽 및 우리나라의 최고한계세율 또한 과거 80%였으나 성장을 위해 대폭 낮추었다. 개방화된 경제 체제에서는 세율 인상으로 형평성을 높이는 정책은 작동하지 않는다. 형평을 강조해 온 스웨덴은 2005년 상속세, 2006년 부유세를 폐지하였다. 과거 사회주의 국가의 지도자 역할을 한 러시아는 2001년부터 13%의 단일 소득세율을 도입했다. 피케티는 시대 흐름에 역행하며 대중들의 감성을 두드리는 주장을 하고 있다.

3.3. 지자체 복지

서울시가 2016년 일정 요건을 충족한 서울시 거주 청년들에게 구직활동비를 지급하는 조치를 밀어 붙이자 복지부가 강경대응하며 법원에서 시시비비를 가리자고 할 정도의 사태로 발전하였다.

2016년 8월 중앙일보와 한겨레신문은 서울시 청년수당을 둘러싼 복지부와 서울시의 갈등에 관한 사설을 게재하였다. 중앙일보 사설의 요지는 다음과 같다.[10] 서울시 청년 수당은 중앙정부와 지방정부가 합심하여 새 복지 정책을 짜는 좋은 선례가 될 수 있으니 양측은 반성하고 후유증을 최소화하는 대책을 내 놓아야 한다. 한겨레신문 사설의 요지는 다음과 같다.[11] 청년실업이 최악인 상황에서 지자체의 자발적인 청년취업 지원사업을 중앙정부가 중단시키는 것은 옹졸함의 극치이다. 지자체의 여러 노력을 고무하고 지원하여, 성과 좋은 사업을 보편화하는 것이 정부의 역할이다.

문재인 정부에 들어서 청년수당은 정부와 지자체와의 마찰 없이 지급되었으

---

10) [중앙일보] 청년수당 충돌 서울시와 복지부 볼썽 사납다_20160805.
11) [한겨레신문] 서울시 청년수당 발목 잡는 정부의 옹졸함_20160806.

나 중복 지급, 지급목적 외 사용 등이 문제가 되었다.

청년수당을 시작으로 문재인 정부 들어서 복지 확장 기조에 맞추어 현금복지가 기하급수적으로 늘어났다. 문재인 정부 들어서 지자체 현금복지가 연 120개씩 늘어났다. 현금복지 바람의 진원지였던 성남시는 '청년배당', '생애 최초 국민연금 지원제도' 등 2019년 현금복지 5건을 신설하였다. 재정자립도가 최하위인 강원도는 물론이고 현금복지에 보수적이었던 대구광역시 같은 지자체도 '해녀수당', '경로당수당', '여성위생수당' 등으로 현금복지 증설 대열에 합류하였다.

청년수당뿐 아니라 아기수당 등 다른 지자체 현금복지도 중앙정부와 중복지급이 문제가 되었다. 재정자립도가 취약한 지자체는 현금복지로 재정이 악화되면 정부가 지원해 주어야 하기 때문이다. 정부는 지자체 현금복지가 기하급수적으로 늘어나고 중복지급 등이 문제가 되고 있으나 방관하고 있다.

지자체 간의 형평성 문제도 제기되었다. 재정자립도에 따라 현금복지에 차이가 날 수밖에 없기 때문이다.

2017년 3천 66억 원, 2018년 3천 714억 원에 불과하였던 지역화폐 발행이 문재인 정부 들어서 급증하였다.

2019년부터 정부가 지역화폐 발행금액의 일부분을 보조해 주기 시작했다. 2019년에는 2조 3천억 원이 발행되었고 2020년 9조 6천억 원, 2021년 20조 2천억 원이 발행되었다. 2020년에는 당초 3조 원이 계획되어 있었으나 코로나19로 침체된 지역 상권을 활성화하는 차원에서 국고보조율을 배로 올리면서 발행액도 대폭 늘어났다. 2년 사이에 10배 가까이 늘어난 것이었다.

선출직인 지자체장으로서는 지역화폐를 많이 발행하면 정부로부터 보조금이 그만큼 늘어나서 치적이 되기 때문에 지자체들은 지역화폐를 경쟁적으로 발행하고 있다.

2022년 예산편성과정에서 정부는 지역화폐 발행규모를 20조 원에서 6조 원으로 줄이고 국조보조율을 8%에서 4%로 내리는 것으로 예산을 편성하였다. 그러나 지역화폐 발행규모 확대를 주장하는 여당 대통령 후보에 밀려 2022년 예산에서는 오히려 30조 원으로 늘어났다.

지역화폐 발행이 단기간에 급증하면서 역기능이 나타나고 있다. 지자체 재정

상황에 따라 지자체간의 양극화가 심화되고, 상품권 형태의 지역화폐가 불법 현금화되는 사례도 있고, 제대로 된 재정추계 없이 발행이 갑자기 늘어나면서 재정 부담이 가중되자 혜택을 취소하는 지자체도 생겨났다. 또한 지역화폐나 주민 참여는 없고, 정부 지원에 과도하게 의존하고 있으며, 발행된 이후 실질적인 사용률은 기대 이하인 것으로 나타나고 있다.

지역화폐의 지역경제 활성화에 대한 기여도 논란의 대상이다. 부가가치 및 고용유발 효과가 크다는 주장도 있으나 정부 보조금을 고려할 때 경제적 순손실이 발생하고 고용효과도 크지 않다는 것이 주류의 견해이다. 지역 불균형 해소에 도움이 된다는 주장도 있다. 비용대비 효율에 대해서도 좀 더 면밀한 검토가 필요하다는 지적이 제기되고 있다.

4. 조세 형평성

4.1. 소득세 면세자

문재인 정부 출범과 함께 복지재원을 마련하기 위한 다양한 증세방안이 검토되었다. 상속세, 증여세 공제율을 낮추고 법인세율도 높이는 등 고소득자를 겨냥한 증세를 하였다.

고소득자를 대상으로 한 증세 효과는 크지 않기 때문에 법인세, 에너지세 등 세제 전반을 개혁하여야 하고, 200조 원 규모의 복지재원 마련을 위해서는 중산층을 포함한 보편적 과세가 시행되어야 한다는 주장도 있다.

부자 증세 추진의 걸림돌의 하나는 40% 가까운 근로소득세 면세자 비율이다. 납세의 의무원칙에 반하기 때문이다.

한국경제신문은 2017년 7월, 근로소득세 면세자 축소와 관련하여 찬반 토론을 게재하였다.[12] 찬성 측의 박완규 중앙대 교수의 논거는 다음과 같다. 납세는 헌법에서 정한 국민의 의무이고 50% 가까운 면세자 비율은 조세 형평상 문제가 있

---

12) [한국경제] [맞짱 토론] 소득세 면세자 줄여야 하나_20170701.

다. 복지재원 마련을 위해 '넓은 세원, 낮은 세율' 정책을 추진하여야 한다. 소득이 낮은 사람은 사회복지프로그램을 통해 지원할 수 있다.

반대 측의 김갑순 동국대 교수의 논거는 다음과 같다. 면세자 비율이 2013년 32.2%에서 2014년 47.9%로 늘어난 것은 2013년 소득세법을 개정하면서 세율 인상 대신 근로소득 관련 특별소득공제를 세액공제로 전환하는 편법을 썼고, 표준공제 인상이 추가로 이루어졌기 때문이다. 이 상황은 충분히 예견된 것이고 소득 재분배 관점에서 바람직하다. 소득 세제의 기준을 면세자 비중으로 고치는 것은 납세자의 형편을 고려한 수평적 공평성을 훼손하므로 바람직하지 않다. 국민개세주의 원칙을 적용할 때 간접세 비중이 높은 우리나라에서는 근로소득세뿐만 아니라 부가가치세 등 간접세도 같이 고려하여야 한다. 면세자의 비중이 높다는 것은 우리나라에 저소득자가 많다는 것을 반증하는 것이라고 볼 수도 있다.

2018년에 처음으로 조세부담률이 20% 넘었으나 근로소득 면세자 비율은 여전히 38.2%였다.

4.2. 종교인 과세

종교인 과세가 2018년 1월 1일부터 시행되었다. 1968년 초대 국세청장이 종교인에게도 근로소득세를 걷겠다고 한 지 50년이 지나서 시행된 것이다.

2012년에 기재부 장관이 불쑥 끄집어 낸 후 종교인 과세가 다시 논란이 되기 시작했다. 국가가 종교활동에 개입할 수 있는 여지가 있어 위헌이 아니냐는 주장부터, 교회 운영의 투명성을 제고하여 교회 발전에 도움이 된다는 등 다양한 주장이 제기되었다.

2015년 시행 예정이었던 종교인 과세는 2년 유예되었다가 가장 반대가 심하였던 개신교에서 수용하기로 결정하면서 시행되었는데 핵심 쟁점은 종교활동비의 과세였다. 정부는 종교계와의 협의과정에서 종교인 회계와 종교단체 회계를 분리하여 종교활동비를 비과세 항목으로 하는 것으로 하였으나, 여론이 악화되자 비과세하되 신고하는 것으로 정리하였다. 초기 2년간 가산세를 면제하여 주고 기타 소득임에도 불구하고 종교인에게는 근로장려금을 받을 수 있도록 하였다.

정부의 시행령에 대해 납세자연맹 등 시민단체, 일부 종교계에서는 특혜 없는 종교인 과세를 주장하며 강력하게 비판하였다.

2018년 시행 예정인 종교인 과세를 2년간 더 유예하자는 법안이 제출되자 2017년 7월, 서울경제신문은 종교인 과세 유예에 대한 찬반 토론을 게재하였다.[13] 유예를 찬성하는 문병호 총신대학교 교수의 논거는 다음과 같다. 종교인에 대한 과세는 교회와 국가의 관계에 대한 본질적인 고찰이 요구되고, 정부 수립 이후 70여년 유지되어 온 일종의 불문법을 바꾸는데 충분하고 적절한 협의가 미흡하다. 성직자를 근로자로 보고 과세한다면 정부가 80% 이상인 미자립 교회 성직자의 복지문제에 대한 대책을 세워야 한다. 정부가 일부 교회의 병폐를 구실로 헌법에 규정된 종교의 자유를 침해해서는 안되며, 오히려 종교가 정치적 바람에서 벗어나 적극적으로 사회에 기여할 수 있는 여건을 마련해 주어야 한다.

유예를 반대하는 안창남 강남대 교수의 논거는 다음과 같다. 종교인에게 과세할 수 있는 법적 근거와 제도적 장치는 이미 확보되어 있다. 과세 당국은 준비되어 있을 것이며, 원래 2015년부터 시행이 예정되어 있었고, 유예도 한 차례 하였는데 종교인이나 종교단체의 준비가 미흡하다는 것을 이유로 또 한 차례의 유예를 요구하는 것은 이해하기 어렵다. 아직 길게는 1년 가까운 시간이 남았으니 지금부터라도 준비를 철저히 하여야 한다. 유예 주장이 종교인 과세 철회 주장으로 연결되는 것을 경계하여야 하고 재정이 튼튼한 국가가 있어야 종교의 자유도 있다는 사실을 명심해야 한다.

시행은 되었지만 종교인 과세는 여전히 논란거리이다. 종교인들은 종교인 과세가 종교활동을 위축시킬 수 있다는 우려를 가지고 있고, 시민단체들은 종교인들만 세금에 있어서 특혜를 받아서는 안 된다고 주장하고 있다. 종교인 과세에 있어서 국민개세주의 원칙을 강조한 정부가 면세자 축소에 대해서는 유보적인 것에 대해 일관성이 없다는 비판이 있다.

---

13) [서울경제신문] [어떻게 생각하십니까?] 종교인 과세 유예_20170818.

5. 재정건전성, 재정준칙과 국가부채

확장재정 정책을 추구하는 문재인 정부에서는 재정건전성이 더욱 주요한 정책이슈가 되었다.

2018년 6월 재정지출이 국세수입보다 커지면서 통합재정수지가 적자로 돌아섰고, 사회보장성 기금을 제외한 관리재정수지가 25개월 만에 최대 적자를 기록했다. 국회 예산정책처 등은 고령사회로 진입하면서 세수 기반이 취약해지고 있는 가운데 문재인 정부의 확장재정 정책으로 재정건전성이 악화될 것을 경고하였다. 한국재정학회 추계에 따르면 문재인 정부 마지막 해인 2021년에는 국가채무가 정부 예상보다 56조 원이 많았다.

문재인대통령이 2019년 5월 국가재정전략회의에서 재정건전성을 판단하는 GDP대비 국가채무비율 40% 근거에 대해 추궁하였다. 기재부는 확장재정 정책을 지속하는 경우 국가채무비율은 2020년 45%로 오를 것으로 추정되는 데 OECD의 다른 국가와 비교할 때 높은 것이 아니라는 입장을 밝혔다.

정부의 입장에 대해 공기업 부채를 포함하면 국가채무비율이 60%를 넘고, 향후 5년간은 세수는 줄어드는 반면 세출은 늘어날 것으로 전망되어 통합재정수지도 적자가 될 것으로 예상되고, 우리나라는 기축통화국이 아니기 때문에 재정통화정책에 한계가 있는 등 재전건전성에 대해 보수적인 입장을 유지하는 것이 필요하다는 비판이 제기되었다.

확장재정 정책 기조에 따른 재정적자와 국가부채의 증가로 인한 문제점이 수치로도 제기되었다. 정부는 매년 20조 원의 이자를 지급하고 있고 향후 더 증가할 것으로 예상되었다, 국회 예산정책처는 2019년에 고3인 학생이 50세가 되면 부모보다 6배가 넘는 1억 원이 넘는 나라 빚을 지게 된다고 추정하였다. 국가 채무는 2022년에 1천조 원이 넘을 것으로 예상되었다.

그러나 2016년 재정건전화법을 발의했던 기재부는 유연한 재정준칙으로 기조를 선회하였다. 정부는 우리나라의 현재 재정건전성이나 부채증가 속도가 양호하다는 현 정부 정책 기조를 뒷받침하는 수치를 언론에 제시하였다. 그러나 공공부분 부채를 제외한 수치를 제시하였다.

코로나19로 인해 추가경정예산이 4번 편성되고, 경기 위축으로 세수 기반이 취약해진 2020년에는 재정건전성이 더욱 논란이 되었다. 2020년 1분기 관리재정수지의 재정적자는 55조 3천억 원으로 역대 최악이었다. 정부가 직접·간접으로 보증하는 국채와 특수채의 발행 잔액이 2020년 초기 4개월간 78조 원 증가하여 1천 1백조 원에 육박하였다.

재정건전성에 대한 우려에도 불구하고 문재인 대통령이 현 상황은 재정을 풀어야 할 때인 것으로 정리하면서 재정건전성은 2차적인 고려가 되었다.

정부는 5년 단위로 국가재정운영계획을 수립하여 국회에 제출하도록 되어 있으나 구속력이 없어 재정건전성 관리에 도움이 되지 못한다. 특히 문재인 정부 들어서 정부가 재정수지와 국가채무비율 목표치를 완화하면서 재정준칙을 제정하여야 한다는 주장이 힘을 얻었다. 통합재정수지에서 국민연금 등 4대 사회보험을 제외한 관리재정수지의 경우 2013년에는 수지균형을 목표로 하였으나 2017년에는 -2%내외, 2020년에는 -5%로 목표를 내렸다. 국가채무비율도 2015년 40% 목표에서 2021년 50% 후반으로 완화되었다.

재정준칙은 정치상황에 휘둘리지 않고 국가의 재정건전성이 적정 수준에서 유지되도록 하는 수단이다. 90개국 이상에서 재정준칙이 운영되고 있고 OECD 국가 중에서는 우리나라와 터키만 운영되지 않고 있다.

우리나라에서도 시행을 2025년 이후에 하는 것을 전제로 2020년 10월 제도는 도입되었다. 그러나 시행시점도 2025년 이후에 결정하고, 재해나 경기침체인 경우는 준칙 적용의 예외로 하며, 법으로 할지 시행령으로 할 것인지도 결정되지 않은 등 '맹탕준칙'이라는 비판을 받았다. 정부가 내놓은 산식대로 예상 수치를 대입하면 2020년은 재정준칙 기준을 넘어서서 지출구조조정을 하여야 한다. 그러나 2020년은 재해 상황이니 예외가 적용된다.

한겨레신문은 2020년 6월 '재정건전성 논의는 건전한가'라는 제하로 이슈논쟁을 게재하였다.[14] 재정건전성에 집착하면 잠재 생산력의 훼손이 우려된다는 유승

---

14) [한겨레] 재정건전성 논의는 건전한 가?_20200616.

경 부소장의 요지는 다음과 같다. 재정건전성은 금융활동을 뒷받침하는 능력이지 금융활동을 자제하라는 지침이 아니다. 명목경제 성장률이 국채금리보다 높으면 나라 부채가 일시적으로 높아도 중장기적으로 수렴된다. 우리나라 성장률 전망이 국채금리보다 높아서 적자재정을 통해 경기를 부양하는 것이 합리적이다. 통화정책의 양적 완화와 함께 적극적 재정 정책을 집행하면 부채비율이 단기적으로 높아도 성장을 통해 장기적으로는 회복된다. 기축통화국이 아니더라도 원화표시 국채를 발행하면 기축통화와 같은 역할을 할 수 있다. 경기 침체기에는 유휴 생산요소가 많아 돈이 풀려도 과도한 인플레이션이 일어나지 않는다. 현재와 같은 코로나 위기에는 외부요인이 제거될 때까지 국민을 보호하고 경제의 공급능력을 유지시켜 주어야 한다. 4차 산업혁명, 기후와 환경의 위협 증대 등 지금은 전환기적 시점이다. 전환기적 시점에는 적극적 재정지출로 미래의 경제 기반을 다져야 한다.

사회개혁 없는 재정확대로 국가 위기가 우려된다는 김태기 단국대 교수의 주장의 요지는 다음과 같다. 우리나라는 재정악화 속도가 OECD 국가 중 그리스 다음으로 빠르다. 소득주도성장 정책을 집행했기 때문이다. 그러나 소득주도성장은 실패하였다. 고용부진이 왔고 취약계층의 재정의존도는 심화되었다. 정부는 다른 나라보다 재정이 건전하다는 통계적 착시에 빠져 있다. 재정을 통하여 모든 것을 해결하려고 하니 재정의 효율성도 떨어졌다. 공공 아르바이트로 일자리를 채우고 생존능력을 상실한 기업을 지원하니 성장이 후퇴하고 재정건전성은 더욱 악화된다. 재정건전성은 진보, 보수의 문제가 아니다. 포퓰리즘의 문제이다. 보수정부에서 세금을 줄이니 재정건전성이 나빠지기도 하였다. 취약계층을 양산하는 경제구조의 개혁이 필요하다. 재정도 구조조정이 필요하다.

기획재정부는 2021년 7월 추경편성 시에는 2021년 초과세수가 31조 5천억 원으로 전망하면서 이를 대부분 추경재원으로 활용하였다. 그러나 11월 추가적으로 19조 원의 초과세수가 발생할 것으로 발표하여 기재부가 의도적으로 세입을 축소하였다는 비판이 제기되었다. 초과세수의 활용과 관련하여 기획재정부는 국가재정법에 따라 부채 상환에 써야 한다고 주장하였으나 여당의 요구에 밀려 대부분을 코로나19 피해 지원에 지출하여 국가재정법 위반 논란이 있었다.

2021년, 2022년에도 확장재정 정책 기조가 유지되고 코로나19 팬데믹은 지속되고 있기 때문에 재정건전성 논란이 더욱 커지고 있다. 2021년 기준 우리나라의 GDP 대비 채무비율은 51.3%로 35개국 중 25위로 현 시점에서 재정건전성은 무난하다고 볼 수 있으나 채무가 늘어나는 속도가 문제이다.

　IMF는 2021년 11월 발표한 재정점검보고서에서 2026년 우리나라의 일반 정부 국가채무는 GDP 대비 66.7%가 될 것으로, GDP 대비 국가채무 증가 속도 35개 선진국 중 가장 빠를 것으로 전망하였다. 특히 공공기관 부채까지 포함하는 공공부채(D3) 개념으로 우리나라의 국가부채를 비교하고, 고령화 속도 등을 고려하면 향후 재정건전성이 우려된다고 경고하였다.

　국회 예산정책처는 2030년 나라 빚이 2천조 원을 넘어설 것으로 추정하고 지출을 통제하여야 하고 증세는 불가피하고 '한국형 재정준칙' 논의가 필요하다고 주장하였다.

제5장

성장 정책

제51장

성장 정책

1. 소득주도성장

　　문재인 정부가 소득주도성장을 전면에 내세웠지만 처음으로 시도한 정부는 아니다. 박근혜 정부에서 최경환 경제부총리는 임금인상을 통해 경제 활성화, 즉 소득주도성장을 주장하였다. 최저임금 10% 이상 인상 등 추진한 정책들은 야당의 지지를 받았으나 여권 다수 세력의 반대로 제대로 집행되지 않았고 가계 소득도 늘어나지 않는 등 지지부진하였다. 야권으로부터 정책추진 의지 자체를 비판받았다.

　　문재인 대통령도 2015년 2월 새정치연합 당대표 후보 인터뷰에서 새정치연합이 민생정당으로 가는 답을 '소득주도성장'에서 찾고, "핵심 정책으로 최저임금 인상, 비정규직의 정규직화와 차별시정, 적극적 복지, 부채구조조정을 통한 가계부채 축소" 등을 제시했다. 아울러 "조세정의의 실현을 위한 조세구조 혁신"도 주장했다. "부족한 복지 재원을 늘리고 세수부족을 해결하기 위해 부자감세를 철회하고 비과세감면 혜택을 대폭 정비하는 등 국가재정구조의 청사진"을 제시하였다.

　　박근혜 정부에서 최저임금 인상으로 대표되는 소득주도성장의 당위성과 효과에 대한 논의가 활발하였다. 대기업 성장에 따른 낙수효과가 실패한 것으로 판명되었는데, 임금 인상과 복지 확대를 통해 가계소득이 성장을 견인할 수 있다는 입장과 소득주도성장 정책은 성장 정책보다 분배 정책이고 구조개혁 등의 혁신이 동반되지 않으면 부작용이 우려된다는 주장이 정치권에서도 대립되었다.

최경환 부총리가 가계소득 증대를 통한 소득주도성장 정책을 제시하자 중앙일보와 한겨레신문은 2014년 7월 소득주도성장 정책에 대한 사설을 각각 게재하였다. 중앙일보 사설의 요지는 다음과 같다.[1] 소득주도성장 정책은 분배 정책에 가깝다. 국제통화기금도 소득 불평등이 성장을 저해할 수 있다고 하였다. 서민과 중산층의 소득증대는 필요하다. 정부가 대출 규제완화 등의 조치로 부동산 활성화에 올인하면서 기업에게는 돈을 풀라고 압박하는 상호 모순된 정책을 시행하고 있다. 좋은 일자리를 통해서만 소득이 늘어날 수 있다. 규제개혁 등 소득주도성장도 상식의 틀 안에서 시행하여야 한다.

한겨레신문의 사설의 요지는 다음과 같다.[2] 규제완화 등을 통한 대기업 위주의 성장 정책의 문제점을 인지하고 가계소득 증대를 통해 성장을 추구하는 소득주도성장 정책을 지지한다. 성장지상주의로 부가 한 곳으로 모이고 소득의 격차가 커졌다. 정책은 일관되고 지속적으로 추진되어야 한다. 부동산대출 완화와 같은 낡은 성장주의 모델을 병행해서는 소득주도성장 정책이 성공할 수 없다.

문대통령은 높은 지지도를 기반으로 취임 초기 소득주도성장 정책을 저돌적으로 추진하였다.

소득주도성장 정책은 박근혜 정부에서와 같이 문재인 정부에서도 출범 초기부터 논란의 대상이었다. 논쟁의 쟁점은 기본적으로 같았다. 비판의 주요 내용은 반기업적이고 혁신과 성장이 없으며 증세에 의존하는 분배에 치중하고 있다는 것이었다. 박근혜 정부에서는 소득주도성장 정책이 최경환 부총리가 추진한 경제정책이었던 반면에, 문재인 정부에서는 대통령이 핵심정책으로 추진하는 것이었기 때문에 논란이 더욱 거세였다.

2018년 최저임금이 16.4% 인상되는 등 본격적으로 문재인 정부의 소득주도성

1) [중앙일보] 소득 주도 성장 포퓰리즘으로 안된다_20140721.
2) [한겨레신문] 소득 주도 성장 무늬만으로 안된다_2014720.

장 정책이 시행되었으나 2018년 초 경제 성적표는 기대 이하였다.

문재인 정부 출범 1년이 경과된 2018년 5월 시점에서 2018년 1분기 기준으로 최하위 5분위 계층의 가계소득이 떨어지는 등 소득분배가 관련 조사가 시작된 이후 가장 악화되었다. 5월 취업자 증가수가 10만 명 미만으로 떨어지고 대기업과 중소기업의 임금격차가 확대되는 등 부정적인 경제 지표가 잇달아 발표되면서 소득주도성장에 대한 비판이 본격적으로 제기되었다. 최저임금의 급격한 인상이 일자리에 치명적이었다는 주장이 제기되었다. 특히 자영업자 등 서민의 고통이 심한 것으로 나타났다.

2018년 산업생산은 1% 증가에 그쳤고 2019년 1분기 경제 성장률은 10년에 최저였고 OECD 국가 중 꼴찌였다. 문재인 정부 출범 시점부터 경기 정점에 대한 논의가 시작되었으나 정부는 경기 정점에 대한 판단을 몇 차례 유보하였다. 2019년 9월 국가통계위원회는 2017년 9월이 정점이라고 판단하였다. 결과적으로 보면 문재인 정부 출범 이후 시행된 최저임금의 급격한 인상, 법인세 인상이 경기침체를 가속화시킨 것이었다.

일자리 정부를 지향한 문재인 정부에서 일자리가 양적인 측면에서 뿐 아니라 질적으로도 악화되었다. 2018년에는 일자리가 증가가 10만 명 이하에 그쳤다. 단순노무, 임시직 등 취약계층부터 일자리가 줄었고 좋은 일자리인 제조업, 30·40대 일자리가 큰 폭으로 감소하였다. 세금으로 늘리는 '일회성 일자리'의 한계를 보여주었다. 2019년에도 고용 상황은 나아지지 않았다. 정부재정에 의해 지원되는 노인 일자리만 늘어났다. 고용원 있는 자영업자는 줄고 '나홀로 사장'만 늘어났다. 민간 일자리에 정부가 보조금을 주고 공공근로사업을 확충하면서 2020년 일자리 직접지원 예산은 2016년과 대비하여 2배 늘어났다.

소득분배도 악화되었다. 2018년 4분기 하위 20% 계층의 소득은 18%, 근로소득은 37% 줄어들었다. 하위 20%가 월 123만 원을 벌 때 상위 20%는 월 932만 원을 벌어 빈부격차가 더 벌어졌다. 최저임금 인상으로 직격탄을 맞은 차상위계층이던 자영업자들 상당수가 극빈층으로 전락하였다. 2019년 4분기에 소득 분배는 다소 개선되었으나 2017년과 대비하면 하향 평준화되었고 분배구조가 악화되었다.

성장, 일자리, 분배 등에서 부진한 소득주도성장으로 대표되는 문재인 정부의 경제정책에 대한 국민들의 평가는 부정적이었다. 2018년 서울경제신문이 실시한 '대국민 경제 인식 조사'에 따르면 국민의 63%가 '1년간 경기가 나빠졌다'고 응답하였다. 소득주도성장 정책의 수정을 요구하는 목소리도 높았다. 저소득층이 오히려 반발이 컸다. 한국경제신문이 2019년에 실시한 '한경 마니로드쇼' 참가자를 대상으로 조사한 결과에 따르면 80%가 소득주도성장 정책을 수정하거나 중단하여야 한다고 응답하였다. 세계일보가 2020년 1월 실시한 여론조사 결과에 따르면 문재인 정부의 경제정책이 효과가 없다고 대답한 사람이 60% 가까이 됐다. 70%가 '최저임금 1만 원' 대선 공약을 지킬 필요가 없다고 하였다.

소득주도성장 정책의 성과가 지지부진하자 시장과 싸우는 소득주도성장 정책을 재고하여 궤도를 수정해야 한다는 주장들이 지속적으로 제기되었다. 한국경제학회, 재정학회 등 국내 전문가들뿐 아니라 IMF, 노벨경제학 수상자 등 해외에서도 소득주도성장이 소득주도빈곤으로 귀결될 것을 우려하였다.

소득주도성장은 우리나라 경제가 가지고 있는 구조적인 문제점을 개선하는 정책이기 때문에 그 효과가 나타나기 위해서는 시일이 소요될 것이고 세재개편 등을 통해 제대로 된 본격적인 소득주도성장 정책을 해야 한다는 주장도 동시에 제기되었다.

성과 부진에 대한 일부 자성은 있었으나 문재인 정부는 소득주도성장 정책에 대한 비판에도 불구하고 정책을 지속하였다. 2019년 대통령 시정연설에서 소득주도성장에 대한 언급이 확 줄어드는 등 소득주도성장 대신 포용성장을 전면으로 내세웠으나 소득주도성장 정책의 기조를 바꾸지는 않았다. 특히 코로나19로 인한 팬데믹 상황에서 대규모 재정 투입이 불가피하기 때문에 소득주도성장 정책이 필요하다고 주장하였다.

정부는 경제지표를 해석하고 국민들에게 설명하는 과정에서 소득주도성장 정책의 성과로 해석될 수 있는 지표만을 전면으로 내세우고 부진한 지표는 의도적으로 축소하거나 외면하였다. 정부는 소득주도성장 정책의 성과를 판단하는 기준이 되는 통계청의 조사방식을 바꾸고 일관성 유지를 위해 통계조사 방식의 유지를 고집하는 통계청장을 경질하였다.

문재인 대통령이 소득주도성장 정책을 방어하면서 소득주도성장 정책을 "족보 있는" 정책이라고 주장하여 전문가들로부터 혹독한 비판을 받았다. 논란의 과정에서 임금상승률이 정체되고 노동소득분배율이 하락하여 소득주도성장 정책이 필요하다는 논거는 우리나라 통계자료의 구조적인 취약성을 고려하지 못한 것이라는 주장이 설득력을 얻었다.

통계청이 발표한 2020년 고용 동향을 보면 어느 언론기사 헤드라인과 같이 "속수무책"이라고 표현할 수밖에 없었다. 고용관련 지표가 역대 최악이었다. 2020년 취업자 수가 1년 전 보다 21만 8천 명이 줄었다. 외환위기가 발생한 직후 연도인 1998년 이래 22년 만에 최악의 감소폭이다. 세금 일자리가 대부분인 60대 일자리를 제외하고 전 연령대에서 취업자가 줄었다. 1998년 이후 처음이었다. 좋은 일자리이라고 할 수 있는 제조업 취업자가 5만 명 이상 감소하였다.

코로나19로 인한 경제 충격을 고려하지 않더라도 문재인 정부의 소득주도성장 정책은 결과적으로 참사이다. 코로나19 발생 이전인 2019년 경제 상황을 보면 경제 성장률은 10년 만에 최저 수준인 2.0%였다. 제조업 가동률은 73%로 IMF위기 이후 최저였다. 설비투자는 7.3% 감소하였고 제조업 생산능력은 48년 만에 최대폭으로 감소하였다. 우리나라의 명목 GDP 성장률은 IMF 위기 이후 최저로 우리나라 순위가 11년 만에 처음으로 하락하였다. 2.0% 성장률에서도 민간기여도는 0.5%로 정부 재정에 의한 가까스로 2%대의 성장률을 달성하였다.

2019년에는 취업자 수가 30만 명 늘어났으나 취업자 수 증가가 9만 7천 명에 불과한 2018년의 악화되었던 일자리 상황의 기저효과였다. 정부 재정에 의해 유지되는 노인일자리를 제외하면 취업자 수가 오히려 8만 명 줄었다. 40대 취업자는 16만 2천 명 줄어 28년 만에 최악의 참사였다. 2019년 12월 제조업 취업자는 사상 최장으로 20개월 연속 줄어들어 8만 1천 명이 감소하였다. 60세 이상은 40만 명 가까이 늘어난 반면 주 17시간 이하 단시간 근로자는 30만 명 증가하였다.

2019년 4분기에는 하위 20% 가구의 평균 소득이 2018년보다 늘어났지만 2년 전보다 12% 적었다. 하위 20%와 상위 20%의 소득격차도 4.61배에서 5.26배로 늘어났다. 2018년과 대비하여 2019년은 정부 보조금 때문에 가계소득이 늘어난 착시 현상이 있었으나 가처분소득은 감소하였다. 빈곤층도 늘어났다. 기초생활수급자와 차상위계층을 합한 사회빈곤층은 2019년 말 기준 243만 5천 명으로 2017년 말 대비 22만 2천 명 증가하였다.

2. 혁신성장

문재인 정부는 'J노믹스'의 한 축으로 소득주도성장과 함께 혁신성장을 내세웠다. "혁신성장은 우리의 미래 성장 동력 발굴뿐 아니라 좋은 일자리 창출을 위해서도 반드시 필요하다"고 2018년 신년사에서 문재인 대통령은 언급하였다. 국가가 끌고 가기 보다는 민간부분이 제안하면 정부가 지원하는 노·사·정·민의 대타협이 전제되는 혁신성장을 강조하였다.

'최저임금 1만 원'으로 대표되는 소득주도성장이 주 정책 기조가 되면서 문재인 정부의 혁신성장 정책은 구체적인 이행계획도 없고 전략도 보이지 않는다는 비판이 문재인 정부 초기부터 제기되었다. 복지·일자리 예산은 10% 내외로 증가하는데, R&D 예산은 1% 증가하고 노동시장 개혁은 오히려 후퇴하였다는 것이 출범 1년 문재인 정부에 대한 시장의 평가였다.

2017년 9월 정부는 '혁신성장 15대 주요 대책'을 발표하였다. 1년여 경과한 2018년 6월에 보고대회를 개최하고 혁신성장전략점검회의를 신설하는 등의 보여주기 위주의 정책은 있었으나 가시적인 성과가 없었다.

혁신성장을 이끄는 혁신성장본부도 표류하였다. 초대 민간인 혁신성장본부장이 4개월 만에 사임하였다. 혁신정책 추진의 주도권이 혁신성장본부에서 규제 주무부처로 넘어가면서 혁신성장본부가 동력을 잃어 버렸다. 추진 동력을 살리기 위해 혁신성장본부가 정부조직이 되었으나 민간의 역할이 축소되면서 민간이 이끌고 정부가 지원하는 혁신성장이라는 초기 기조는 실종되었다.

인터넷은행 등의 제도는 도입되었으나 실질적으로 규제의 벽에 막히거나 제도도입에 진전이 없는 상황이 지속되면서 혁신성장은 구호에 그치고 있다는 비판이 제기되었다.

정부는 2020년 예산편성에서 혁신성장에 13조 원을 투입하기로 결정하였다. AI 등 4차산업혁명 핵심플랫폼, 시스템반도체, 벤처기업 지원 등에 2019년보다

60% 가까이 늘어난 예산을 편성하였다. 그러나 정부의 혁신성장 정책에 대한 전문가와 시장의 평가는 부정적이었다.

2019년 12월 경제부총리는 전략적 틀을 마련해 혁신성장을 일관되고 강력하게 추진하겠다고 하였으나 혁신인재 20만 양성 등의 추진과제는 계획만 있는 공허한 구호라는 비판을 받았다.

친노동정책 그리고 노동계 등 관련 이익단체 간의 사회적 합의를 강조하는 문재인 정부 정책 기조가 문재인 정부의 혁신성장 정책 추진의 가장 큰 장애물이었다. 특히 대기업 중심의 경제구조에서 대기업을 정책대상에서 제외함으로써 정책의 실효성이 떨어졌다.

2020년 '코로나19'라는 돌발 상황이 발생하면서 문재인 정부의 혁신성장은 더욱 길을 잃었고 2021년 말 시점에서도 성과가 없다.

3. 구조개혁

IMF 위기 극복 과정에서 공공, 금융, 노동, 기업 등 4대 부분에서 상당한 개혁이 이루어졌다. 대대적인 구조조정으로 400%가 넘었던 상장기업의 부채비율은 200% 밑으로 떨어졌고 금융기관 3분의 1이 문을 닫았다. 정리해고법이 일찍 시행되는 등 노동개혁도 이루어졌다.

국제신용평가기관인 무디스가 2015년 말 우리나라의 신용등급을 상향조정하자 중앙일보와 한겨레신문은 그 의의를 평가하고 우리 경제가 나아갈 방향에 대한 사설을 게재하였다.

중앙일보 사설의 논지는 다음과 같다.[3] 신용등급 상향 조정으로 국제시장에서의 자금조달 금리가 낮아지는 등 긍정적인 효과가 기대된다. 외환위기 경험, 일본의 사례 등을 보면 신용등급이 좋다는 것이 미래를 보장하여 주지 않는다. 우리경제가 저성장의 늪에 빠질 것이라는 우려가 있는데, 신용등급 상향조정을 계기로

---

3) [중앙일보]_사상 최고의 국가 신용등급에 자만할 때는 아니다_20151221.

구조개혁과 체질 개선에 박차를 가하여야 한다.

한겨레신문 사설의 요지는 다음과 같다.[4] 신용등급 상향조정은 좋은 일이나 내용을 들여다 보면 우리 경제가 가지고 있는 구조적인 문제가 반영되어 있다. 가계와 기업은 비틀거리는데 정부 곳간만 튼튼한 것을 긍정적으로 평가하여 등급을 상향 조정한 것이다. 국제신용평가기관이 보는 우리나라는 '돈이 될 만한 나라'이지, '건강한 나라'는 아니다. 가계 및 기업발 위기의 뇌관을 제거하려는 노력을 하여야 한다.

중앙일보와 한겨레신문의 구조개혁에 대한 관점의 차이는 우리 사회에서 여전히 진행형이다.

김대중 정부 이후에는 눈에 띄는 구조개혁의 성과는 없다. 이명박 정부에서 공공기관 선진화 정책이 시행되었으나 효과는 제한적이었고 박근혜 정부는 중도 퇴진으로 노동개혁은 오히려 뒤로 후퇴하였다.

문재인 정부 1년차인 2017년 11월 IMF위기 발생 20주년을 맞이하여 4차 산업혁명 시대에 지속적 성장을 위해서는 과감한 구조개혁이 필요하다는 주장이 제기되었다. 특히 세금에 의존하는 복지확대, 공공기관 성과연봉제 폐지, 최저임금의 급격한 인상, 공무원 및 공공부문 정원 확대 등 문재인 정부의 정책이 우리 경제의 체질을 다시 약화시킬 것이라는 우려가 제기되었다. 경직적 노동시장, 불투명한 기업경영 개선이 경제체질 강화를 위한 최우선과제로 제시되었다.

구조개혁으로 외환위기를 극복하였으나 구조조정과정 중 희생된 근로자, 기업 등도 고려하여야 한다는 2015년 한겨레신문의 논조와 같은 주장도 제기되었다.

문재인 정부 출범 2년으로 접어드는 2018년 초부터 미래성장을 위해서는 구조개혁이 시급하다는 주장이 더욱 강하게 제기되었다. 전문가들은 선제적 구조조정, 규제완화, 노동유연화가 필요하고 제조업 시대에 머문 노동시장의 개혁 없이는 4차 산업혁명 시대에 우리 경제의 미래가 어렵다는 시각이었다. IMF는 우리나라의 잠재성장률이 2030년에 1%대로 추락할 것으로 전망하고 잠재성장률을 높이려면 노동개혁이 필요하고 취약계층 보호를 위해 재정투자를 확대하여야 한다고

---

4) [한겨레신문]_무디스 국가 신용등급 상향 명암_20151221.

권고하였다.

코로나19 대처과정에서 문재인 정부가 고용안정화에 정책의 중심을 두면서 기업 구조조정 등 경제체질 강화는 우선순위에서 밀려있다.

4. 규제개혁

구조개혁과 규제개혁은 동전의 양면과 같다. 모든 정부는 규제개혁을 외치고 탈규제, 규제완화, 규제개혁, 규제철폐, 규제개혁, 규제혁파의 순으로 용어의 강도를 높여 왔으나 여전히 규제 때문에 되는 일이 없다는 것이 기업들의 생각이다.

박근혜 정부에서도 규제개혁은 주요 국정과제의 하나였다. 박근혜 대통령은 2014년 3월에 열린 '제1차 규제개혁 장관회의 겸 민관합동 규제개혁 점검회의'를 전국에 생중계하며 규제개혁에 대한 대통령의 의지를 보여주었다. 3년간 규제 2,200여 건을 폐지하고, 신설되는 규제는 5년이 되면 효력이 정지되는 방안을 추진하는 등 강도 높은 규제개혁을 추진할 것을 밝혔으나 두드러진 성과는 없었다. 야당 등에서는 박근혜 대통령의 규제개혁으로 경제민주화가 후퇴될 수 있다는 우려도 제기하였다.

중앙일보와 한겨레신문은 박근혜 대통령이 규제개혁 관련 끝장 토론을 주재하며 규제개혁을 주문하자 2014년 3월 각각 사설을 게재하였다. 중앙일보 사설의 논거는 다음과 같다.5) 생중계로 전 국민에게 공개된 규제개혁 토론회는 규제개혁의 강력한 수단이 될 것이다. 일몰제, 규제총량제 등 구체적인 해법이 제시되었지만 우리 현실에 맞게 보다 정교하게 설계되어야 한다. 중앙부처뿐만 아니라 지자체 수준에서의 규제개혁도 되어야 한다. 보이지 않은 규제, 여러 부처가 관계되는 덩어리규제 등은 대통령이 직접 챙겨야 한다.

한겨레신문의 사설 요지는 다음과 같다.6) 규제완화의 필요성에 대해 대통령

---

5) [중앙일보]_끝이 아니라 시작이다_20140321.
6) [한겨레신문]_규제개혁 옥석 가리기에서 출발해야_20140321.

과 일정 부분 공감하나 크게 걱정되는 부분이 있다. 총량제, 임기 내 20% 규제철폐 등과 같이 양적인 목표에 치중하면 필요한 규제가 같이 사라질 수 있다. 공무원들이 대기업의 민원을 별다른 검증 없이 들어 줄 수도 있다. 없애야 할 규제와 필요한 규제를 가리는 작업이 선행되어야 한다. 경제주체들이 납득하고 이해할 수 있는 규제완화를 하여야 한다. 대통령이 이야기하는 규제의 합리화가 이루어져야 한다. 출발점은 규제개혁위원회를 이해 당사자가 골고루 참여하여 논의가 이루어지는 틀로 바꾸는 것이 될 수 있다.

문재인 정부에서도 출범 초부터 규제개혁을 추진하였다. 제조업기반 성장체제의 틀 속에 갇힌 과거의 규제를 혁파하기 위해서는 총량규제 축소의 함정을 피하고, 기득권층의 반발을 넘어서고, 난마처럼 얽힌 복잡한 행정절차를 극복하고, 정치적 이념에 갇혀 있는 계층 논리를 타파하고, 국회에서의 정쟁이 지양되어야 하나 문재인 정부도 공유자동차관련 갈등처리과정에서 보듯이 집권 초기부터 규제개혁의 장애물들을 넘지는 못하였다. 우리나라가 규제공화국이라는 것은 기업 현장에서 확인된다. 기업들은 코로나19보다 규제가 더 무섭다고 토로하고 있다.

공무원들의 규제일변도의 행정도 여전히 변화하지 않고 있다. 감사를 두려워하여 적극적 행정을 하지 않고 있다. 부처 영역을 지키는 것이 최우선 관심사이다.

문재인 정부는 공정경제의 이름으로 경제민주화를 강력히 추진하면서 재벌규제에 집중하여 빅테크, 새로운 글로벌 경제 질서 등 시대의 변화를 읽지 못하고 있다는 비판을 받고 있다.

유망 스타트업이 기업가치 1조 원 이상의 유니콘 기업으로 성장하는 것을 지원하겠다는 정부의 공언과는 달리 ICT, 플랫폼서비스 분야에 대한 새로운 규제를 도입하고 있다. 신산업의 주무 부처가 되기 위한 정부 부처 간 밥그릇 싸움이 신산업 성장을 가로막고 있다.

일자리 창출을 위해 리쇼어링(re-shoring)을 적극 추진하고 있으나 2014년 유턴(u-turn)법 시행 이후 2020년 상반기까지 국내로 유턴한 기업은 71곳이고, 대기업은 한 곳에 불과하다. 유턴한 기업도 정부와 지자체가 당초 약속한 지원이 제대로 이루어지지 않아 국내로 복귀한 것을 후회하고 있다. 반면에 삼성전자, LG전자 등은 해외 공장을 증설하거나 해외로 공장을 이전하고 있다. 기업활동에 대한 규제는 이미 과포화 상태인데, 문재인 정부 들어서 규제가 더욱 강화되고 있는 것이 주요 원인의 하나이다.

우리나라를 떠나는 외국인 투자기업들은 고용관련 규제, 강성노조가 개선되어야 우리나라가 외국인 투자를 많이 유치할 수 있다고 조언하고 있다.

제6장

통신 정책

제6장

통신 정책[1]

1. 통신요금: 원가 공개/기본요금 폐지/보편요금제

2016년 기준 월 가계통신비는 14만 4천 1원으로 전체 가계소비지출에서 5.6%를 차지한다. 가계통신비 인하는 모든 정부에서 추진한 정책이지만 문재인 정부는 '기본요금 폐지'를 대선 공약으로 하는 등 집권 초반부터 매우 강력한 요금인하 정책을 추진하였다.

기본요금은 인프라 구축에 쓰이는 비용인데, 망설치가 완료된 시점 이후까지 부과하는 것은 불합리하다는 것이 정부의 입장이었다. 특히 저소득층과 소외계층이 주로 쓰는 2G·3G부터 기본요금을 폐지할 것을 요구하였다. 그러나 이동통신 3사는 기본료 폐지에 따른 요금 감소액이 전체 영업이익의 2배 가까이 된다며 반발하였고 정부는 기본료 폐지를 강제할 수단이 없기 때문에 문재인 정부 초기 공방은 계속되었다.

기본요금 폐지가 업계의 반발로 진척이 없자 정부는 약정할인율의 상한을 20%에서 25%로 높이고, 현재 요금보다 월 1만 원이 저렴한 요금제를 도입하는 등

---

1) 본장은 『경제정책의 이해: 박영범이 읽어 주는 경제 뉴스』(한성대출판부, 2018)의 I장의 내용을 수정 보완한 것이다.

년 4조 원 이동통신비 절감효과가 있는 대책을 발표하였다.

이동통신 3사는 우리나라 통신요금이 상대적으로 저렴하다는 것과 적자를 보며 장사할 수 없다는 등의 이유로 행정소송을 검토하였고 정부는 담합조사를 하는 등 대립하였다. 대립은 오래가지 않았고 이동통신 3사는 정부 방침대로 약정할인율을 확대하였다.

문재인 정부 초기, 통신기본료 폐지가 공약대로 추진되기 어려워지면서 2011년 참여연대의 원가관련 정보공개 재판으로 시작된 통신비 원가공개 논란이 다시 시작되었다. 참여연대는 1심과 2심에서 통신비 원가와 관련된 일부 자료를 공개하라는 판결을 받아냈는데 대법원이 이를 확정하면서 파장이 확대되었다.

참여연대는 대법원의 원가공개 판결대상이 2G·3G 뿐만 아니라 LTE 원가도 소송까지 가지 않고 공개할 것을 요구하였다. 정부도 원가공개 추진에 적극 호응하면서 이동통신 3사는 반발하였다. 참여연대는 대법원이 공개를 명령한 자료만으로는 원가대비 통신비의 적정성을 판단할 수 없으니 추가적인 자료를 공개하라고 요구하였다.

또한 참여연대는 국회 및 정부에서 요금인가제 폐지를 논의하고 있는 상황에서 오히려 요금인가제의 실효성 확보 등을 주장하였다.

한국경제신문은 2013년 10월 통신요금 원가 공개에 관한 찬반 토론을 게재하였다.[2] 찬성 측의 안진걸 참여연대 협동사무처장의 논거는 다음과 같다. 통신비가 가계비에서 차지하는 비중이 적지 않다. 특히 스마트폰 출시 이후 통신비 부담이 급등하였다. 참여연대는 통신비가 획기적으로 인하되어야 하며 통신의 공공성이 회복되어야 한다고 본다. 참여연대는 이동통신 3사의 담합의혹에 대해서도 공정위에 신고했다. 방통위에 원가공개 자료를 요청하였으나 거부하여 소송을 제기하였는데, 1심에서는 방송위의 비공개처분은 위법하다고 보았고, 법원은 원가총액과 그 원가를 구성하는 기본적인 항목에 대해 수치를 공개할 것을 명령하였다. 이동통신 서비스가 필수재이며 독과점시장이라는 것을 고려하면 공공성 차원에서 영업비밀이라고 할지라도 원가와 관련된 자료를 공개하여야 하며 투명성을 확보하

---

2) [한국경제] [맞짱 토론] 통신요금 원가 공개해야 하나요_20131026.

여야 한다. 통신은 초기 투자비용이 많이 들지만 그 이후 비용은 많이 들어가지 않아 요금인하 여지가 많으나, 우리나라는 오히려 요금을 인상하여 왔다. 우리나라의 통신비 부담지수는 OECD 2위이다.

반대 측의 이태희 국민대 교수의 논거는 다음과 같다. 우리나라 통신요금이 비싸다고 하나 국제비교 기준에서는 오히려 저렴하다. 가격이 높다고 원가를 공개하는 것은 시장 원리에 부합되지 않는다. 이동통신 서비스는 공공서비스라 할지라도 공기업이 아닌 민간기업이 생산하는 것이기 때문에 경쟁 환경을 조성하는 것이 정부의 역할이다. 유효경쟁이 충분히 이루어지지 않아 요금이 높은 경우에는 시장실패의 원인을 제거하는 방향으로 가야 하며, 오히려 원가를 공개하면 또 다른 시장실패를 가져올 수 있다. 원가를 공개하면 단기적으로 요금인하 요인이 있을 수 있으나 장기적으로는 기업이 혁신을 추구할 유인이 없어 효율성이 낮아진다. 프랑스에서 과거 혁명기에 우유가격을 반값으로 내리고자 하였으나 오히려 처절한 실패로 끝난 사례를 반면교사로 삼아야 한다.

정부는 통신비 인하 대책의 하나로 월 2만 원의 보편요금제 도입을 추진하였다. 그러나 현재 사용 가능한 알뜰폰의 요금이 보편요금보다 저렴하기 때문에 보편요금제를 도입할 필요가 없고, 보편요금제가 도입되면 결과적으로 정부가 이동통신요금의 가격 결정권을 가지게 되게 때문에 바람직하지 않다는 주장이 제기되었다.

정부가 보편요금제 도입을 추진하면서 알뜰폰 업체들이 생존하기 위해 노력을 배가하였다. 통신 3사들의 요금인하 경쟁도 치열해졌다.

서울경제신문은 2017년 6월 휴대폰 기본요금 폐지에 과한 찬반 토론을 게재하였다.[3] 찬성 측의 한현배 한국청소년게임문화협의회 이사장의 논거는 다음과 같다. 공기업인 한국전기통신공사, 한국이동통신이 채권을 발행하여 정보통신 인프라를 구축하였으니 초기 구축비용은 국민이 부담한 것이다. 이제 수익이 많이 발생하니 국민에게 돌려주어야 한다. 정부가 민간기업의 수익성에 대해 걱정할 필요가 없다. 정부는 통신비 원가, 적정이익률도 모르고 민간이 가격을 자율적으로

---

3) [서울경제신문] [어떻게 생각하십니까?] 휴대폰 기본요금 폐지_20170609.

결정하도록 방관하고 있다. 정부는 기본요금 폐지 등을 통해 국민에게 혜택을 주는 방향으로 통신산업을 정립하던가 통신사가 질 좋고 저렴한 서비스를 제공하는 경쟁환경을 만들어야 하는데 둘다 못하고 있다. 이동통신 3사가 기본요금도 폐지하지 못하는 상황에서 국내 시장이 완전 개방되었을 때 생존할 수 있을지 걱정이다.

반대 측의 이병태 카이스트 교수의 논거는 다음과 같다. 통신비 이슈는 경제 이슈라기보다는 가공된 정치이슈이다. 지금의 통신비는 과거의 통신비가 아니다. 스마트폰이 다른 전자기기를 대체하고 소비자가 여행, 레저 등의 서비스를 구매하는 것을 조력하여 소비자 후생을 증진시키는 대가라고 보아야 한다. 정부가 민간 기업의 가격 정책을 결정하고 간섭할 권한은 없다. 현실적으로 기본요금이 폐지되면 이동통신 3사가 막대한 적자를 감수하여야 하니 가능하지도 않다. 통신비 단가를 낮춘다고 가계 지출이 꼭 줄어드는 것도 아니다. 통신은 계획소비가 가능하지 않은 제품이기 때문이다. 요금제가 다양화되고 소비유형에 따라 서비스를 제공하도록 서비스 경쟁을 유도하여 실질적인 인하 효과를 기대하는 것이 대안이 될 수 있다.

2. 유료방송 점유율

유료방송 사업자 1위인 KT가 위성방송 스카이라이프를 합병하면서 2015년에 특정 유료방송 사업자가 전체 시장점유율의 33.3%를 넘지 못하도록 한 규제를 3년 동안 한시적으로 도입하였다. 2018년 6월 27일 종료됨에 따라 시장이 활발하게 반응하였다.

이 규제를 폐지하는 것은 현재 1위 사업자인 KT의 독점적 지배 능력을 강화시키는 것이기 때문에 연장되어야 한다는 것이 2위와 3위 사업자의 주장이었다.

LGU+는 시장 장악력을 높이기 위해 CJ헬로 등 유료방송 사업자의 인수를 고민하였다. 피인수대상으로 거론되는 CJ헬로는 오히려 IPTV 사업으로 영역 확장을 도모하였다.

서울경제신문은 유료방송 점유율 규제를 연장하는 것에 대한 찬반 토론을 2017년 11월에 게재하였다.[4] 찬성 측의 변상규 호서대 교수의 논거는 다음과 같다. 유료방송 플랫폼 사업자는 채널 편성권을 가지고 있다. 가구의 90% 이상이 유료방송에 가입한 상황에서 점유율을 폐지하여 거대한 플랫폼이 출현한다면 공정한 경쟁 환경이 조성되지 못하고 다양성이 훼손되며 플랫폼이 여론에 영향력을 행사할 가능성을 높인다. 방송사업자의 자유가 다소 제한되더라도 공정한 규칙이 정립되어야 한다.

반대 측의 황근 선문대 교수의 논거는 다음과 같다. 합산규제는 처음부터 1위 사업자인 KT를 견제하기 위한 것인데, 33%라는 준거는 합리성도 부족하고 시장에서 경쟁하기 보다는 정치인이 만들어놓은 제도를 통해 다른 사업자들이 이익을 취하는 병폐를 만들어 놓았다. 방송 영상사업 영역이 인터넷으로 확대되고, 인터넷 매체들의 영향력이 커지고 있는 상황에서 특정 사업자를 대상으로 한 규제는 효과도 불확실하다. 초기 위헌시비까지 있었음에도 도입된 합산규제로 유료방송 시장은 더욱 불공정하고 열악해졌다는 평가인데, 규제를 계속하여야 할 타당한 근거를 찾기 힘들다.

3. 5G 입찰/ KT 인접대역 주파수 입찰

3.1. 5G 입찰

라디오 시대부터 출발한 통신시장에 스마트폰까지 무력화시킬 수 있는 5G가 등장하면서 시장에서 우위를 점하기 위한 통신사 간의 경쟁이 치열하였다. 조기 상용화를 위해서 통신 필수설비의 용도를 제한하는 것을 풀자는 주장이 있었다. 이 경우 KT가 확보한 경쟁 우위가 사라질 수 있었다.

5G 주파수 할당과 관련하여 경매가, 주파수 총량 제한, 주파수 분할방법 등이 핵심 쟁점이었다. 5G 세계 최초 상용화의 걸림돌은 높은 경매가뿐만 아니라 통신

---

4) [서울경제신문] [어떻게 생각하십니까?] 유료방송 독점방지 점유율33% 규제 연장_20171117.

비 인하 요구, 정부의 규제적 태도 등이라는 주장이 제기되었다.

5G 경매는 순조롭게 마무리되었으나 관련 장비구입을 삼성에서 할 것인가, 중국 화웨이에서 할 것인가가 논란이 되었다. 인터넷서비스를 일종의 공공재로 보는 망중립성 원칙을 미국이 폐지하면서 네트워크 사업의 지각변동이 예상되었다.

2018년 4월, 정부가 5G 주파사 경매에 내어 놓을 주파수 대역과 상당히 높은 최저입찰가격을 공개하자 한국경제신문은 관련하여 찬반 토론을 게재하였다.[5] 높은 최저가격을 찬성하는 측의 이성엽 고려대 교수의 논거는 다음과 같다. 이번에 공급하는 대역폭이 과거 3번의 경매보다 증가하였으니 최저 경쟁가격 총액의 증가는 당연하다. 최근 경매가 끝난 영국과 비교하여 높다고 하나 우리 시장에서의 5G의 시장가치는 영국에 비해 상당히 높기 때문에 비교대상이 아니다. 과거 주파수 할당은 여러 번에 나누어 이루어졌지만 이번에는 한 번에 할당되기 때문에 최종할당 대가인데, LTE의 누적 총 할당 대가의 절반 수준이다.

반대 측의 이병태 카이스트 교수의 논거는 다음과 같다. 경매는 최초가격을 낮게 하고 경매가 진행될수록 그 가격을 높여가는 것이 일반적인데, 이번 경매 최저가 영국의 최종 낙찰가에 준하는 것을 고려하면 너무 높다. 5G는 향후 막대한 투자가 소요되는데, 초기 투자비용을 줄여 주는 것이 산업의 발전을 위해 바람직하다. 또한 높은 주파수 대역 가격은 통신비 인상을 가져 올 수 있다. 추가적으로 비싼 가격에 주파수를 통신사에 넘기고 규제와 시장 개입을 통해 통신사 사업수익을 훼손하는 관치를 종식하여야 한다.

3.2. KT 인접대역 주파수 입찰

LTE 스마트폰 이용자가 급증하면서 통신데이터 이용량도 증가하자, 미래부는 2013년 6월, LTE 주파수를 추가 경매하겠다고 발표하였다. 이동통신 3사는 KT 인접대역인 1.8 GHz 대역의 포함 여부를 주시하였다. 1.8 GHz 인접 대역을 따낸다면 KT의 경쟁력이 강화될 수 있기 때문이었다.

---

5) [한국경제] [맞짱 토론] 5G 주파수 '최저입찰가' 적정한가_20180428.

한국경제신문은 LTE 주파수 추가배정에서 KT 인접대역 주파수를 어떻게 할당하여야 하는지에 대한 토론을 2013년 6월에 게재하였다.[6] KT는 인접대역이 포함되어 할당받으면 저렴한 투자비용으로 기존 전국망에 붙여 두 배 빠른 서비스를 제공할 수 있는 반면 다른 두 통신사는 KT의 열 배가 넘는 금액을 투자하여야 하기 때문이다.

찬성 측의 이석수 KT 상무의 논거는 다음과 같다. 경쟁사의 압력으로 KT 주변 대역이 최초 주파수 경매에서 제외됨으로써 한국의 LTE 속도는 세계 6위에 불과하다. 경쟁사들 주장대로 보조 주파수에 대한 투자를 최소화하면 일부 도심지역에만 광대역 서비스가 가능한 반면 KT에 할당하면 적은 비용으로 광대역 서비스를 빠른 시간에 전국에 서비스할 수 있다. 주파수의 이용효율성을 높이는 것이 전파법의 취지에도 맞다. 인접 대역을 확보하지 못한 KT는 MC를 제대로 구축하지 못하는 등 불공정한 경쟁을 하고 있다. KT도 투자비용이 많이 들어가며 속도가 높아져 50% 이상의 점유율을 KT가 가질 것이라는 것은 근거 없는 주장이다. 투자비용에 차이가 있어 공정경쟁을 저해하기 때문에 특정 주파수 대역을 KT에 할당하지 않은 것은 산업을 하향 평준화하자는 주장이다. 오히려 선도 사업자가 나서서 경쟁우위를 가지면 후발 사업자가 진입하여 경쟁 우위를 깨뜨리면서 결국 소비자 편익이 증가한다.

반대 측의 강학주 LGU+ 상무의 논거는 다음과 같다. KT는 LGU+와의 경쟁에서 밀리면서 900MHz 주파수 상용화 지연에 따른 주파수 부족 해소와 1,500Mbps 서비스 조기 도입을 이유로 근접 대역 주파를 할당받아야 한다고 주장하고 있으나 이는 정부에 특혜를 요구하는 것이다. KT는 LTE 주파수를 가장 많이 가지고 있는 사업자이다. 추가적인 주파수 할당을 요구하기 보다는 900MHz 등 기존 주파수를 효율적으로 활용하는 방안을 먼저 찾아야 한다. KT는 부인하고 있지만 주파수를 할당 받게 될 경우, KT의 총 초과 수익은 7조 3천억 원이 될 것으로 추정된다. KT는 당장 광대역 서비스를 시작할 수 있으나 다른 사업자들은 막대한 투자비용과 2~3년의 기간이 소요된다. 3위 사업자인 LGU+는 도태되고 시장에

6) [한국경제] [맞짱 토론] KT 인접대역 주파수 어떻게 할당해야 하나_20130608.

는 1, 2위 사업자만 남아 과점이 되어 결국 소비자 편익은 줄어들 것이다. KT만을 위한 불공정한 경쟁이 이루어져서는 안 된다.

   2013년 8월 시작된 경매는 경매 4일 만에 입찰보증금이 2조 원을 넘어서는 등 치열하였다. 47회 입찰에도 승자를 가리지 못해 특정대역 무제한 입찰이 가능한 '밀봉입찰'에 의해 KT가 1.8 GHz 대역을 확보하여 속도 경쟁에 참여할 수 있는 기반을 마련하였다. 8월 31일 종료된 입찰의 3개 대역의 최종 낙찰가는 2조 4천 289억 원으로 최저경쟁가격보다 1조 원이 높았다.

제7장

부동산 정책

1. 금융관련 규제

박근혜 정부의 최경환 경제부총리는 2014년 7월 취임하면서 46조 원이 넘는 확장적 거시정책과 함께 부동산관련 금융규제를 과감하게 완화하였다.

한국경제신문은 2014년 6월, 부동산관련 금융규제완화에 대한 찬반 토론을 게재하였다.[1] 찬성 측의 고성수 건국대 교수의 논거는 다음과 같다. 부동산시장의 장기침체는 소비 심리를 위축시켜 내수시장의 장기 침체를 가져 온다. 시장회복의 실마리를 부동산으로 풀 수 있다. 가계부채가 1천조 원이지만 선진국과 비교하여 크게 위험한 수준이 아니며, 주택담보대출은 연체율도 낮기 때문에 적절한 주택담보대출비율(LTV)을 유지하면 금융시스템의 안정성을 확보할 수 있다. 우리나라는 선진국보다 LTV는 낮은 반면 총부채상환비율(DTI)은 높다. 두 기준을 종합적으로 보면 다소 과하기 때문에 주택시장을 활성화하는 차원에서 완화하는 것이 바람직하나, 그 영향이 소득계층별로 다르기 때문에 신중한 접근이 필요하다.

반대 측의 송인호 한국개발연구원 연구위원의 논거는 다음과 같다. LTV 규제

---

1) [한국경제] DTI<총부채상환비율> · LTV<주택담보비율> 규제 풀어야 하나_20140628.

완화는 장기적으로 가계대출을 큰 폭으로 증가시킨다. 우리나라의 가처분소득 대비 가계부채 비율은 160%로 이미 주요 선진국의 수준을 넘어섰다. 이는 가계의 재무건전성을 더욱 악화시키고 거시 경제 안정성을 훼손할 수 있다. 실제적인 LTV, DTI 규제는 선진국과 비교하여 높지 않다. 우리가 주요 선진국에 비해 글로벌 금융위기를 큰 경기 침체 없이 넘긴 것은 이 두 가지 규제를 미리 도입했기 때문이다. 전반적인 규제완화보다는 규제구조를 합리적으로 개선하는 방안을 고려하여야 한다.

최경환 부총리의 부동산 부양으로 경기를 활성화시키려는 정책은 가계부채와 국가채무를 동시에 증가시키는 부작용을 가져왔다는 평가를 받았다. 46조 원의 확정적 거시 정책과 함께 LTV, DTI 등 부동산 금융관련 규제완화 조치가 취해졌으나 경기 활성화는 지지부진하면서 2013년 말부터 2015년 말까지 가계부채는 66조 원, 국가부채는 530조 원 늘어났다. 2015년 7월 정부는 가계부채 종합관리 방안을 발표하였는데, 이번 대책으로 피해가 우려되는 저소득층이나 청년층을 위한 별도의 대책이 필요하다는 주장이 제기되었다.

전세값이 지속적으로 상승하고 월세도 급등하자 정부는 2015년 4월에 이어 9월, 잇달아 서민 주거안정 강화 방안을 발표하였다. 청년, 고령자 등 주거 취약계층에 대한 지원을 강화하고, 기업형 임대주택(뉴스테이)을 활성화하고 전월세 관련 세제를 개편하고 대출금 지원을 확대하는 정책에 대해 시장의 반응은 대체적으로 부정적이었다. 주거안정보다는 경기 활성화에 치중하는 정부 정책 기조에 대한 비판도 제기되었다.

중앙일보는 2015년 9월 정부의 주거안정 대책을 비판하는 사설을 게재하였다. 주거비가 급등하여 가계소비를 위축시키고 가계부채도 급증하는데 정부의 대책은 오히려 전·월세난을 가중시키고 있다는 주장이었다. 그러면서 주택시장 전체의 수급도 같이 고려하는 서민 주거안정 대책을 주문하였다.[2] 한겨레신문은 정부가 내놓은 대책으로 전·월세난을 해소하기에 역부족이며, 부동산 대책의 중심을 경기 활성화를 위한 규제완화에서 서민주거 안정으로 옮겨야 한다고 주장했다.[3]

경기 활성화 대책에도 불구하고 경기는 살아나지 않고 가계부채가 지속적으

---

2) [중앙일보] 전세난 놔두고는 경제 못 살린다_20150905.
3) [한겨레신문] 언 발에 오줌 누기 서민 주거 대책_20150903.

로 급증하자 부동산관련 금융규제를 다시 강화하여야 한다는 주장이 제기되었다.

　중앙일보와 한겨레신문은 2016년 8월 정부의 가계부채 대책의 미흡함을 비판하는 사설을 게재하였다. 중앙일보 사설의 요지는 다음과 같다. 가계부채의 규모가 10년 만에 두 배로 늘어나고 그 증가 속도도 빠른 상황에서 분양권 전매 제한 강화 등 실효성 있는 대책이 없다. 부동산 대책을 경기 대책의 전부로 삼는 것은 위험하다. 부채를 고려할 경우 선제적인 대책이 필요한데, 오히려 타이밍을 놓쳤다.

　한겨레신문 사설 요지는 다음과 같다. 주택가격 급상승으로 인한 불안감과 투기 심리가 겹쳐 대출이 급증하고 있는데, 대출을 규제하는 조치가 전혀 포함되어 있지 않다. 주택공급 과잉이 주택경기를 침체시킬 수 있다는 우려에서 공급을 조절하는 대책만을 강구하고 있으나, 부동산으로 성장률을 끌어 올리면 가계부채 증가와 내수침체라는 악순환에서 벗어날 수 없다.

　문재인 정부는 과다한 가계부채 등의 난제를 가지고 출범하였다. 문재인 정부는 가계부채 증가 원인으로 박근혜 정부 출범 이후 2016년 6월까지 6차례의 기준금리 인하, LTV 및 DTI 완화, 주택공급 물량 확대 등을 주장하였다.[4]

　문재인 정부 초기에는 부동산관련 규제 중 금융관련 규제를 강화하여 집값을 안정화시키고자 하였다.

　한국경제신문은 2017년 4월, 부동산 집단대출을 규제하는 것에 대한 찬반 토론을 게재하였다.[5] 찬성 측의 송인호 한국개발연구원 공공투자정책실장의 논거는 다음과 같다. 주택보급률이 100%가 넘는 현재, 건설 경기 활성화로 인한 경기 부양은 심각한 후유증이 있을 수 있다. 주택가격이 하락하면 집단대출 연체율이 올라가는 경향이 있는데, 대출 건전성을 높이고 체질을 개선할 필요가 있다. 주택담보 대출 중 집단대출의 비중이 상당한데, 집값이 떨어지면 건설사뿐 아니라 금융기관까지 부실화될 우려가 있다. 주택공급 물량이 예외적으로 증가할 전망이고, 미국의 금리인상 가능성이 있으며, 경제 성장이 둔화되고, 고령화, 혼인 및 출산율이 떨어지면서 주택 수요도 줄어드는 등 주택시장 여건을 보면 금리가 오르면 대

---

4) 전국 아파트 공급물량은 2013년 28만 2,950채, 2014년 33만 1,491채에서 2015년 51만 6,431채로 늘어났다.

5) [한국경제] 부동산 집단대출 규제해야 하나_20170415.

출이 부실화될 수 있기 때문에 선제적으로 대응하여야 한다. 주택대출에 대한 규제완화로 상한까지 대출을 받아 집을 산 사람이 적지 않은데, 금리가 오르면 원리금 상환액이 증가하고 주택가격도 떨어지는 이중고를 겪을 것이다.

반대 측의 김덕례 주택산업연구원 주택정책실장의 논거는 다음과 같다. 총 가계부채에서 집단대출이 차지하는 비중이 높지 않은데, 가장 큰 비중을 차지하는 기타 대출에 대한 관리가 없이 집단대출을 규제하는 것은 불합리하다. 집단대출이 빠르게 증가하였다고 하지만 지난 해 증가한 가계신용 증가액의 14%에 불과하다. 분양 물량이 늘어나면 집단대출도 같이 늘어나는 구조인데, 도시 재생을 위해 재개발, 재건축을 계속한다고 하면서 집단대출이 늘어나는 것을 비판할 수 는 없다. 실수요자들이 저금리 집단대출을 받을 수 없게 되면서, 제2금융권에서 고금리로 대출을 받아 부담이 늘어나는 고충을 겪고 있다. 집단대출과 일반 가계대출은 속성이 많이 다른데, 가계부채 급증의 원인으로 지목하는 것은 불합리하다.

문재인 정부가 출범하면서 2017년 6월 발표된 '6·29 부동산 대책'에는 청약조정지역 40곳에 대해 LTV, DTI를 10%포인트 하향 적용하였고, 2017년 8월 발표된 '8·2 부동산 대책'에는 중도금 대출 보증요건 및 서울, 과천, 세종에 대한 LTV, DTI 강화방안이 포함되었다. 2018년 9월 발표된 '9·13 주책시장 안정대책'에 따라 주택임대사업자에게 LTV 40%가 적용되었고, 1주택자의 추가 주택 구입목적으로 한 주택담보대출이 금지되었고, 부부 소득 1억 원 이상 1주택자의 전세자금 대출이 차단되었다.

2019년 12월 발표된 '12·16 주택시장 안정화 방안'에 따라 15억 원 초과 아파트에 대한 담보대출이 전면 금지되었고, 2020년 6월 발표된 '6·17 부동산 대책'에 따라 갭투자 대출규제를 위해 투기과열지구내 시가 3억 원 이상의 신규 주택구입 시 전세대출이 제한되었다.

정책 추진과정 중 부동산 정책에서 한국은행의 역할에 대한 정치적 공방이 있었다.

2020년 3분기에는 가계부채가 사상 처음으로 GDP를 넘어서는 등 대출에 의존한 가계 빚 증가에 대한 우려가 제기되었다. 2021년 8월 금융당국이 가계부채를 억제하라고 은행권을 압박하자 은행들이 주택담보 주택구입 자금 대출이나 전세자금 대출을 중단이나 축소하면서 '대출 절벽'으로 몰린 주택 구입자나 전세 이주자들이 큰 고초를 겪었다.

2. 보유세: 부동산 3법

문재인 정부 출범부터 부동산 보유세 인상이 주요 논쟁거리였다. 여당에서는 보유세 인상 필요성을 제기하였으나 정부에서는 보유세 인상에 대해서는 유보적이었다. 거래세와 보유세, 조세정책의 방향 등을 고려하여 정할 문제라는 입장이었다. 조세재정특별위원회가 출범하면서 다주택자의 보유세 인상 등이 집중적으로 논의되기 시작하였다.

부동산 보유세 인상에 대해서 여론은 지지하는 쪽이 높으나 전문가들은 의견이 갈렸다. 부동산이 투기 대상이 되지 않도록 하기 위해서는 미국의 10%에 불과한 보유세를 대폭적으로 올려야 한다는 주장도 있었고, 보유세의 급격한 인상은 부작용이 우려되니 올리되 유예하자는 주장도 있었다.

보유세 인상이 중장기적으로는 바람직하나 부동산 대책으로서 효과가 의문시되고 1가구 1주택자에게 보유세를 강화하는 것이 조세 정의 차원에서 바람직하지 않다는 주장도 있었다. 보유세제 개편 논의와는 별개로 공시지가 급등으로 보유세의 하나인 재산세 부담이 높아졌다.

한국경제신문은 2017년 3월 부동산 보유세 인상에 관한 찬반 토론을 게재하였다.[6] 찬성 측의 전강수 대구가톨릭대 교수의 논거는 다음과 같다. 소득집중도를 산정할 때 대부분의 부동산 소득은 포함되지 않는데, 우리나라의 소득집중도는 2015년 기준으로 사상 최고로 높으며, 이는 선진국 중 가장 높은 미국 수준에 근접한다. 토지자산의 집중도도 매우 높은데, 최근 재벌 및 대기업의 소유가 급증한 것이 더 큰 문제이다. 보유세 부담 감소와 법인세 감세로 인해 증가된 사내유보금으로 기업이 토지를 집중적으로 매입하였기 때문이다. 부동산은 불평등의 근원이

---

6) [한국경제] [맞짱 토론] 부동산 보유세 강화해야 하나_20170325.

자 경제 불안정, 고비용, 저효율의 원인이다. 모든 토지를 인별로 합산해 누진과세하는 국토보유세를 도입하여야 한다. 증가된 세수는 기본소득의 형태로 모든 국민에게 균등배분하면 전체 국민의 97%가 혜택을 본다.

반대 측의 김덕례 주택산업연구원 주택실장의 논거는 다음과 같다. 대선 주자들이 보유세의 실효 효율을 두 배로 올리거나 국토보유세와 같은 새로운 보유세 도입을 주장하고 있는데, 과거 임대소득세 도입을 추진하였다가 철회한 사례를 보면 극심한 조세 저항이 우려된다. 보유세를 강화하자는 주장은 명분상 그럴 듯하나 충분히 논의되지 못한 상태에서 세심한 부분까지 고려하지 못하고 제기된 듯하다. 보유세를 강화하면 부동산 매물이 급증하여 가격이 떨어지고 결과적으로 세수 증가를 달성하지 못할 가능성이 있다. 임차인의 80% 가까이가 민간 임대주택에 거주하고 있는데, 일시적으로 증가한 세수로 공공임대 주택을 공급할 수 없으니, 보유세 강화는 서민의 주거 불안정으로 귀결된다. 우리나라는 보유세 비중은 낮고 거래세 비중이 높은 구조인데, 거래세와 보유세 개편을 같이 논의하여야 한다. 프랑스 창문세와 같이 세수 확보를 위한 정책은 납세자의 조세 저항을 불러와 실패하는 경우가 대부분이다. 보유세 강화는 조세원칙에도 부합되지 않고 저성장 기조에 들어선 경제에 큰 부담이 될 수 있다.

서울경제신문은 정부의 '8·2'부동산 대책에 보유세 강화가 포함되지 않자, 다주택자 보유세 강화에 대한 찬반 토론을 게재하였다.[7] 찬성 측의 김유찬 홍익대 교수는 대부분 실수요자가 아닌 다주택자의 과세 강화를 통해 시장에 물량 공급을 확대하여야 한다고 주장하였다. 반면, 반대 측의 이춘원 광운대 교수는 부의 분배가 아닌 서민의 주거안정에 정책의 목표를 두어야 하며 공공임대주택이 미비한 상황에서 보유세 강화는 민간임대 주택 임대료의 증가로 이어져 수입이 없는 노인 등이 주거취약계층으로 전락할 것이라는 주장이다.

문재인 정부는 2017년 7월 보유세 인상방안을 확정하였다. 공정시장 가액 비율을 현행 80%에서 90%로 2020년까지 인상하고 과세표준 6억 원 이하는 종부세율을 현행대로 유지하되, 그 이상에 대해서는 세율을 올리고 다주택자에 대해서는

---

7) [서울경제신문] [어떻게 생각하십니까?] 다주택자 보유세 인상_20170915.

추가적인 과세를 하는 것을 내용으로 하였다.

2018년 '9·13대책'에는 고가주택과 다주택자의 종부세를 인상하는 안이 포함되어 있었다. 20만 명 이상의 세금이 늘어날 것으로 추정되었다. 조정대상 지역 내의 2주택자는 3주택자로 간주하되 종합부동산 세율이 오르고 시가 18억 원 이상의 아파트의 종부세율이 올랐다. 불합리한 공시지가 산정방식과 현금이 부족한 은퇴자들의 급증한 세금부담에 대한 비판과 함께 보유세가 대폭 상향 되었으니 거래세는 줄여야 한다는 주장이 제기되었다.

2019년 12월 발표된 '12·16 주택시장 안정화 방안'에도 종부세율 인상이 포함되었다. 과세표준 금액과 무관하게 모든 주택에 대해 종부세율이 인상되었고 3주택자에 대해서는 보다 높은 세율을 적용하였다. 과표 94억 원을 초과하는 경우 최고 세율이 3.2%에서 4.0%로 인상되었다. 2년 미만 보유 주택에 대해서는 양도세율을 인상하고 조정지역은 분양권도 주택 수에 포함하였다. 2020년 6월의 '6·17 부동산 대책'으로 법인의 종부세 공제한도가 폐지되고 주택 양도 차익에 대한 세율이 인상되었다. 2020년 7월의 '7·10부동산대책'으로 다주택자에 대한 보유세와 거래세가 대폭 인상되었다. 최고 종합부동세율이 3.2%에서 6%로, 양도세율은 거주기간에 따라 세율을 높이고, 취득세는 주택 수에 따라 차등화하여 높였다.

2020년 7월의 '7·10부동산대책' '부동산 3법'의 주요 내용은 다음과 같다.

□ 양도소득세법

- 1세대1주택자·조정대상지역 내 다주택자 등 양도소득 세제상 주택 수를 계산할 때 (2021.1.1. 이후 취득분부터) 분양권을 포함하여 주택수를 계산
- 1세대 1주택(고가주택)에 대한 장기보유특별공제율 적용 요건에 (2021.1.1. 이후 양도분부터) 거주기간을 추가/ '보유기간 연 8%' 공제율을 '보유기간 4%+거주기간 4%'로 조정
- 2년 미만 보유 주택(조합원입주권·분양권 포함)에 대한 양도 소득세율을 (2021.6.1. 이후 양도분부터) 인상/ 40%에서 1년 미만은 70%, 1~2년은 60%로 상향
- 조정대상지역 내 다주택자에 대한 세율을 (2021.6.1. 이후 양도 분부터) 인상/ '기본세율 + 10%p(2주택) 또는 20%p(3주택 이상)'에서 '기본세율 + 20%p(2주택) 또는 30%p(3주택 이상)'으로 인상

□ 종합부동산세법

- 개인 주택분 세율을 인상하고 법인 주택분은 고율의 단일세율을 (2021년 귀속분부터) 적용
- 세부담 상한을 (2021년 귀속분부터) 인상/ 법인 주택분 세부담상한 적용을 폐지하고 개인
  조정대상지역 2주택자 세부담 상한 200%에서 300%로 인상
- 법인 주택분 과세를 (2021년 귀속분부터) 강화/ 법인 보유 주택에 대해 종합부동산세 공제
  액(6억 원)을 폐지하고 법인이 조정대상 지역 내 신규 등록한 임대주택에 종합부동산세를 과세
- 1세대 1주택자의 세액공제를 (2021년 귀속분부터) 확대/ 고령자 공제율을 인상하고 장기
  보유 공제와 합산한 공제한도를 증액

□ 법인세법

- 법인이 보유한 주택 양도시 추가세율을 (2021.1.1. 양도분부터) 인상/ 법인의 주택 양도차
  익에 대해 기본 법인세율(10~25%)에 더해 추가 과세되는 세율을 10% → 20% 로 인상/
  추가세율 적용대상을 기존 주택 및 별장에서 주택을 취득하기 위한 권리(조합원입주권, 분
  양권)를 추가/ 법인이 '2020년 6월 18일 이후 8년 장기 임대등록'하는 주택도 추가 세율
  을 적용

우리나라 부동산관련 세금이 OECD 국가 중 최고 수준이다. 2020년 기준으로 GDP대비 부동산관련 세금 비중은 4.28%로 OECD 국가(2018년 기준) 중 영국에 이어 두 번째로 높았다. 2018년 기준으로는 4.05%로 4위였는데, 문재인 정부의 증세로 순위가 올라갔다. 그러나 자산 불평등도가 문재인 정부 들어서 악화되었다. 부동산자산 지니계수가 2018년 0.491에서 2020년 0.513으로 올랐다.

집값은 안정화되지 않고 세금이 부담이 늘어나면서 '서민 증세'라는 비판과 함께 종부세 납부자 3명 중 2명은 100만 원 이하라는 주장도 같이 제기되었다. 공지지가에 대한 논란도 지속되었다.

2021년 11월 종부세 고지서가 발부되자 정부가 세원 확보를 위해 의도적으로 집값을 올렸다는 음모론이 제기되는 등 조세조항이 심각하였다. 2021년 종부세 대상자는 95만 명으로 전년대비 42% 늘어났다.[8] 집값 상승의 진원지였던 서울은 종

---

8) 20년된 다세대주택 종부세가 198만 원에서 1억 3,100만 원으로 올라가고, 임대주택등록을 강제 말소당한 다주택자가 92배 종부세 '폭탄'을 맞는 경우도 발생하였다.

부세 대상 60%가 1주택자이고 지방은 82%가 다주택자와 법인이었다. 원룸, 빌라 등 '생계형 임대소득자'에도 세금 폭탄이 투하되었다. 기획재정부는 종부세는 국민 98%와는 무관하다고 홍보하는 등 적극적으로 대응하였으나 논란을 진화하지는 못하였다. 가구를 기준으로 하면 국민의 10%에 해당되고, 보유자의 연령과 보유기간 따라 최대 5배 차이가 날 수 있는 종부세를 내야하는 납세자 입장을 고려하지 않은 해명이라는 비판을 받았다.

정부는 조세 저항을 완화시키기 위해 2021년 종합부동산세 부과 기준을 공시가격 9억 원에서 11억 원(시세 16억 원)으로 올렸다. 고가 주택을 보유한 은퇴자를 위해 종부세 납부를 주택판매 시까지 유예하는 제도도 도입하였다. 1가구 1주택에게 적용되는 양도세 비과세 기준이 시세 9억 원에서 12억 원으로 상향되었고 2주택자에 대해서도 양도세 비과세 기준을 상향하자는 논의도 여당을 중심으로 있었다. 소득세법상 13년간 유지되어 온 고가주택 기준을 시세 9억 원에서 12억 원 수준으로 상향하고 아파트 중도금 대출과 주택청약 특별공급 기준도 9억 원보다 올려야 한다는 주장도 제기되고 있다.

예산 당국은 문재인 정부가 물러나는 2022년에는 종부세가 2021년 보다 15% 더 걷힐 것으로 전망하였다.

공급 확대 없는 보유세 강화를 통한 집값 안정화 대책은 그다지 효과가 없다는 것이 문재인 정부의 부동산정책으로 입증되었다고 볼 수 있다.

3. 주택임대관련 규제: 임대차 3법

박근혜 정부에서 경기활성화를 위해 부동산 경기 부양을 하면서 전·월세 가격이 급등하자 선진국에서 하고 있는 전·월세 가격 상한제를 도입하여야 한다는 주장이 일각에서 강하게 주장되었다.

한국경제신문은 2015년 10월 전월세 상한제 도입에 대한 찬반 토론을 게재하였다.[9] 찬성 측의 이언주 더불어민주당 의원의 논거는 다음과 같다. 초저물가 기조에도 불구하고 전세가격은 매월 10% 오르는 등 급등해 서민들의 주거비 부담이 가중되고 있는데, 정부는 빚내서 집 사라는 이율배반적인 정책을 추진하고 있다. 과거 주택 임대기간을 1년에서 2년으로 늘리는 것으로 법을 개정하였을 때, 초기 4개월 간 전세가격이 급등한 사례를 상한제 도입의 반대 이유로 제시하고 있으나, 연간 기준으로는 법 도입으로 전세가격이 안정되었다. 외국에서도 상한제 도입을 통해 주택가격 안정화 효과를 보고 있다. 계약갱신청구권 제도와 함께 도입하여 서민주거 안정과 주거비 부담을 완화시켜 주어야 한다.

반대 측의 이용만 한성대 교수의 논거는 다음과 같다. 초저금리 기조가 유지되면서 임차인은 전세, 임대인은 월세를 선호하여, 전세시장에서는 공급 부족, 월세 시장에서는 공급 과잉 현상이 나타나고 있다. 전월세 상한제와 계약갱신청구권 제도가 도입되면 이러한 시장의 이중구조는 더욱 심화될 것이다. 일부 선진국의 사례가 우리에게 적용될 수 없는 이유이기도 하다. 기존 임차인은 단기적으로 혜택을 볼 수 있으나 장기적으로는 민간 임대주택의 공급이 줄어들 가능성을 배제할 수 없다. 임대차 시장이 구조적으로 변화하는 시기에는 시장 참여자들이 시장 친화적으로 시장에서 반응하는 대안적 정책들이 더 효과적이다.

문재인 정부 들어서 전월세 상한제 도입이 다시 논의되었다. 한국경제신문은 전월세 상한제의 찬성과 반대 의견을 비교하는 기사를 2017년 7월 게재하였다. 월세상한제 도입에 따른 부작용 우려와 이에 대한 대책을 요구하는 주장이 제기되었다.

문재인 정부는 전월세 상한제 대신에 임대주택의 등록을 활성화하는 방안을 출범 초인 2017년에 추진하였다.

2017년 8월 발표된 '8·2부동산 대책'에는 다주택자의 임대주택 사업자 등록을 유도하는 방안이 포함되었고 2017년 12월 14일에는 임대주택 활성화방안을 발표하였다. 주택임대사업자는 재산세, 임대소득세, 양도소득세, 종합부동산세제의 혜택을 받고 오피스텔, 다가구주택도 임대시 혜택을 받을 수 있는 것이 주요 내용이었다.

임대사업자 등록 시 양도세 중과 합산 배제를 받을 수 있는 시한인 2018년 3월에는 3만 5천 명이 임대사업자 등록을 하였다. 그러나 전월세 상한제가 포함되

---

9) [한국경제] [맞짱 토론] 전·월세 상한제 도입해야 하나_20151024.

지 않아 시민단체 등 일부에서 비판을 하였다. 정부가 임대사업자의 장기임대 등록을 유도하고 장기임대 주택은 전월세 증가액 상한이 있는 점을 고려하여 실질적인 전월세 상한제가 도입되었다고 보는 시각도 있었다.

정책의도와는 달리 임대사업자 제도가 갭투자에 이용되고 법인이 과도하게 임대사업자 등록을 하는 등 부작용이 나타나면서 정부는 활성화대책을 추진한 지 8개월 만에 임대사업자에 대한 혜택을 축소하고 관리를 강화하는 방향으로 정책기조를 선회하였다. 2018년 9월에는 주택임대사업자에게도 LTV를 40% 적용하였다. 2019년 1월에는 임대사업자의 임대료 증액 제한(5%) 및 의무 임대기간 내 주택 양도금지 금지 위반에 대한 과태료를 올리고 2천만 원 이하 임대소득도 과세하는 것으로 변경하였다.

정부는 임차인의 계약갱신보장권 및 일반 임대주택에 대해서도 전월세 상한제를 추진하는 방안도 추진하였는데, 1989년 임대차 계약기간을 2년으로 늘리면서 전세금이 급등한 사례가 있어서 부작용을 우려하는 목소리도 있었다.

2019년 말 시점에서 정부의 민간임대 활성화정책은 당초 정책목표인 전세값 안정화에는 실패하고 오히려 세 혜택을 활용한 갭(gap)투자를 부추겼다는 비판을 받았다. 2019년 12월 발표한 '12·16 대책'에는 임대사업자에 대한 취득세, 재산세 혜택을 축소하는 방안이 포함되었다.

2020년 6월 발표된 '6·17 부동산 대책'에 따라 법인 임대사업자에 대해서는 종부세 공제한도가 폐지되었고, 양도차액에 대한 세율도 인상되었다. 2020년 7월 발표된 '7·10 부동산대책'으로 임대사업자 제도를 폐지하는 쪽으로 정책이 선회하였다. 당초에는 기존 임대사업자의 혜택도 폐지하는 것이 포함되었으나 임대사업자의 반발로 철회되었고 임차인과 임대인의 분쟁이 증가하였다.

임대료 상승폭을 5% 이내로 제한하는 전월세 상한제, 2년 계약 후 2년 연장이 가능한 계약갱신청구제, 계약 후 30일 이내에 전월세 신고를 의무화하는 전월세 신고제를 주 내용으로 하는 소위 '주택임대차 3법'을 정부와 여당은 2020년 7월 강행 처리하였다.

1제1야당인 국민의 힘은 표결에 참여하지 않았다.

문재인 정부 '임대차 3법'의 주요 내용은 다음과 같다.

□ 전월세 상한제

- 전월세 계약 갱신 시 임대료 인상폭을 5%로 제한/ 임차인이 현재 보증금 5천만 원에 월세 30만 원 에 거주 중이라면 임대인은 계약 갱신 시에 보증금을 250만 원 올리거나 월세를 15,000원을 올리거나 둘 중 하나를 선택.

□ 계약갱신청구권제

- 기존 계약이 끝나면 추가로 무조건 2년 계약 연장 가능/ 계약 만료일 1~6개월 전에 행사/ 단 임대인이 실거주하거나 임차인의 직계비속이 실거주할 경우에는 예외
- 만약 임대인의 실거주로 계약을 연장하지 못했는데, 임대인이 다른 임차인을 들였다면 기존 임차인은 임대료 3개월 분이나 2년간 임대료 차액, 합의된 보증금 중 가장 높은 금액을 임대인에게 받을 수 있음

□ 전월세 신고제

- 부동산 계약 후 30일 내 임대차 계약 내용을 의무적으로 신고
- 2021년 6월 1일부터는 전월세 거래 시 30일 안에 임대계약 당사자, 보증금, 임대료, 임대기간 등 계약사항을 관할 시군구청에 신고

'임대차 3법'에도 불구하고 전세값은 오르고 전세난은 심화되는 등 2021년 12월 시점에서 주택시장은 안정화되지 않고 있다.

'임대차 3법'에 대한 평가는 대체적으로 부정적이다. 정부가 대안으로 2020년 11월 제시한 공공임대 주택 확대에 대해서도 시장은 부정적이다. 특히 국토부장관이 교체된 후 발표된 문재인 정부 25번째 대책에 포함된 임대주택은 과거에 부정적으로 평가받았던 토지임대부, 환매조건부 공공임대 주택이 결합된 형태인데, 성공하지 못할 것이라는 전망이 전문가들로부터 제기되었다.

4. 재건축규제

재건축과 관련된 규제는 '초과이익 환수', '재건축 층수 제한', '안전기준 강화'와 '재건축 허용 연한 연장' 등이 있다.

4.1. 재건축 초과이익 환수

2006년 노무현 정부에서 도입된 초과이익 환수제는 조합원의 1인당 평균개발이익이 3천만 원이 넘으면 그 이상에 대해 최대 50%까지 정부가 환수하는 제도이다. 주택경기 등을 고려하여 초과이익 환수제가 2012년, 2014년 두 번 유예되었다.

문재인 정부 들어서 초과이익 환수제를 더 이상 유예하지 않아야 한다는 주장이 제기되었다. 서울경제신문은 유예 연장을 둘러싼 찬반 토론을 2017년 3월 게재하였다.[10] 유예 연장을 찬성하는 권대중 명지대 교수의 논거는 다음과 같다. 초과이익 환수제는 도입 초부터 재건축에만 과세하는 형평성, 미과세 이익에 대한 과세라는 측면에서 위헌성 논란이 있었다. 환수제로 인한 주택가격 산정의 객관성 확보 미흡, 세금을 내는 사람과 이익을 얻는 사람이 다른 것으로 인한 조세부담 원칙의 위반 등도 문제점으로 지적되어 왔다. 손해를 보는 사람이 명확하기 때문에 시행에 있어서 신중한 접근이 필요한데 국내외 경제 여건이 어렵고, 향후 부동산에 대한 규제 강화가 확실한 상황에서 초과이익 환수제를 다시 시행하는 것은 바람직하지 않다. 노후주택이 상당하고 앞으로 수도권 1기 신도시 아파트 노후화로 도시 재생 사업의 필요성이 더욱 커질 것으로 예상되기 때문에 유예를 연장하거나 초과이익 환수제를 폐지하여야 한다.

반대 측의 조명래 단국대 교수의 논거는 다음과 같다. 초과이익 환수제는 주택가격 안정과 사회적 형평성 측면에서 도입되었으나, 글로벌 경제 위기 등 경기 침체로 두 번 유예되었고 유예가 결정된 2012년, 2014년 이후 강남 재건축 아파트 가격은 폭등하였다. 문재인 정부 들어서 재건축 아파트 가격의 폭등세는 어느 정도 진정되었으나 향후 재발할 수 있고 투기적인 자금은 강남 재건축 시장에 언제든지 유입될 수 있다. 위헌 논란이 있으나 이는 법리를 오해한 부분이 있고 사회 형평성 차원에서 자산의 양극화를 심화시키는 초과이익 환수제의 유예를 연장해서는 안 된다. 초과이익 환수금은 과세가 아니라 합리적인 기준에 의해 개발이익을 산정하여 부과하는 부담금이다. 재개발로 얻은 이익을 환수해 해당 지역의 주

---

10) [서울경제신문] [어떻게 생각하십니까?]_재건축 초과이익 환수_20170331.

거환경 개선을 위해 투자하는 것은 조세부담의 일반원칙에도 부합된다.

문재인 정부는 2017년 8월 발표한 '8·2 부동산 대책'에 2018년 1월 1일부터 재건축에 대해 초과이익환수제 도입을 포함시켰다.

제도도입 방침에도 불구하고 강남의 아파트 가격 상승이 진정되지 않자 정부는 2018년 1월, 서울 강남권 일부 재건축 아파트의 초과이익분담금이 평균 4억 3천 900만 원, 최대 8억 4천만 원이 될 것이라고 발표하였다. 충격 요법을 쓴 것인데 산정 기준의 합리성에 대한 논란과 함께 실제로 얻은 수익 여부와는 상관없이 최종 입주하는 중도 매수자가 시세상승분에 대한 부담금을 모두 안게 되는 구조가 문제점으로 다시 지적되었다. 그리고 강남 3구는 국토부가 제안한 재건축 관리처분 타당성 검증을 거부하였다.

헌재는 초과이익환수제에 대한 위헌 소송 심판에서 2018년 4월 '아직은 잠재적 부담금에 불과'하다는 이유로 각하 결정을 하였다.

4.2. 층수제한

2017년 서울시가 잠실 주공 5단지의 50층 건축 계획 승인을 유보했고, 대치동 은마아파트의 49층 건축 승인도 전망이 불투명해지면서 서울시의 재건축 35층 제한이 적절한지에 대한 논란이 있었다.

서울경제신문은 재건축 층수 제한에 대한 찬반 토론을 2017년 2월 게재하였다.[11] 찬성 측의 조명래 서울시립대 교수의 논거는 다음과 같다. 완화를 주장하는 측이 주장하는 랜드마크론, 스카이라인론, 조망권 등은 자기중심적 사고에서 비롯된 것으로 주변 지역과 조화되는 전체적인 시각에서 도시 재개발을 하여야 한다.

반대 측의 이창무 한양대 교수의 논거는 다음과 같다. 인구가 줄고 있으니 서울시는 공가율이 높아야 하나 공가율이 낮다. 주택수요를 주택공급이 따라 가지 못하기 때문이다. 재건축과 재개발을 통해 도심지역에 고밀도 고층 아파트를 건립

---

11) [서울경제신문] [어떻게 생각하십니까?] 서울시 아파트 재건축 높이 35층으로 제한_20170217.

으로 도심 지역에서의 주택수요를 충당할 수 있다. 고층, 고밀도 아파트 건립을 통해 과거 문제가 되었던 '나 홀로 아파트'를 '다 함께 아파트'로 대체할 수가 있었다. 서울 내에서도 지역마다 주택 수요가 다르고, 서울이외 다른 지역은 50층이 넘는 아파트가 있는데, 획일적으로 35층을 적용하는 것은 불합리하다. 경관적 측면뿐 아니라 기능적 중심성도 고려하여 고도 제한에 대한 논의를 다시 하여 보다 합리적인 기준을 정하는 것이 필요하다.

외국 자본 유치에 힘입어 세계 최고층 빌딩 등 세계 건축물의 집합소가 된 두바이의 성공과 광주시의 무등산과 영산강 주변 지역의 고도 제한 등을 비교하여 서울의 재건축 아파트 층수 규제를 생각해 볼 여지가 있다는 의견도 제시되었다.

문재인 정부는 20번이 넘는 대책에도 불구하고 집값을 안정화시키지 못하자 서울시의 층수제한을 완화하는 방안을 2020년 8월 발표된 대책에 포함시켰으나 최종권한은 서울시에 있기 때문에 실제적으로 가시화되기에는 여러 장애물이 있다는 것이 지적되었다.

4.3. 안전진단 강화 및 재건축 허용 연한 연장

문재인 정부 들어서 재건축 안전진단이 강화되었다. 정부는 규제강화에 대한 우려와 주민들의 강력한 반대에도 불구하고 안전진단을 강화하는 조치를 2018년 3월 시행하였다. 안전진단 평가 항목에서 구조안전성의 가중치를 높이는 것이 골자였다. 안전진단 강화로 과열된 재건축 아파트 시장을 진정시키고 강남의 집값도 안정화시키겠다는 복안이었다. 정부의 재건축 안전진단 강화 조치는 목동 등 양천구의 재건축에 부정적인 결과를 가져 왔다.

서울경제신문은 2018년 3월 아파트 재건축 안전진단 강화에 관한 찬반 토론을 게재하였다.[12] 찬성 측의 조명래 단국대 교수의 논거는 다음과 같다. 재건축 허용여부를 결정하는 가장 큰 기준인 구조안정성 가중치는 참여정부 시절 50%까지

---

12) [서울경제신문] [어떻게 생각하십니까?] 아파트 재건축 안전진단 강화_20180302.

올랐다가 2015년 20%로 낮춰졌다. 재건축 활성화를 통한 부동산 활성화 대책의 일환이었다. 2015년 이후 안전진단을 받은 재건축 아파트의 경우 96%가 다시 지어야 할 치명적인 결함이 없으므로 지자체장이 알아서 판단하라는 조건부 재건축 판정을 받았으니, 거의 모든 아파트가 안전진단을 통과한 것이다. 재건축 허용 연한을 10년 단축하면서 백 수십만 가구가 일시에 재건축이 가능하게 되어 재건축 투기를 부추겼다. 재건축에 대한 규제강화는 투기를 제어하기 위해 필요하다. 서울의 정비사업지구 주택의 평균 연수가 20년에 불과한 것에서 나타나듯이, 보수 정비의 규제완화는 건축물의 과소비를 조장하였다. 규제강화를 통해 주택의 지속적, 장기적 사용을 강제하면 그만큼 신규 주택 수요를 줄이는 효과가 있다.

반대 측의 서정렬 영산대 교수의 논거는 다음과 같다. 정부의 안전진단 강화 방안을 보면 다른 의도로 안전진단 강화를 이용하는 것이 아닌가하는 의심이 든다. 현지 실사에 공공기관을 참여하도록 한 것이나 조건부 판정에 대해 공공기관의 적정성 평가를 의무화한 것은 정부 의지가 재건축 판정에 반영되도록 하기 위한 수단으로 보인다. '주거환경중심평가체계개편안'을 보면 주민이 느끼는 주거환경 열악함보다는 공공기관이 평가하는 구조안전의 평가치를 높여 정부의 의도대로 재건축 여부를 판정할 소지를 높였다. 재건축은 사업범위가 단지 내에 국한되어 지극히 개인적인 재산권의 범위 내에서 사업이 추진되는데 정부 개편안대로 하면 개인적인 재산권의 행사에 공공기관이 과도하게 개입하는 결과가 된다. 강남 아파트를 조준하는 이번 대책이 강남 외의 다른 재건축에도 영향을 주어 수많은 재건축 사업을 중단하게 하는 부작용이 있다. 공공정책을 즉흥적으로 도깨비 방망이를 휘두르는 식으로 하는 것은 정부의 신뢰를 추락시켜 후유증이 크다.

아파트 재건축 연한은 2015년에 40년에서 30년으로 축소되었는데, 문재인 정부 들어서 다시 40년으로 연장하여야 한다는 주장이 제기되었다.

한국경제신문은 재건축 연한의 연장과 관련하여 찬반 토론을 2018년 1월 게재하였다.[13] 찬성 측의 이강훈 참여연대 민생회생본부 부본부장의 논거는 다음과 같다. 재건축에 기대어 일부 지역의 아파트 가격이 급등하여 서민들이 상대적 박

---

13) [한국경제] 재건축 허용 연한 연장해야 하나_20180127.

탈감을 느끼고 정부의 주거안정대책을 위협하고 있다. 아파트 성능 수준이 높아졌기 때문에 허용 연한을 연장시키는 것이 합리적이다. 이해관계자의 이익은 침해될 수 있으나 허용 연한을 연장함으로써 오는 사회적 편익에 비해서는 상대적으로 크지 않다. 허용 연한 연장은 강남의 투기 바람을 억제하는 대책이지 강남 집값 안정화 대책이 아니다. 초과이익 환수제를 제대로 적용하고 부동산 투자이익에 대한 적정 과세와 부담금을 징수하여야 한다. 서울지역의 과도한 수요를 광역 교통망체계 확립 등을 통하여 수도권으로 분산시켜야 한다. 재건축, 재개발에서 나오는 물량을 적절하게 관리하고 공공임대주택 공급도 확대하여야 한다.

　　반대 측의 두성규 건설산업연구원의 선임연구위원의 논거는 다음과 같다. 현재 재건축 연한은 지자체, 건물 준공시기에 따라 다르다. 이를 획일적으로 규제하는 것은 형평성 논란을 키우고 기준을 임의대로 바꾸는 것은 재건축 사업을 예측하기 어렵게 하고 재산권을 침해할 소지가 있다. 안전진단 강화, 허용 연한 연장은 강남의 집값의 희소성을 더욱 높여 강남·북 집값 격차를 더욱 심화시킬 것이다. 재건축 연한이 연장되면 그 대상이 되는 아파트의 85%가 강남 3구 이외 지역에 있으니 강북 지역의 소외감만 더욱 커질 것이다. 안전진단 강화도 마찬가지이다. 안전진단이 강화되면 불편함을 감수하는 생활을 더 인내하도록 강요하는 것이다. 특히 1988년 내진설계 기준이 정립하기 전에 지어진 아파트 주민들의 불안감은 증폭될 것이다. 정부는 공학적 기준이 아니라 타당한 근거에서 명확한 기준을 세워서 주민과 소통하고 이해를 구해야 한다.

5. 분양가 상한제

　　정부는 2019년 8월 12월 민간택지 분양가에 상한제를 적용하겠다는 발표를 하였다. 2018년 '9·13 대책' 이후 안정세를 보였던 주택시장이 가격이 다시 오르자 대응조치를 취한 것이다. 분양가 상한가 적용지역을 투기과열지구로 한정하고, 후분양을 통한 고가 분양을 억제하기 위해 상한제 적용범위를 확대하고, 분양권 전매 제한 기간을 확대하고 거주 의무기간을 도입하는 것이 주요 내용이다.

많은 전문가들이 단기적으로는 집값 안정에 효과가 있을 수 있으나 궁극적으로는 공급부족을 초래할 것이라고 지적하였다. 재개발과 재건축으로 공급이 제한되어 있는 상황에서 주변시세보다 낮은 신규 아파트의 공급은 현실적으로 어렵다는 것이다. 오히려 공급부족으로 기존 아파트의 가격 상승이 우려된다고 주장하였다.

분양가 상한제는 2020년 4월까지 시행이 유예되었다가 코로나19로 유예가 3개월 연장된 후 2020년 7월부터 시행되었다.

전문가들은 예측대로 분양가 상한제가 시행되었으나 주택 가격은 안정화되지 않고 상승세는 지속되었다.

6. 청약제도

가입자의 수가 2천만 명이 넘고 이미 100여 차례 이상 바뀐 주택청약제도를 바꾸는 것은 어려운 과제이다.

문재인 정부의 '6·19대책'이 큰 효과를 거두지 못하자, 아파트 청약 1순위 자격을 대폭 강화하자는 목소리가 나왔다.

서울경제신문은 2017년 7월 관련하여 찬반 토론을 게재하였다.[14] 찬성 측의 조명래 단국대 교수, 반대 측의 전재범 강원대 교수 모두 박근혜 정부 들어서 통장 가입에 대한 규제가 대폭 완화되면서 국민 25%가 1순위인 청약제도가 현재의 부동산 시장 과열의 원인 중의 하나이며 개선이 필요하다는 점에 동의하고 있다. 조명래 교수는 모든 지역에 대해 청약조건을 강화하는 것이 필요하다고 주장하며, 실수요자에게 확실한 혜택이 돌아가도록 청약제도를 손질하고 입주 때까지 분양권 전매 제한, 의무거주기간도 도입하여야 한다고 주장한다. 반면 전재범 교수는 시장을 이길 수 없었던 노무현 정부의 실패 사례를 제시하며 신중하고 세밀한 접근을 요구하였다. 지역별 특성과 시기를 고려한 대응이 필요하고, 하반기부터 예

---

14) [서울경제신문] [어떻게 생각하십니까?] 아파트 청약1순위 자격요건 강화_20170721.

상되는 분양물량 급증과 금리 인상도 고려하여야 한다고 주장하였다.

'8·2 대책'에 따라 주택청약제도는 청약 1순위 자격 요건을 강화하고, 가점제를 확대하며, 가점제를 적용한 아파트의 재당첨을 제한하는 방향으로 바뀌었다. 무주택 실수요자에게 혜택이 돌아가도록 청약제도를 손질하는 것이 제도개선의 취지였다. 그러나 여러 규제의 복합적인 영향으로 실수요자가 대출을 받기 어려워져 분양신청을 하지 못하며 미분양이 많아지고, 자녀까지 동원하여 복수 청약하는 사태가 발생하였고, 정부 당국이 대책 마련에 나서기도 하였다.

문재인 정부 4년차에도 집값이 계속 상승하면서 신혼부부, 젊은 세대의 내 집 마련이 점점 어려워졌다. 신혼부부, 생애 최초 주택구입에 유리하게 청약제도가 바뀌고 일정 비율의 물량이 배정되는 등 변화가 있었으나 '로또 청약'은 지속될 전망이다.

7. 후분양제

우리나라의 현재 주택공급 시스템은 건설사들이 토지만 확보하면 소비자들이 모델하우스를 보고 구입을 결정하는 선분양제가 주류이다.

후분양제는 공정의 80% 정도가 완성된 이후 분양을 하는 제도이다. 2004년에 도입을 추진하다가 건설사 반발, 주택경기 침체 등으로 성사되지 못하였다. 문재인 정부가 들어서면서 후분양제 도입이 다시 추진되었다.

정부는 2017년 10월 공공부문에 주택 후분양제를 우선 도입하고 민간부분은 인센티브를 통해 후분양제를 도입하겠다는 방침을 밝혔다.

분양가 상승효과가 크지 않은데도, 공공부문에 한정하여 제도를 도입한 것에 대해 시민단체를 중심으로 비판적인 여론이 있었다. 반면 주택가격 상승, 중견업체에 대한 충격 등으로 후분양제 도입을 우려하는 시각도 있었다.

선분양제, 후분양제 모두 장단점이 있는 제도이니 소비자가 선택하도록 하고 정책 당국은 구체적이고 실질적인 소비자 보호 강화 방안에 정책 역량을 집중하는 것이 바람직하다는 시각도 있었다.

재건축 부동산 시장이 여러 규제로 악화되면서 재건축조합이 원하는 수준의 분양가를 기대하지 못 할 가능성이 커졌다. 후분양을 통해 조합원의 이익을 극대화하려는 목적으로 일부 서울지역의 재개발조합에서 후분양제를 도입하자 이를 우려하는 목소리도 있었다.

한국경제신문은 2017년 11월 아파트 후분양제에 대한 찬반 토론을 게재하였다.[15] 찬성 측의 김성달 경실련 부동산국책사업감시 팀장의 논거는 다음과 같다. 우리나라 선분양제는 1977년 주택공급을 확대하고자 하는 취지에서 도입되었는데, 분양가 자율화 이후에도 유지되어 소비자 피해 등 부작용이 많다. 후분양제를 2010년부터 시행하고 있는 서울주택도시공사에 따르면 분양가 상승도 미비하다. 주택공급이 줄어든다고 하지만 가수요를 겨냥한 공급이 줄어드는 것이지 실수요자를 위한 공급은 지속될 것이다. 브랜드 파워가 약한 중소기업들에게는 품질로 승부하는 후분양제가 기회가 될 것이다.

반대 측의 김태섭 주택산업연구원 도시금융연구 실장의 논거는 다음과 같다. 후분양제가 도입되면 도입 직후 2~3년간은 분양절벽이 나타나 주택가격이 급등할 가능성이 있다. 건설사들은 신규 분양에 대한 예측이 어렵고 미분양에 대한 부담으로 물량 공급에 소극적이게 되고 그 결과 주택가격이 상승할 것이다. 또한 중소 건설업체들은 금리 부담이 증가하고 위험부담이 높아지게 되면서 경쟁력이 취약해질 것이며, 결국 대형사 위주로 시장이 재편되고 소비자 선택권이 줄어들 것이다. 선분양제 하에서도 철저한 전매권 제한으로 투기 수요를 차단할 수 있다. 후분양제에서 소비자는 단기에 자금을 조달해야 하므로 입수 시점에서는 전매물량이 크게 늘어날 것이다. 결국 소비자 입장에서 금융비용은 크게 차이가 없고, 오히려 후분양제에서 단기에 자금을 조달하여야 하는 부담이 있다. 여전히 주택공급이 부족한 상황에서 철저한 준비 없이 후분양제가 도입되면 수급 불균형이 심화되고 유주택자와 무주택자의 격차만 커질 것이다. 선분양제, 후분양제 중 소비자가 선택하도록 하는 것도 대안이다.

---

15) [한국경제] [맞짱 토론] 아파트 후분양제 도입해야 하나_20171104.

8. 기업형 임대주택

박근혜 정부는 임대시장에서 공공임대주택의 비중이 적고 대부분 민간임대주택이 정부의 관리 범위 밖에 있는 상황을 고려하여 기업형 임대주택 제도를 도입하였다.

중앙일보와 한겨레신문은 기업형 임대주책정책에 관한 사설을 2016년 1월 각각 게재하였다. 중앙일보는 주택시장의 수요 요구에 부응하여 기업들의 참여를 유도함으로써 임대주택 공급을 활성화하는 정책을 긍정적으로 평가하였다. 그러나 정부 주도로 만들어진 정책의 한계로 수요자의 필요와 공급자의 의도가 불일치할 가능성이 크다는 점을 우려하였다. 신규 기업형 임대주택뿐 아니라 개인이 공급하는 임대주택, 기존의 임대주택 등도 같이 아우르는 정책이 필요함을 강조하였다.[16]

한겨레신문은 여러 가지 특혜로 기업형 임대주택이 공급된다고 할지라도 서민과 중산층의 주거비 부담이 감소한다는 보장이 없다는 측면에서 비판적이다. 주택시장의 구조적인 문제를 해결하지 않고 민간 임대주택을 공급하면 오히려 세입자의 부담이 늘어날 가능성도 있으니 공공 임대주택을 공급하는 것이 바람직하며, 수요자의 요구를 무시하고 부동산 시장을 활성화시키는 정책은 바람직하지 않다는 것이 한겨레신문의 주장이었다.[17]

기업형 임대주택(뉴스테이) 사업은 기대와 우려를 안고 출발하였고 2017년 여름 처음으로 시장에 공급되었다.

문재인 정부가 들어서면서 대대적인 사업 개편이 이루어지고, 택지 공급도 사실상 줄어드는 등 뉴스테이 사업은 폐지 수순으로 들어갔다.

---

16) [중앙일보] 기업형 임대주택 임대시장 키우는 계기돼야_20160118.
17) [한겨레신문] 겉만 번지르르하고 실속 없는 기업형 임대 주택_20160114

문재인 정부 출범 초기 2017년 주거부동산 대책은 서울을 중심으로 한 일부 지역의 부동산 가격 상승에 대응한 정부의 잇따른 규제 발표로 요약된다.

아파트 가격이 강남 등 일부 지역을 중심으로 지속적으로 오르자, 정부는 2017년 6월, 종합적인 부동산대책인 '6·29 대책'을 발표하였다. 청약조정지역을 추가로 지정하고 청약조정지역에서는 금융규제를 강화하고 서울에서는 아파트 입주 때까지 전매를 제한하는 것 등이 주 내용이었다.

2017년 7월, 서민 주거안정 대책으로 정부는 도심지역에 청년층을 위한 공공 임대 주택 5만 가구를 공급하고 집을 계속 보유하기 어려운 집주인의 집을 사들여 다시 임대해 주는 제도의 도입 등을 발표하였다.

'6·29' 대책에도 불구하고 문재인 대통령이 "부동산가격을 잡으면 피자를 쏘겠다"고 이야기할 정도로 주택가격이 안정되지 않자, 정부는 투기과열지구 지정, 다주택자 양도소득세 강화, 금융규제 강화를 내용으로 하는 고강도의 '8·2 대책'을 내놓았다.

1천조 원이 넘는 부동자금이 떠도는 상황에서 규제 위주의 각종 대책 간에 연계성이 미흡하고, 주택 실수요자의 피해를 줄일 대책이 부재한 등 규제 위주 대책의 부작용에 대한 우려가 제기되었다. 2018년 4월에는 신혼부부, 다자녀 가구를 위한 추가적인 서민 주거안정 대책이 발표되었다.

조선일보는 2017년 8월 정부의 '8·2 대책'에 대한 전문가의 긍정적 평가 및 부정적 평가를 같이 게재하였다.[18] 긍정적인 평가를 한 조명래 단국대 교수의 논거는 다음과 같다. 서울지역의 집값이 43주 연속 오르는 등 부동산 시장이 과열된 것은 이명박 정부, 박근혜 정부에서 지속적으로 시행된 여러 가지 규제완화 조치가 복합적으로 작용한 결과이다. 문재인 정부의 첫 번째 대책도 과열된 시장을 진정시키기에는 역부족이었다. '8·2 대책'의 요체는 규제의 정상화로 보아야 한다. 그러나 9년 전의 모든 규제가 되살아난 것은 아니며, 부동산 시장의 과열이 심각한 상황에서 노무현 정부의 규제중심 대책의 실패를 반복하는 것이라는 비판에도 동조할 수 없다. 공급이 우선되어야 한다고 주장하나 여전히 공급 과잉을 우려하

---

18) [조선일보] [전문가 기고] 과열 식힐 규제의 정상화_ "多주택자 규제, 더 큰 부작용"_20170821.

고 있는 것이 현재의 시장 상황이다. 규제강화로 시장 냉각, 경기 위축을 우려하는 목소리가 있지만 부동산의 소유 집중 현상을 가볍게 보아서는 안 된다. 추가적인 주거안정대책을 통해 고도성장기의 공급위주의 부동산정책 패러다임을 전환시켜야 한다.

부정적인 평가의 권대중 명지대 교수의 논거는 다음과 같다. 부동산 시장의 과열은 2015년 1월 시행된 '부동산 3법'과 함께 시작되었다. 그러나 규제 일변도의 다주택자를 죄인시하는 정책은 부작용이 있다. 자가주택보유율이 60%이고 주택보급률이 100%를 약간 넘는다는 것은 아직도 무주택자가 40%이라는 것이고, 다주택자로 인하여 주택보급률이 100%가 넘었다고 볼 수 있다. 다주택자 중 투기꾼도 있을 수 있으나 이들은 민간 임대주택공급자이다. 임대주택 사업자 등록을 유도하고 있으나 아직은 갈 길이 멀다. 다주택자들이 주택을 팔기 시작하면 주택가격 하락에 대한 기대감으로 전월세 가격이 급등할 수 있고 장기적으로는 주택공급이 축소될 것이다. 다주택자들이 주택을 팔지 않는다면 공급 부족으로 주택가격의 상승을 가져 올 것이다. 특히 이번 대책에는 재건축에 대한 강력한 규제가 포함되어 있어 공급이 더욱 줄어들 것이다. 다주택자는 유동성 자금을 부동산에 투자한 사람이다. 다주택자를 배척하기 보다는 끌어안고 가는 정책만이 서민들의 주거안정을 가져올 수 있다.

부동산과 관련하여 급증하는 가계부채 문제는 우리나라 경제가 가지고 있는 주요 위험요인 중 하나였다. 문재인 정부는 가계부채 문제를 해결하기 위한 대책인 '10·24 가계부책 대책'을 2017년 10월 발표하였으나 시장의 반응은 그렇게 호의적이지 않았다. 총부채원리금상환비율(DSR) 도입 시기를 당초 계획한 2019년이 아닌 2018년 하반기로 앞당긴 것 외에는 새로운 내용이 없다는 것이었다. 총부채상환비율(DTI)를 더 엄격하게 적용한다는 대책도 이미 시장에서 예상하였던 것이어서 큰 영향은 없을 것이라고 평가되었다. '10·24 가계부채 대책'의 후속 조치로 여러 가지 방식을 통해 대출 규제가 강화되었다. 정부의 대출 억제로 가계 빚 증가세가 주춤하는 효과도 있었으나 가계대출 규제에 시장은 다양하게 반응하였다.

정부는 2017년 12월 13일, 임대주택 등록을 활성화하는 대책을 내놓았다. 방향에 대해서는 긍정적인 평가이나 대상이 전체 임대주택의 13%에 불과한 등 제한적인 것, 임대사업자에 대한 금융규제를 강화한 것, 부처 간의 정책 공조가 미흡한 것, 보다 강력한 실효성 있는 세입자 대책이 빠진 것 등이 문제점으로 지적되었다.

정부는 상가 임차인 보호, 주택 임대 등 부동산 임대 정책의 관할권을 법무부에서 전문성이 있는 국토부로 넘겼다.

2018년 초 시점에서 정부 대책의 효과에 대해서는 전문가 간에도 견해가 갈렸다. 부동산 시장의 양극화 현상이 나타났고, 서울 부동산 시장이 관망세로 돌아서면서 거래절벽이 현실화되었다.

2018년 중반 시점에서 서울을 제외하고 전국적으로는 집값이 안정화되는 조짐을 보였다. 그러나 3선에 성공한 박원순 서울시장이 2018년 7월 싱가포르를 방문하여 여의도를 싱가포르의 마리나베이와 같이 개발하겠다는 선언을 하고 서울역에서 용산역까지 철도를 지하화하고 강북 경전철 노선을 증대하겠다는 계획을 발표하면서 서울의 집값이 폭등하였다. 박원순 시장은 8월 26일 주택 시장이 안정될 때까지는 여의도, 용산의 개발계획을 보류하겠다고 하였으나 박원순 시장의 섣부른 개발정책 발표로 집값 상승폭이 2017년 '8·2 대책' 이전 수준으로 돌아가는 등 서울 집값이 상승하였고 박 시장의 발표는 문재인 정부의 주택 정책이 더욱 규제적으로 가는 단초가 되었다.

정부는 전세대출의 요건을 강화하는 등 금융규제를 통해 주택가격 안정화를 도모하였으나 부부합산 연간 소득 7천만 원 이상을 대출자격 요건에서 제외하였다가 다시 인정하는 등 정책 신뢰성도 상실하고 집값을 안정화시키는데 실패하면서 종부세율을 올리고 대출 규제를 더욱 강화하는 '9·13 대책'을 발표하였다. 경기도는 공공주택의 분양원가를 공개하는 등의 조치를 취하기도 하였다. 고가주택, 다주택자에 대해서는 세율을 높이고 주택임대사업자, 고소득자, 주택 소유자에 대한 대출 규제를 강화하고 분양권소유자도 주택소유자로 간주하는 것을 골자로 하는 '9·13 대책'의 가장 큰 취약점은 택지 확보 등 공급대책이 부재한 것이었다. 9월 21일 수도권 주택공급 확대 방안을 발표하였으나 시장의 반응은 냉담하였다. 그린벨트 해제가 추진되었으나 여론의 지지를 받지 못하고 좌절되었다. '9·21 공급대책'이 발표된 지 1년 시점에서 정부가 1차 공공택지로 지정한 17곳 중 지구지정을 한 지역은 4곳, 가구 수 기준으로는 3분의 1에 불과하였다. 토지보상 등 원주민 반발도 걸림돌이었다.

2018년 '9·13 대책'으로 일단 집값 상승 추세는 진정되었으나 강남에 집중된 정부의 주거 부동산 안정화대책의 성공 여부에 대해서는 전문가들의 의견이 갈렸다. 다주택자 규제로 '똘똘한 한 채' 신드롬이 생겼고 자사고·외고 폐지 정책으로 강남 8학군에 대한 수요가 늘어났고 양도세 중과, 초과이익환수제로 주택공급도 억제되는 상황에서 세무조사, 불법전매에 대한 수사 등으로 수요를 억제하는 것으로는 한계가 있다는 것이 정부대책의 성공에 대해 회의를 하는 근거였다.

정부는 투기과열지구에 대해서는 민간택지 분양에 대해서도 분양가 상한제를 적용하는 방안을 2019년 10월부터 추진하였으나 집값이 급등하고 정부의 규제가 오히려 집값 상승을 가져왔다는 비판이 제기되었다. 특히 정부가 지속적으로 규제를 강화하여 공급축소가 우려되나 가시적인 주택공급대책을 내놓지 못하는 것이 근본적인 집값 상승의 원인으로 지목되었다. 특목고 일괄 폐지 등 교육정책도 집값 폭등에 일조하였다는 비판이 다시 제기되었다.

문재인 정부 출범 이후 17번의 부동산 대책으로 선방하였다는 정부의 자평에도 불구하고 집값이 계속 오르자 2019년 12월 16일 정부는 고액 아파트에 대해 대출을 금지하는 등의 고강도 대책을 내놓았다. 정부는 대출 규제 강화, 세무조사, 조정지역 추가 지정 등 할 수 있는 수단은 총 동원하였다. 강남 3구의 집값이 일시적으로 내리는 효과는 있었으나 풍선효과 등으로 다른 지역의 집값이 오르고 정부는 규제를 더욱 강화하는 악순환이 반복되었다.

2020년 4월 총선에서 여당이 압승하였다. 기존의 규제 기조가 유지되면서 관련 법안들의 국회통과가 확실해 지면서 전문가들은 집값이 떨어질 것으로 전망하였다. 5월 초 시점에서는 강남을 시작으로 집값이 조정되는 조짐이 보였다. 정부는 5월 6일 내 놓은 '5·6 수도권 공급대책'에서 재건축 규제완화는 없고 공공주도 재개발로 공급을 늘리겠다는 방침을 밝혔다.

정부는 6월 17일 투기과열지구에서 3억 원이 넘는 아파트 구입시 기존의 전세대출금을 상환하여야 하고, 수도권 투기과열지구에서 재건축 조합원에 2년 거주의무기간을 부여하고, 법인의 종부세 공제한도를 폐지하는 등의 고강도 규제의 '6·17 부동산대책'을 발표하였다. 강남 4개 동에 대해서는 거래허가제를 도입하였다.

그러나 공급이 없는 규제 위주의 대책의 한계, 토지거래 허가제 도입에 따른 재산권 침해 논란, 투기를 과도하게 조준하는 정책의 무모함을 지적하며 전문가들은 대체적으로 효과에 대해 부정적이었다. 특히 거주요건 강화로 전세난이 심화되면서 가격이 오를 것으로 전망하였다. 전문가들의 예상대로 집값이 오히려 오르자 '집값 올리는 집값 대책'이라는 비판이 제기되었다. 정부의 임대주택 확대방안에 따라 임대사업을 확장하여 온 임대업자들은 혜택의 축소 내지 폐지 등 규제 기조로 전환한 정부 대책에 대해 강하게 반발하였다.

집값 급등이라는 시장의 반응에 대해 정부가 '징벌적 과세'가 주 내용인 '7·10 부동산대책'을 발표하였다. 다주택자의 종합부동산세, 양도세를 올리고 임대사업자 제도를 궁극적으로 폐지하는 것이 골자인 '7·10 부동산 대책'은 민영주택에도 생애최초 특별공급을 실시하고 주택공급 확대를 위해 3기 신도시 용적률을 상향 조정하는 내용 등도 포함하였다.

그러나 다주택자의 매물로 가격이 떨어질 것이라는 기대와는 달리 집값 상승은 전국적으로 확대되었다. 다주택 고위공무원은 주택 처분이 강제되었고 기본주택이 제안되고 공공기관 이전, 행정수도 이전 확대 등이 집값을 안정화시키기 위한 대안으로 제시되었다.

'7·10 대책' 초기 서울 집값 상승률이 둔화되는 조짐도 있었으나 집값 상승에 대한 우려로 다세대, 연립까지 '패닉바잉(panic buying)'이 확대되고 청년들까지 빚을 얻어 주택을 사는 등 2020년 집값이 8.35% 상승하여 14년 만에 가장 많이 올랐다. 주택 증여세율을 올렸으나 다주택자 증여도 역대 최고였고 주택 양극화 현상도 심화되었다.

문재인 정부 부동산 정책 기조는 재개발관련 규제완화를 포함하는 주택공급 대책보다는 세제관련 규제 등을 강화하여 집값을 안정화시키는 것에 방점이 있었다. 국토교통부 장관은 2019년 12월 '12·16 주택시장 안정화 대책'을 발표하면서 "주택 공급이 줄어들 것이라는 것이 일종의 '공포 마케팅'처럼 작용해서 시장불안을 증폭시키는 면이 있다"고 언급하였는데, 공급부족보다는 투기 세력이나 집값 상승에 대한 기대감으로 집값이 안정화되지 않는다는 문재인 정부의 부동산 정책의 기본 시각을 잘 반영하고 있다.

가용 가능한 규제수단을 총 동원하여도 집값이 잡히지 않자 정부는 부동산 정책의 프레임을 변경하였다. 그린벨트 해제까지 본격적으로 다시 검토하였는데, 논란이 되자 대통령이 백지화하는 것으로 정리하였다. 2020년 8월 4일 정부가 발표한 23번째 주택가격 안정화대책인 '8·4 대책'은 도심의 용적률을 완화하고 재건축 층수 규제를 완화하여 수도권에 13만 2천 가구의 신규주택을 공급하는 것으로 정리된다. 그러나 공공분양, 임대에 치우쳐 집값 안정화에 일시적인 효과가 있을 뿐이라는 것이 전문가들의 평가였고 주민들의 동의를 받는 것이 어려울 것이라고 발표 시점부터 지적되었다.

집값이 여전히 잡히지 않자 정부는 최장수 국토교통부 장관을 교체하고 5년 안에 83만 6천 채의 주택공급을 목표로 하는 '2·4 공급대책'을 2021년 2월 발표하였다. 그러나 공공이 주도하는 주택개발에 민간이 적극적으로 참여할지, 5년으로 사업기간을 단축할 수 있는지, 신규택지가 확보할 수 있는지에 대해 논란이 있었다.

주택가격이 가빠르게 상승하면서, 정부 주택관련 통계의 부실, 중국인 등 외국인의 부동산 투기, 복비, 불법적 부동산 거래를 단속하기 위한 정부부처의 신설 등이 논란이 되었다.

정리하면, 문재인 정부는 주거 부동산가격을 안정시키기 위해 가용 가능한 규제를 모두 시행하였다. 박근혜 정부에서 완화되었던 금융관련 규제를 강화하였다. 2020년 7월 발표된 부동산대책 중 종합부동산세, 소득세 및 법인세에 대한 세법 개정안을 지칭하는 '부동산 3법'은 보유세 및 거래세관련 규제의 결정체이다. 2020년 7월 31일부터 시행된 전월세 상한제와 계약갱신청구권제, 2021년 6월 1일부터 시행되는 전월세신고제를 지칭하는 '임대차 3법'은 오랜 기간 논의되었던 임대관련 규제를 전격적으로 시행한 법이다.

2018년 1월 1일부터 재건축 초과이익환수제가 시행되었다. 재건축에 대한 안전진단도 강화하였다. 2020년 7월부터는 민간택지 분양에 대해 분양가 상한제가 시행되었다.

공급 부족이 주택가격 상승의 원인이라는 시장의 지적을 받아들여 2020년 하반기를 기점으로 주택공급을 확대하는 방향으로 정책 기조를 선회하였다. 2020년 8월 발표된 '8·4공급대책'에서 재건축 35층 고도제한을 완화하는 발표는 하였으나 갈 길은 멀다. 2021년 2월에는 공공이 주도하는 대규모 공급대책을 발표하였다.

그러나 2021년 12월 시점에서 문재인 정부 들어서 대폭 상승한 집값을 끌어내리는 데는 실패하였다. 문재인 정부가 들어서서 3년간 서울 집값은 34%, 아파트값은 52% 올랐고 그 이후에는 상승세는 꺾이지 않고 있다. 문재인 정부는 주택가격 상승의 원인으로 박근혜 정부의 부동산관련 금융 규제완화, 저금리 및 유동성, 투기세력, 1인 가구 증가 등을 주장하였으나 전문가들과 시장은 규제 위주의 정책 오판이 가져온 결과라는 것에 대체적으로 동의하고 있다.

문재인 정부 출범 초기부터 정부의 집값 안정화 대책에 대해 전문가들은 규제 위주 부동산 정책의 한계, 장기적인 관점에서의 시장 참여 및 규제의 필요성, 정부의 전략적 접근의 미흡, 교육 정책 등 다른 정책과의 연계 필요성 등이 지적하였다.

제8장

에너지 정책

1. 탈원전·탈석탄 정책

2013년 10월 '국가에너지기본계획 민관워킹그룹'이 정부에 제시한 '제2차 국가에너지기본계획(2013~2035년)에 따르면 원전 비중이 41%에서 29%로 줄어든다. 원전 비중을 축소하겠다는 민간워킹그룹의 발표는 찬반 논란을 불러 일으켰다.

원자력발전을 지지하는 측은 원전 비중의 급격한 축소, 일부 시민단체 측은 여전히 원전의 비중이 높다는 것을 비판하였다. 원자력발전 과정에서 나오는 폐기물인 사용 후 핵연료 처리방안을 논의할 위원회가 출범하였으나 시민단체 대표 3명 중 2명이 불참하였다

정부의 원자력발전 비중 축소 결정에는 일본 원전사고 등으로 촉발된 국민들의 원전의 안전성에 대한 불안감, 원전마피아의 불량부품 납품비리 등이 큰 영향을 미쳤다.

중앙일보와 한겨레신문은 2013년 10월 박근혜 정부의 원전 비중 확대 철회에 대한 사설을 각각 게재하였다. 중앙일보는 일본 후쿠시마 원전 사태, 발전소 건설에 따른 지역주민 반발 등을 고려하여 원전 확대를 포기한 것은 이해할 수 있으나

전기요금 인상 등을 통한 전력 소비량 감축이 현실적인 대안이 될 수 있느냐에 대해 의문을 제기하였다.[1] 한겨레신문은 계획된 원전을 추가로 짓겠다는 정부의 계획에 비판적이다. 원전의 안전성에 대한 불안감, 과감한 탈원전 정책으로 가고 있는 독일의 사례 등을 고려하여 우리도 과감하게 탈원전하고 신생에너지를 확대하는 것으로 가야 한다고 주장하였다.[2]

신고리 원전 3호기의 송전과 관련되어 2008년 시작된 '송전탑 갈등'은 전국적인 이슈가 되면서 한전과 밀양 주민과의 갈등, 주민 간의 갈등, 경찰병력의 투입 등으로 진행과정에서 많은 후유증을 남겼다. 문재인 정부 출범 이후 단행된 대통령의 사면에 송전탑 갈등과 관련되어 유죄판결을 받은 인사들이 포함될 것이라는 기대감이 있었으나 이루어지지 않았고, 법원은 경찰의 농성장 강제 퇴거가 정당한 업무라고 판결하였다. 그러나 밀양 송전탑건설을 둘러싼 갈등의 경험은 한전이 새로운 변전소를 건설하면서 지역주민과의 공론화 과정을 거치는 변화를 가져왔다.

문재인 정부 출범 이후 신고리 5·6호기 일시 중단, 탈원전 정책으로 상황의 반전을 일부에서 기대하였고, 송전선 철거 등을 요구하였으나 실현되지 않았다.

중앙일보와 한겨레신문은 2013년 10월 밀양 송전탑 갈등에 관한 사설을 각각 게재하였다. 중앙일보는 정부가 법까지 바꾸어서 직접 보상이 가능하도록 하고 주민들이 합의하였으니 갈등은 종식시키고 송전탑은 건설되어야 한다고 주장하였다.[3] 일부 주민이 요구하는 송전선 지중화는 비용, 기간 등을 고려하면 전문가들도 현실성이 없는 대안으로 결론을 내린 사안이니 무리한 요구를 접고 화해의 길로 갈 것을 주문하였다. 한겨레신문은 총리의 밀양 방문이 한전의 공사 강행의 터를 마련해주는 것이어서 실망스럽다는 입장이었다.[4] 직접 보상방안으로 주민 간의 갈등을 더 크게 할 우려가 있다고 보았다. 밀양은 다른 지역보다 주민들에게 미치는 피해가 상대적으로 크니 시간을 가지고 대안을 찾을 것을 주장하였다. 신고

---

1) [중앙일보] 원전 확대 백지화 과연 현실성 있나_20131014.
2) [한겨레신문] 탈원전으로 과감히 방향 전환해야_20131016.
3) [중앙일보] 밀양 송전탑 공사는 재개돼야 한다_20130912.
4) [한겨레신문] 밀양 송전탑 갈등, 돈으로 해결될 일이 아니다_20130913.

리 3호기 송전을 위해 꼭 송전소건설이 필요한 것도 아니고 3호기 건립이 예정보다 늦어지고 있는 점도 지적했다.

문재인 대통령은 후보시절 원전 정책을 전면 재검토하겠다는 의지를 피력했고 구체적으로 설계 수명이 다한 원전은 즉각적으로 폐쇄하며, 신규 원전건설은 전면 중단하고, 신고리 5·6호기는 건설을 중단하겠다고 하였다.

2017년 6월 고리 1호기의 가동을 영구 중지하는 것으로 문재인 정부는 탈원전 정책을 시작하였다.

문재인 정부 탈원전 정책의 첫 번째 시험대는 신고리 5·6호의 공사 중단이었다. 탈원전 정책에 대한 분열된 국민 여론, 지역 주민의 반발, 탈원전 정책에 대한 에너지 전문가들의 우려를 고려하여 정부는 공정률 28%인 신고리 5·6 호기의 공사는 일단 중단하되, 최종적인 중단 여부는 공론화위원회를 구성하여 결정하겠다는 입장을 밝혔다. 공론화위원회는 3개월의 숙의과정을 거쳐 2017년 10월 공사 재개 결정을 하였고 정부는 이를 수용하였다.

중앙일보와 한겨레신문은 2017년 6월에 신고리 5·6호 일시 공사 중단과 공론화위원회를 통한 의사결정 방식에 대한 사설을 각각 게재하였다. 중앙일보는 비판에는 귀를 닫고 밀어 붙이는 문재인 정부의 탈원전 정책의 과속질주에 대해 비판적이었다. 신고리 5·6호기 일시 건설 중단은 절차적으로 문제가 있고 수많은 전문가의 참여와 관계자들의 협의를 거쳐 발전소건설이 결정되었는데, 공론화위원회를 통해 결정하겠다는 것은 정책의 연속성 측면에서 문제가 있다고 보았다. 건설 중단의 매몰비용은 2조 6천억 원, 탈원전 정책으로 인한 여러 가지 부작용 등을 고려하면 공론위가 아니라 국회, 국민투표 등을 통해 정책결정을 해야 한다고 주장했다.5)

한겨레신문은 공약사항인 신고리 5·6호기 공사 중단을 숙의민주주의 방식으로 결정한 것을 지지하였다.6) 신고리 5·6호기가 건설되면 우리나라는 2082년까지 원자력 발전소가 가동하는 결과가 되니 탈핵시기를 앞당기는 대안을 모색하여야 한다는 것을 주장하였다. 공론회위원회에서 소수의 이해관계자를 배제하여 국민들

---

5) [중앙일보] 탈원전 대안 찾기에 "저의 의심스럽다"니…_20170629.
6) [한겨레신문] 신고리 원전 시민 배심원단 '숙의 민주주의' 보여주길_20170629.

의 공감속에 결정이 이루어져야 한다고 보았다.

중앙일보와 한겨레신문은 2017년 10월 신고리 5·6호기 건설 재개에 대한 사설을 각각 게재하였다. 중앙일보는 20%포인트 차이로 재개 결정을 한 공론화위원회 결정을 대통령이 수용한 것은 긍정적으로 평가하나 1천억 원이 넘는 비용을 지출한 신고리 5·6호기 공사 일시 중단에 대해 대통령의 유감 표명이나 직접 언급이 없다는 점을 비판하였다. '원전 완전축소'와 '원전 유지 및 확대'의 지지도 차이가 크지 않은데도 기존대로 탈원전 정책을 추진하겠다는 것도 비판하였다. 전투하듯이 탈원전 정책을 밀어 붙이기보다는 경제 충격을 최소화면서 추진하는 전환정책을 주문하였다. 한겨레신문은 공론화위원회는 발전소건설 재개를 결정하면서 원전 축소를 지지하는 측이 유지내지 반대 보다 높았는데, 친원전 진영 및 보수 언론은 원전 축소 결정을 의도적으로 왜곡하고 있다고 비판하였다.

한국경제신문은 2017년 6월 문재인 정부의 탈원전, 탈석탄 정책에 대해 찬반 토론을 게재하였다.[7] 찬성 측의 김해창 경성대 교수의 논거는 다음과 같다. 탈원전은 안전성, 경제성, 대체 가능성, 국민수용성 측면에서 옳은 정책방향이다. 국민을 핵발전사고의 위험으로부터 보호하는 것이 국가의 책무이다. 원전의 발전단가가 저렴하다고 하나 사회적 갈등비용 등 여러 비용이 포함되지 않았고 장래에는 원전비용이 태양광이나 풍력발전보다 비싸질 것이라는 분석도 있다. 핵발전을 단계적으로 줄이고 LNG 발전소 가동률을 높이는 등의 대안을 활용하면 전력 예비율 12~15%를 유지할 수 있다. 탈원전으로 전기요금이 25% 정도 오를 것으로 예상되는데, 이는 국민이 수용할 수 있는 수준이며, 전기 절약을 유도할 수 있는 전기요금 체계를 만들어야 한다.

반대측의 정범진 경희대 교수의 논거는 다음과 같다. 원전과 석탄발전을 줄일 경우 대안이 없다. 신생에너지 비율이 10%를 넘기면 전력공급의 최우선 순위인 안정성에 문제가 생긴다. 에너지원 배합을 고려할 때 경제성 등 여러 요인이 고려되는데, 원전은 안전성을 제외하면 매우 매력적인 에너지원이다. 후쿠시마 사고에도 불구하고 세계적으로 원전 건설이 증가하고 있고 대체에너지원의 비중

---

7) [한국경제] [맞짱 토론] 脱원전·脱석탄발전 정책 바람직한가_20170603.

이 높은 나라는 그럴 수 있는 자연의 여건이 된다. UAE 원전 수출로 우리나라는 약 55조 원의 수익을 얻었다. 원전을 수출산업으로 육성하여야 한다. 정책전환에 따른 전기료 인상 가능성 등 모든 상황을 국민들에게 알리고 동의를 구하는 과정이 필요하다.

서울경제신문도 탈원전정책에 대한 찬반 토론을 2017년 6월 게재하였다.[8] 찬성측의 김의중 동국대 교수의 논거는 다음과 같다. 우리나라와 달리 외국에서는 원자력이 비싼 에너지라고 평가한다. 폐로비용, 핵폐기물 처리비용, 사고 발생시 처리 비용(후쿠시마 원전은 사고 처리비용은 현재까지 200조 원이다) 등 해당 발전기가 수명을 다한 후 들어가는 비용을 고려하면 경제적 에너지가 아니다. 선진국은 원전 수를 줄여가고 있고, 개도국은 새로운 원전을 건설하고 있으나, 전체적으로는 사양산업이다. 세계 전기 생산량에서 재생에너지가 차지하는 비중은 22.8%, 원자력 10%인데, 우리나라는 원자력 30%, 재생에너지 1%이다. 원자력의 비경제성과 위험성을 고려하면 원자력을 획기적으로 줄이는 것은 옳은 정책방향이다.

반대측의 김명현 경희대 교수의 논거는 다음과 같다. 우리나라는 원자력발전소 운영에 항상 안전성을 최우선 순위로 두어 왔고 지난 40년간 작은 사고도 없었다. 전 세계적으로 지진 때문에 원전사고가 난 경우가 없다. 후쿠시마 원전사고에 대해서는 잘 못 알려진 사실이 많다. 원전은 지난 20년간 소폭으로 꾸준히 증가하여 왔고 탈원전을 선언한 나라는 독일, 스위스와 대만뿐이다. 독일은 석탄발전에 기대어 전력요금이 크게 상승하였고, 스위스는 이웃 국가에 대한 의존도가 높아졌다. 대만은 원전 2기 재가동을 선언하였다. 많은 나라가 건설자금이 없어 원자력 발전소를 짓지 못하고 있는데, 우리로서는 좋은 수출기회를 날려 버리는 것이다. 우리나라는 신재생에너지에 대한 의존도를 높이고자 지난 10여 년간 노력하여 왔는데, 비싼 토지가격 등으로 경제성이 낮아 성과가 없었고, 그와 같은 조건은 변화가 없다. 결국 가스에 대한 의존도를 높여야 하는데, 가스는 안정적 공급, 안전성, 미세먼지 발생 등에 있어서 문제가 있다. 원자력은 검증이 되었고 미래 전망도 있는 기술이나 신재생에너지는 경제성 측면에서 검증되지 않은 에너

---

8) [서울경제신문] [어떻게 생각하십니까?] 탈원전 정책_20170630.

지원이다.

　문재인 정부는 탈원전 정책과 함께 탈석탄 정책을 추진하였다. 노후 석탄발전소의 가동을 중단하고 건립예정이나 착공하지 않은 석탄발전소를 다른 대체에너지 발전소로 전환하겠다는 것이었다

　서울경제신문은 2017년 10월 현재 건설중인 석탄발전소 4기를 LNG발전소로 전환하기로 한 정부 결정에 대해 찬반 토론을 게재하였다.9) 찬성 측의 강희찬 인천대 교수의 논거는 다음과 같다. 건설중인 석탄발전소의 건설을 중단함으로써 발생하는 매몰비용보다는 석탄발전소에 발생하는 미세먼지가 발전소 주변 지역 및 다른 지역에 미치는 피해가 더 크다. 현재 중앙집중형 송배전방식을 분산형 전원방식으로 전환하는 계기가 된다는 점에서 상징성이 크다. 과거 정부에서 분산형 전원방식의 필요성을 인정하였으나 이해관계자들의 이해 조정이 어려워 추진이 되지 않았는데, LNG 발전소 건설을 시작으로 추진을 본격적으로 하여야 한다.

　반대측의 신현돈 인하대 교수는 논거는 다음과 같다. 신재생에너지, 친환경적 LNG발전을 늘리는 당위성은 인정되나 현재 70%인 원자력과 석탄에 대한 비중을 줄이는 합리적이고 계획적인 대안 없이 추진하는 것은 비합리적이다. 특히 인공지능 및 4차 산업혁명 시대에는 전력 수요가 급증할 것으로 전망되니 더욱 그러하다. 기후변화와 발전소건설 기간을 고려하면 5년 후의 에너지배합을 고민하고 정책을 수립하여야 한다. 천연가스는 건설 기간 등을 고려하면 10년 후를 고려하여야 한다. LNG를 수입에 의존하여야 하는 우리나라는 고유가시대도 대비하여 에너지 정책을 수립하여야 한다.

　신고리 5·6호기 공사 재개 결정에도 불구하고 정부는 탈원전 정책을 지속적으로 추진하였다. 국민의 3분의 2가 탈원전을 결정할 때는 국민투표로 결정하여야 하며, 원전이 유지내지 확대되어야 한다고 생각하고 있다는 여론 조사 결과도 발표되었다.

　일관성이 없는 에너지정책의 기조가 논란이 되었다. 문재인 정부로 바뀌면서

---

9) [서울경제신문] [어떻게 생각하십니까?] 석탄발전소 4기 LNG발전소 전환_20171013.

원전을 하나로 안 지어도 될 정도로 에너지기본계획이 바뀌었다. 문재인 정부의 3차 에너지기본계획(2019~2040년)에는 원전의 전체 발전에서 차지하는 비중이 언급되지 않았다. 이명박 정부때 만들어진 1차 에너지기본계획(2008~2030년)에는 41%, 박근혜 정부때 확정된 2차 계획(2014~2035년)에는 29%였다. 정부의 주요한 에너지 정책을 결정하는 에너지위원회에는 원전 전문가는 하나도 없었다.

급속한 탈원전 정책으로 인한 전력수급 안정성의 문제, 대체 에너지원 개발과 관련하여 여러 논란이 생겼다.

2018년 1월에는 전력부족으로 정부가 산업체에 대해서 급전지시를 수차례 하면서 전력수급 기본계획, 이와 연관된 탈원전 정책이 논란이 되었다. 2018년 7월에는 기록적인 폭염에 따른 전력비상 사태로 전력예비율이 10% 이하로 떨어지면서 탈원전 정책의 타당성에 대한 의문이 다시 제기되었다.

대체에너지원 개발과 관련하여 정부지원금, 환경 파괴, 지역주민과의 갈등 등이 문제가 되었다. 주 대체에너지원인 태양광발전은 가장 논란이 많았다.

경제성 측면에서 가장 우수한 원전의 비중이 대폭 축소되면서 전기요금 인상 가능성이 문재인 정부 출범 초기부터 제기되었다. 정부는 전기요금 인상은 없을 것이라고 주장했으나 전력요금 인상은 불가피해 보인다. 한전의 2019년 영업 손실이 1조 원대로 급증하는 등 에너지 공기업의 영업수지가 적자로 전환되고 있고 부채도 늘어나고 있다. 한전은 탈원전으로 전기요금의 부담이 증가하고 있다고 결산 보고서에 명시했으며, 발전 공기업도 정부에 손실 보전을 요구하고 있다. 탈원전 정책이 지속되면 전기요금은 2017년 대비 2030년에 26% 오를 것으로 추정된다는 주장이 있다. 정부는 전력요금체계를 개편하였다. 현재의 '기본요금＋전력량요금' 체계에 '연료비 조정요금'과 '기후환경 요금'을 추가하였다. 이미 폐지된 가정용 절전 할인 외에 각종 요금 할인 특례도 추가적으로 폐지되었다.

우리나라의 높은 원전 기술력과 발전소 시공 능력은 UAE 원자력 발전소 수주에서 확인되었다. 그러나 국내의 탈원전 정책이 원전 수출의 최대 장애요인이 되고 있다. 원전 생태계도 무너지고 있다. 원전관련 기업들이 경영난으로 파산 위기에 몰려있고 많은 전문인력이 해외로 유출되고 있다.

탈원전 정책의 벤치마킹이 되었던 독일이 전력난으로 프랑스로부터 전기를 끌어다 쓰고 미국은 원전의 사용 수명을 60년에서 80년으로 늘리는 등 해외 추세와 역행하는 탈원전 정책에 대한 비판이 높아지고 있다.

6천억 원을 투입하여 보수한 월성원자력발전소가 감사원 감사 도중인 2019년 12월 영구 폐쇄되면서 절차적 정당성이 문제되고 있다. 감사원 감사를 대비하여 관련 자료를 폐기한 공무원이 구속되고 감사원장, 검찰총장의 입장이 정치적으로 논란이 되는 등 파장이 크다.

2. 탄소중립

18세기 1차 산업혁명과 함께 시작된 화석연료 시대가 전환기를 맞고 있다. 탄소를 배출하는 화석연료로 인해 극심한 기후변화 그리고 막대한 피해를 초래하는 자연재해가 발생하고 있기 때문이다. 전 세계가 고탄소 에너지로부터 저탄소 에너지를 거쳐 무탄소 에너지 시대로의 이행을 시작하고 있다.

2021년 11월 21일 영국 글레스고에서 열린 제26차 유엔기구변화협약 당사국총회(COP26)에 참여한 100여 개국 정상들은 2030년까지 세계에서 배출되는 메탄의 양을 2020년 대비 최소 30% 줄이기로 하였다. 또한 산림 파괴를 멈추고 우리나라 영토의 336배에 달하는 산림면적을 회복하기로 하였다. 우리나라는 2030년까지 메탄배출을 2018년 대비 30% 줄이겠다고 약속하였다.

그러나 COP26에서 세계 메탄의 3분의 1 이상을 배출하고 있는 '빅3'인 중국, 러시아, 인도가 메탄감축 합의에 서명하지 않았고 중국과 러시아의 반대로 탄소중립의 구체적인 시한도 정하지 못하였다. 2021년 10월 열린 G20정상회의에서 EU 등은 탄소중립의 시점을 2050년으로 주장하였으나 '금세기 중반'이라는 모호한 목표 시한으로 합의되었다. 우리나라 정부는 탄소중립 시점 목표를 2050년으로 하고 있다.

에너지원으로 화석연로에 대한 의존이 절대적이고[10] 다른 G20 국가들에 비

---

10) 우리나라 에너지원 비중은 2019년 말 기준으로 석유 43%, 석탄 29%, 가스 16%, 원자력 11%로 화석연료가 87%를 차지하고 있다. 발전원은 석탄 40%, 천연가스 26%, 원자력 25%, 신재생 5%

해 제조업 비중이 높은 우리나라에서 2050년까지 탄소배출 제로⁽⁰⁾를 선언한 정부 정책의 실효성이 논란이 되고 있다.

특히 탈원전 정책에 따라 9차 에너지기본계획에서 원전건설을 7기 줄였는데 탈원전 기조를 유지하면서 정부 목표대로 탈탄소를 추진하기는 무리라는 것이다.

수소에너지를 대량으로 생산하기 위해서는 현재 기술로는 화석연료를 사용할 수밖에 없다. 전기차에 사용되는 전기의 60%, 수소전기차에 필요한 수소 94%가 화석연료로부터 나온다. 무탄소 에너지원 중 원자력은 핵폐기물 등 보관, 처리에 비용이 많이 들고 안정성에 대한 논란이 있으나 태양광 등 재생에너지는 우리나라 상황에서는 경제성이 매우 낮다는 것이다.

정부가 제시한 탈탄소 목표와 시한으로 제조업중심의 우리나라 산업 기반이 허물어질 수도 있다는 우려도 제기되고 있다. 2019년 기준으로 GDP대비 제조업 비중은 한국 27.5%, 독일 19.1%, 영국 8.7%, 프랑스 9.8%, 이탈리아 14.9%이다. 지난 20여 년간 우리나라를 제외한 다른 나라들은 서비스산업 중심으로 산업구조를 개편하면서 제조업 비중이 확연히 줄어들었다. 1991년 제조업 비중은 한국 27.5%, 독일 24.8%, 영국 16.3%, 프랑스 9.8%, 이탈리아 14.9%였다.

정부는 탈탄소에 따른 비용문제에 대해서는 함구하고 있다. 2030년 탄소 감축 목표치를 2021년 10월에 법으로 규정하였는데, 정부는 법안 추진과정에서 목표치가 31.4%일 때 총비용은 우리나라 한 해 예산의 절반에 가까운 274조 원으로 추계하였으나 발표하지 않았다.

전기차 확대가 에너지 안보 개선에 효과가 있다는 연구결과를 발표한 국책연구기관인 에너지경제연구원은 정부의 탄소중립 정책에 코드를 맞추기 위해 전기차 효율을 과대평가하였다는 비판을 받았다. 위원 추천경로가 불분명하다는 지적을 받아 온 대통령직속 탄소중립위원회는 위원 77명 중 38명을 청와대가 추천하고 위원 중 원자력전문가가 없고 정부의 탈원전 정책 지지자가 상당수인 등 편향성이 문제가 되고 있다.

산업구조의 급속한 개편에 따른 일자리 문제도 부각되고 있다. 자동차 강국

로 화석연료의 비중이 66%이다. 에너지 사용처는 2018년 기준으로 제조업 44%, 운송 23%, 주거 16%, 상업 15%의 순이다.

인 우리나라 자동차산업이 내연기관차에서 전기차로 생산의 중심을 이동한다면 최대 40%의 인력이 감축될 것이라는 전망도 나온다. 정부는 '산업구조 변화에 대응한 공정한 노동전환 지원방안'을 2017년 7월 발표하였으나 일자리 대책이 빠지고 하청 부품사와 중소기업에게는 아무 의미가 없는 '속 빈 강정'이라는 비판을 받았다.

제9장

고용노동 정책

제9장
고용노동 정책

1. 노동 개혁 vs. 노동존중

　　10%대의 노조 조직률, 대기업, 공공부문 중심의 투쟁 위주의 노동운동이 노동시장의 양극화를 심화시키고 경직적 고용노사관계 관행이 우리나라의 경쟁력을 떨어뜨린다는 것이 노동개혁을 추진하는 명분이다.

　　이명박 정부, 박근혜 정부는 노동개혁을 추진하였다. 이명박 정부는 법과 원칙에 의거한 공공부문이 주도하는 노동개혁을 추진하였다. 공공기관 노사 이면합의 등을 강력하게 제재하는 등 공공기관장이 주도적으로 노동개혁을 추진할 것을 요구하였다.

　　이명박 정부에서 수차례 연기되어 오던 사업장단위 복수 노조 허용, 사용자의 노조 전임자에 대한 임금지급의 금지가 (민주노총은 참여하지 않은) 노사정합의를 거쳐 시행되면서 노사관계의 큰 틀이 변화되었다.

　　박근혜 정부도 공공기관을 중심으로 노동개혁을 추진하였다. 임금피크제 및 성과연봉제 도입 등 공공기관이 선도하도록 추진한 박근혜 정부의 노동개혁으로 공공기관 내부에서 상당한 노사갈등이 발생하였다.

2016년을 시작으로 300인 이상 사업체부터 단계적으로 정년 60세를 법으로 강제화 되면서 2015년 박근혜 정부는 청년 고용을 위한 대안으로 일정 연령에 이르면 임금이 줄어드는 임금피크제를 추진하였다.

2015년 5월 정부는 정년이 늘어나서 생애 임금 측면에서 손해가 없으니 (즉 불이익 변경이 아니니) 노조나 근로자의 동의 없이 임금피크제 도입을 할 수 있다는 행정해석을 내놓았다.

정부는 2015년 말까지 임금피크제를 도입하지 않으면 다음년도 임금 인상률을 50% 삭감하는 등의 조치를 취하겠다고 공공기관을 압박하였다. 그해 9월 정부가 임금피크제 도입을 한국노총과 노사정 대타협의 틀에서 합의를 하면서 모든 공공기관에서 2015년 말까지 임금피크제가 도입되었다.

정부가 시한을 정하고 임금피크제 도입을 추진하면서 많은 공공기관에서 정년연장의 혜택을 받는 연령층의 적정급여 삭감액, 임금피크제 적용대상 직원의 업무 등에 대해 충분한 고려가 이루어지지 않았다. 문재인 정부 출범 이후 임금피크제의 보완 논의가 노사 간에 이슈가 되었다.

2015년 9월의 노사정대타협 이후 구체적인 성과가 도출되지 못하자 정부는 2015년 12월 30일 일반해고 (저성과자 해고) 가이드북 초안과 취업규칙 변경에 관한 운영지침 초안을 발표하였다.

노동계는 강력 투쟁을 선언하였으나, 경영계는 정부안이 미흡하다는 반응이었다. 정부는 양대 지침을 우선 공공기관, 금융권을 중심으로 추진하기로 결정하였고, 이에 반발하여 한국노총은 노사정 대타협 파기를 공식적으로 선언하였다.

2016년에 들어 박근혜 정부는 노동계의 반발에도 불구하고 성과연봉제 등 노동개혁을 강력히 추진하였다. 공공기관이 1차적 추진대상 기관이 되었고 성과연봉제 도입에 따른 인센티브와 페널티를 정부가 명시적으로 제시하면서 2016년 상반기에 모든 공공기관에 성과연봉제가 도입되었다.

많은 공공기관이나 금융기관은 성과연봉제도 도입을 노조의 동의 없이 이사회 결의만으로 추진하였기 때문에 성과연봉제 도입 이후에도 노정갈등은 계속되었다.

문재인 정부가 들어서면서 정부는 박근혜 정부때 도입된 성과연봉제에 대하여 노사자율로 폐지 여부를 결정하라고 하였다. 많은 공공기관, 금융기관은 성과연봉제를 폐기하였다. 관련 소송에서 노조가 승소한 1심 판결들도 나왔다. 공무원 성과연봉제도 성과급적 요소가 축소되었다.

성과연봉제 폐지로 성과연봉제 도입으로 지급된 인센티브 반납 등 또 다른 논란을 가져왔다.

박근혜 정부에서 양대 지침을 적극적으로 밀어 붙였던 고용부는 양대 지침의 불법성을 조사하였고 관련자를 사법당국에 고발하였다. 노동계는 양대 지침 추진에 주도적 역할을 한 공공기관장을 중심으로 블랙리스트를 작성하고 기관장 해임을 정부에 요구하였다.

우리나라는 노동조합 조직률 10%대이며 노조가 대기업, 공공부분 중심이고 기업별 교섭체제로 인하여 단체협약의 확장성이 제한되어 있음으로 법을 통한 근로자의 개별적 보호가 중요하다.[1] [2]

문재인 정부는 최저임금 1만 원, 주 52시간제, 사회적 합의 존중 등으로 대표되는 노동존중 정책을 적극적으로 추진하였다.

문재인 정부 출범 3년차를 맞이하는 시점에서 소득주도성장 정책으로 정부가 당초 기대한 일자리 창출, 양극화 해소 등 긍정적 효과 대신에 9년 만에 처음으로 마이너스로 떨어진 2019년 1분기 경제성장률, 최악의 고용참사 등 부정적 효과가 두드러지자 정부의 소득주도 정책의 핵심의 하나인 친노동 정책에 대한 비판이 강하게 제기되었다.

친노동조합인 문재인 정부의 노동존중 정책으로 공권력이 무력한 상황이 자주 발생하였다.

진보진영에서는 ILO 핵심협약 미비준 등 정부의 부진한 친노동 정책에 대해

---

1) 근로자보호 정책은 최저임금, 퇴직금 및 임금채권의 보장 등 임금보호, 근로시간의 제한, 휴식 및 휴가관련 근로시간의 보호, 산업재해나 직업병으로부터의 보호, 차별 금지 등의 범주로 나눌 수 있다

2) 국가 경제의 지속적 발전을 위해 필수적인 노동력의 보호 및 유지를 위해 근로자의 건강을 보호하는 것은 필요하기 때문에 노조활동이 억압되어 있다고 할지라도 근로자보호정책이 부재한 것은 아니다. 1987년 민주화 이전에는 노조활동이 억제되어 왔음에도 근로기준법(1953년 제정)의 적용대상의 지속적 확대 및 산업안전보건법(1981년), 최저임금법(1986년) 등의 제정 등을 통해 국가가 법이나 행정력을 통해 근로자를 보호하여 왔다.

서 비판을 제기하였다. 그러나 21대 총선에서 여당이 과반수 이상의 의석으로 입법권을 사실상 가지게 되면서 ILO 핵심협약 비준 등 친노동정책을 강화하였다.

지속적인 성장, 청년 일자리 창출을 위해서는 문재인 정부에서도 노동개혁을 추진하여야 한다는 주장이 지속적으로 제기되었다. 문재인 정부는 대기업중심의 노조를 과도하게 보호하고 있으며, 기득권 유지에 양보가 없는 노조들도 변하여야 한다는 주장과 맥을 같이 한다.

2. 주 52시간제

근로시간 관련 법 개정 추이를 요약하면 다음과 같다. 1953년 근로기준법이 제정되었을 당시 기준근로시간은 주 48시간이었다. 1989년에 기준근로시간이 주 44시간으로 줄어들었고, 2014년부터 주 40시간으로 단축되었다. 2018년 7월부터 는 주 52시간제가 도입되었다.

1987년에는 변형근로시간제도가 도입되었다. 1997년에는 2주 단위(취업규칙), 1개월 단위(노사합의)의 탄력근로시간제, 선택적 근로시간제, 재량근로제, 간주근로제 등이 도입되었고, 단시간 근로시간제에 관한 규정이 신설되었다. 주부 등에 적용될 수 있는 선택적 근로시간제는 노사합의로 할 수 있게 되었다.[3]

2017년 기준으로 우리나라 연간근로시간은 전체 취업자 2천 24시간, 임금근로자 2천 14시간이다. OECD 발표자료에 따르면 우리나라의 연간 근로시간은 OECD 국가 중 멕시코 다음으로 길다.[4]

---

3) 재량 근로제는 연구개발 업무 종사자에 적합한 제도로 일정한 업무에 대해 노사 합의가 있으면 합의로 정한 시간을 정해진 업무를 한 것으로 본다. 간주 근로시간제는 출장, 기타 사유로 사업장 밖에서 근로로 근로시간의 산정이 어려운 경우에 도입한다. 선택적 근로시간제는 시업 및 종업시간을 근로자 자율에 맡기는 것이다.
4) OECD 근로시간 자료는 통계청이 확인하여 주었듯이 국가 간 비교자료로 활용하는 데는 적절하지 않다. 나라별로 근로시간을 파악하는 조사방법이 다르기 때문이다. 예들 들어 임금근로자의 경우 우리나라와 일본은 기초가 되는 조사가 상시직(permanent employees) 혹은 정규직(regular workers), 5인 이상 사업체를 대상으로 사업체노동력실태조사이나, 헝가리는 근로자 5인 이상 제조업 사업체 조사이고 다른 나라들은 조사에서 5인 미만 사업체 근로자를 제외하지

문재인 대통령이 근로시간 단축관련 법 개정이 이루어지지 않으면 고용부의 행정해석을 폐기하겠다는 방침을 밝히는 등 정부와 여당이 근로시간 단축을 적극적으로 추진하면서 2018년 7월 1일부터 단계적으로 주 최장 근로시간을 52시간으로 제한하는 근로기준법 개정안이 2018년 2월 국회에서 통과되었다.

국회 환경노동위원회에서 주당 근로시간을 최대 68시간에서 52시간으로 줄이는 근로기준법 개정안을 통과시키자 중앙일보와 한겨레신문은 2018년 2월 각각 사설을 게재하였다. 중앙일보 사설의 요지는 다음과 같다.[5] 근로기준법 개정으로 저녁이 있는 삶과 일자리가 늘어 날 것으로 기대된다. 한국경제연구원 추정에 따르면 근로시간 단축에 따른 추가비용은 12조 1천억 원이고 이 중 70%를 중소기업이 부담한다. 사업장 규모에 따라 적용시기를 달리 하는 등 보완책이 있으나 최저임금 과속으로 허덕이는 영세기업과 영세기업 근로자들을 위해 탄력적 예외조항이 본회의에서 통과되는 본안에서는 확대되어야 한다.

한겨레신문의 요지는 다음과 같다.[6] 노동계에는 사전 설명이 없었고 여러 건의 법원 1, 2심에서는 인정된 휴일근로 중복 할증이 포함되지 않은 점은 아쉬우나 근로기준법 개정으로 근로시간 단축의 전기가 마련되었다. 민간기업도 법정공휴일을 유급휴일화하기로 한 것, 특례업종을 축소한 것은 바람직하다. 그러나 단계적으로 시행하고 특별 연장근로를 허용하는 것은 노동시장의 양극화를 악화시킬 것이다. 저녁이 있는 삶이 가능하게 되고 일자리 나누기 효과까지 있기 위해서는 과제가 많다. 시행을 엄격히 하면서 노사정 모두 지혜를 모아 보완대책을 찾아야 한다.

탄력적 근로시간제도 개선을 2022년까지 미루고 특례업종도 5개로 대폭 축소하는 등 획일적인 52시간제 도입에 대한 우려가 있었다. 대규모 사업장부터 우선 시행하고, 5인 미만 사업장은 제외되고 30인 미만 사업장은 특별연장근로시간이 허용됨으로써 양극화가 심화될 수 있다는 비판도 제기되었다.

않는다. 상이한 노동시장 구조도 국가간 비교가 적절하지 않은 이유의 하나이다. 풀타임(full-time) 고용 대비 파트타임(part-time) 고용의 비율이 호주 34.6%, 독일 28.4%, 일본 28.9%, OECD 전체(미국 등 일부 국가 제외) 19.7%이나 우리나라는 12.8%이다.

5) [중앙일보] 영세기업 외면한 근로시간 단축, 땜질 보완책 우려된다_20180228.
6) [한겨레신문] '노동시간 단축' 전기 마련한 근로기준법 개정_20180227.

정부는 2018년 7월 시행을 한 달 정도 앞두고 구체적인 주 52시간 지침을 발표하였는데, 너무 늦게 발표하였고, 내놓은 가이드라인도 구체성이 떨어졌기 때문에 많은 비판을 받았다. 또한 근로시간 단축 시행 10일을 남겨두고 정부가 6개월 간의 계도기간 (2019년 3월 말까지 재연장)을 둔다고 발표하여 논란이 되었다. 부처 간, 당정 간에도 협조가 잘 되지 않아 서로 다른 목소리를 내면서 비판을 받았다.

근로시간 단축이 시행되면서 일부에서는 저녁이 있는 삶이 이루어지고 있으나 일부에서는 추가근무 단축에 따라 근로자들의 소득이 줄어들었다.

근로시간 단축으로 정부는 일자리가 늘어 날 것으로 기대하였으나 많은 기업에서는 추가고용보다 혁신을 통한 노동생산성 제고에 중점을 두고 있는 것으로 나타났다.

시행초기부터 업종별 특성을 고려하지 않은 주 52시간제를 도입하여 현장에서 많은 문제점이 발생하였다. 의약품, IT, 건설업, 연구개발 분야, 문화계는 일하는 방식 자체의 혁신이 요구되었다. 우리 기업들이 글로벌 시장에서 경쟁하고 있다는 것 등을 고려하여야 한다는 주장이 제기되었다. 기사를 더 뽑아야 하는 노선버스는 자격을 갖춘 기사를 양성하는 데 시간이 소요되고 요금인상이 필요하기 때문에 시행을 일 년 늦추었지만 시행 시점에서 파업 위기에 몰리면서 국민의 세금이 지원되는 요금의 인상으로 줄어든 근로시간에 따른 임금 감소를 보전해 주는 방향으로 사태가 해결되었다.

근로시간 단축으로 수혜를 보는 업종도 있으나 자금력이 있는 대기업의 회식문화가 사라지는 등의 이유로 음식점들의 타격이 심한 것으로 나타났다.

탄력 근로제 및 유연 근무제 확대 등 근로시간 단축의 부작용을 보완하기 위한 여러 가지 대안이 논의되었다. 탄력근로제는 경제사회노동위원회에서 최종 합의에 실패하면서 정부와 여당이 개선안을 국회에서 발의하였다.

주 52시간제 보완입법의 국회에서 처리가 지연되자 정부는 2019년 말에 2020년 1월부터 시행이 예정되어 있는 중소기업에 대한 주 52시간제 시행을 사실상 1년 6개월 유예하고 특별연장근로의 허용사유를 확대하였다.

2021년 4월부터는 탄력적 근로시간제, 선택적 근로시간제의 단위 정산기간이 확대되었다. 탄력적 근로시간제는 3개월에서 6개월, 선택적 근로시간제는 1개월에서 3개월로 확대되었다. 2018년 7월 주 52시간제가 시행된 후 지속된 법 개정 논의가 3년여 만에 어느 정도 결실을 본 것이었다. 그러나 근로자 대표와의 합의를 전제로 시행하기 때문에 실효성에 대한 논란이 있고, 영세 사업장의 경우 남용에 대한 우려가 있었다.

2021년 7월부터 주 52시간제가 50인 미만 사업장으로 확대 시행되면서 영세 사업장의 현실을 고려하여 유예하여야 한다는 주장, 계도기간을 부여하여야 한다는 주장, 주 52시간제를 전면적으로 보완하여야 한다는 주장 등이 제기되었다. 특히 미래 성장을 주도하여야 할 벤처기업의 성장에 주 52시간제는 부정적이라는 우려가 강하게 제기되었다. 정부는 계도기간이 없이 중소업체에 대한 지원을 강화하면서 그대로 시행하였다.

주 52시간제가 도입되면서 (실제 근로시간과는 관계없이 일정액의 제수당을 지급하는) 포괄임금제의 요건을 강화한다는 방침을 정부가 밝혔다. 포괄임금제 요건 강화로 주 52시간제의 실효성은 강화되나 기업들은 인건비 급증에 따른 경영의 어려움이 있어 정부는 2021년 12월 까지 포괄임금제 관련 개정지침을 발표하지 않고 있다. 정부 지침과는 별개로 포괄임금제를 폐지하는 기업들이 늘어났다.

우리나라와 같이 근로시간 단축을 추진하고 있는 일본은 보다 유연하게 접근하였고 독일, 프랑스 등 다른 나라들도 우리나라 보다 유연한 근로시간제를 가지고 있다.

2.1. 근로시간 단축, 법으로 강제

문재인 대통령은 근로시간 단축을 대선 공약으로 제시하였는데, 근로시간 단축을 법으로 강제하는 것에 대해서는 찬반 논란이 있었다. 한국경제신문은 관련 찬반 토론을 개재하였다. 찬성 측의 논거를 정리하면, 다음과 같다.[7] 우리나라 노동시간이 긴 것은 법정노동시간이 적용되지 않은 대상자가 광범위하고 기업이 인력규모를 최소화하려고 하고 있으며 잔업, 특근에 맞추어진 불안정한 임금체계와

---

7) [한국경제] [맞짱 토론] 근로시간 단축 法으로 강제해야 하나_20170401.

저임금 구조 그리고 오래 일하는 노동문화가 있기 때문이다. 근로자의 60%는 법정 근로시간을 적용받지 못하고 있다. 법정 근로시간이 적용되는 근로자는 주 52시간까지 일하도록 되어 있다. 그러나 정부가 휴일근로가 연장근로에 해당되지 않는다고 행정해석을 하고 있기 때문에 1주 68시간 근로가 가능하고 100만 명이 주 52시간 이상을 일한다. 법원의 판례는 노동부의 행정해석과는 다르다. 시간이 부가가치를 만들던 사회에서 아이디어와 창의력이 부가가치를 생산하는 사회로 가기 위해서는 근로시간 단축을 법으로 강제하여야 한다.

반대 측의 논거를 정리하면, 근로시간 단축으로 중소기업의 추가비용은 연 8조 6천억 원으로 추정되고 중소기업은 근로시간이 줄어든 만큼 임금을 줄일 가능성이 높다. 내국인을 구하기 어려운 중소기업은 외국인에 대한 의존도를 심화시킬 것이다. 법으로 강제하기 보다는 노사 간 합의로 자율적으로 시행하는 것이 바람직하다. 노사정 대타협에서 휴일근로를 연장근로에 포함하는 것과 시행시기를 4단계로 구분하는 등의 합의가 이루어졌으나 정치권의 갈등으로 실현되지 못하였다. 현재 정치권에서 논의되는 방안은 노사정 대타협에서 합의된 수준이상의 부담을 기업에 요구하고 있으며 국제기준보다 높은 수준이다. 외국은 노사합의에 의해 추가 연장근로가 가능하다. 노사 간 자율영역을 남겨두고 법적으로 강제하여야 한다.

2.2. 영세사업장, 특별 연장근로 허용

주 52시간으로 최장 근로시간을 단축하면서 30인 미만 영세기업에 대해 특별 연장근로를 추가적으로 8시간 허용하는 것이 이슈였다. 서울경제신문은 2018년 1월 관련하여 찬반 토론을 게재하였다.[8] 찬성 측의 김대종 세종대 교수의 논거는 다음과 같다. 문재인 정부의 노동정책 기조는 근로시간을 줄여 추가 고용을 하라는 것이다. 특별연장근로가 허용되지 않으면 일자리는 늘어나지 않는다. 중소기업에 빈 일자리가 약 26만 개이다. 인력난을 겪는 중소기업은 사람을 더 쓰려고 해도 쓸 사람이 없다. 사람을 구할 수 없으니 생산차질이 생기고 외국인 근로자에 대

---

8) [서울경제신문] [어떻게 생각하십니까?] 영세 중기 주 8시간 특별연장근로 허용_20180105.

한 의존도만 높아진다. 현재도 일부 업종은 외국인 의존도가 90%이다. 근로시간 감소로 인한 수당감축으로 급여가 줄면서 서민경제가 타격을 받을 것이다. 특별연장근로 허용은 중소기업과 근로자 모두 원하는 것이다. 시간을 가지고 대책을 강구할 수 있도록 하여야 한다.

반대 측의 김성희 고려대 노동문제연구소 교수의 논거는 다음과 같다. 특별연장근로시간 허용이 의미가 있으려면 주 68시간까지 일할 수 있도록 법을 해석한 고용부 행정해석이 폐기되어야 한다. 잘못된 행정해석으로 특별연장근로 허용과 같은 부수적인 문제가 발생한다. 현재도 5인 미만 사업장 근로자는 법의 사각지대에 있는데, 특별연장근로를 허용하는 것은 근로기준법을 무력화시키는 것이다. 5인 미만 사업장 근로자를 포함한 모든 근로자가 근로시간 단축으로 삶의 질이 향상되어야 한다. 현 법체계 내의 3개월 단위 탄력시간제, 26개 특례업종 등 실질적인 근로시간 단축을 저해하는 요소도 개선되어야 한다.

2.3. 탄력근로시간제, 단위기간 확대

주 52시간제가 도입되면서 탄력근로시간제를 현행 3개월보다 연장하여야 한다는 주장이 제기되자 서울경제신문은 2018년 1월 찬반 토론을 게재하였다.[9] 찬성 측의 김강식 한국항공대 교수의 논거는 다음과 같다. 주 52시간제 도입으로 근로자는 소득감소, 기업은 생산감소, 비용증가, 인력문제 등의 과제를 안게 된다. 기업의 경영상황은 일정하지 않기 때문에 유연성을 확보하는 것이 중요하다. 탄력적 근로시간제는 인력난에 허덕이는 중소기업이 생산수요 변동 등 불확실한 상황에 대응할 수 있도록 하고, 수주량의 계절적 변동이 심한 업종에서 근로시간을 유연하게 하는 제도이다. 현행 탄력적 근로시간제는 주 68시간까지 근로할 수 있는 시스템 하에서 만들어진 제도이다. 52시간으로 줄어든 주 최장근로시간에 맞추어 탄력적 근로시간제도 1년으로 연장되어야 한다. 선진국에서 1년 단위 탄력적 근로시간제가 시행되고 있다. 다만 부작용 방지를 위한 보완책은 필요하다. 실제 근로

---

9) [서울경제신문] [어떻게 생각하십니까?] 탄력 근로시간제 1년으로 확대_20180309.

시간과 소정 근로시간 간의 차이를 적립하고 추후에 사용하는 계좌제 도입도 고려하여야 한다.

반대 측의 김성희 고려대 노동문제연구소 소장의 논거는 다음과 같다. 탄력적 근로시간제는 단위기간 내에 시간 한도를 넘으면 초과노동에 대한 할증이 없이 일을 하는 사용자 편향적 제도이다. 주 40시간제 도입의 반대급부로 노동자 측이 양보하여 현행 제도가 도입되었다. 독일도 기준근로시간을 40시간 미만으로 할 때 도입한 것이다. 현재는 기준근로시간 단축을 하는 것이 아니기 때문에 논리적 설득력이 없다. 40만 명에 불과한 주 52시간 이상 근로자를 위해 1,600만 근로자에게 불이익을 주는 제도를 도입할 수 없다. 근로시간 특례업종 종사자가 400만 명이고, 5인 미만 사업체 종사자는 아직 근로기준법 대상이 아니다. 선진국제도인 탄력적 근로시간제를 논의하는 것은 블랙코미디이다. 지금까지는 68시간까지 일을할 수 있어 많이 활용되지 않았으나 3개월 단위 탄력근로시간제가 앞으로는 많이 활성화될 것으로 예상된다. 그러나 수당 감소 등으로 직원들 사기가 저하되는 것을 고려하면 급증하지는 않을 것이다. 노동자의 입장에서는 불편하고 손해가 나는 제도를 잘못된 관행을 정상화시키는 대가로 도입하여서는 안 된다. 주 40시간 근로가 표준이 되었을 때 탄력적 근로시간제도는 의미가 있다.

2.4. 주 52시간 50만 미만 사업장 적용

한국경제신문은 2021년 5월 주 52시간제를 영세 중소업체에도 전면 적용하는 것에 대한 찬성과 반대의 논거를 제시하는 기사를 게재하였다.[10] 찬성 측의 논거는 다음과 같다. 주 52시간제는 2018년 7월부터 시행되어 이제는 돌이킬 수 없으며 사각지대를 없애는 것이 중요하다. 국제비교 기준으로도 우리나라 노동시간은 길며, 충분한 휴식이 있어야 몸과 마음의 건강도 있고 생산성도 올라간다. 소규모 사업장을 유예하면 노동시장의 격차만 커진다. 일단 시행하고 보완하여야 한다.

반대 측의 논거는 다음과 같다. 중소업체의 현실을 직시하는 것이 중요하다.

---

10) [한국경제] 주 52시간제, 영세 중소업체에도 전면 적용해야 하나_20210517.

코로나19로 외국인 근로자마저 줄어 만성적인 인력난이 더 심화되었다. 3조 원에 달하는 추가 인건비 부담도 문제이다. 업종이나 직무에 따른 유연근무가 가능하도록 제도가 바뀌어야 한다. 이대로 시행되면 영세 중소업체 근로자는 저녁이 있는 삶이 아니라 야간, 주말 알바를 뛰는 '투잡족'으로 내몰릴 것이다.

3. 최저임금 1만 원

최저임금제도는 시장에서 결정되는 임금보다 높은 임금을 지불하도록 사용자에게 강제하는 것이기 때문에 긍정적인 효과와 부정적인 효과가 있다. 문재인 대통령이 대선 공약으로 2020년까지 최저임금을 시급기준으로 1만 원으로 인상하는 것을 제시하면서 최저임금 1만 원에 대한 찬반 토론이 뜨거웠다.

2017년 7월 정부는 2018년 최저임금을 시급기준으로 전년대비 (제도 도입 이후 가장 높은 인상률인) 16.4% 인상된 7천 530원으로 확정하고, 소상공인 부담 완화를 위해 정부가 재정으로 인건비를 지원한다고 발표하였다.

2018년 최저임금이 전년대비 16.4% 인상되자 중앙일보와 한겨레신문은 각각 사설을 게재하였다. 중앙일보 사설의 요지는 다음과 같다.[11] 최저임금의 급격한 인상에 따른 영향은 예단하기 어렵다. 경제 전반에 걸쳐, 특히 영세 상인들에게 충격이 클 것이다. 취약계층은 일자리가 줄 수 있다. 여성, 청년층, 중고령층, 30인 이하 사업체 근로자를 중심으로 일자리가 줄어들 것이다. 정부도 부작용을 최소화하기 위해 연간 4조 원 이상의 재정을 투입할 계획이다. 최저임금을 올려도 소득 격차 완화효과가 크지 않고 물가 상승이 우려된다. 납품, 협력 업체로의 비용전가 가능성도 있다. 거대하고 새로운 정책 실험의 부작용을 줄일 수 있도록 사후 관리를 치밀하게 해 나가야 한다.

한겨레신문 사설의 요지는 다음과 같다.[12] 최저임금 16.4%는 파격적인 조치이다. 소상공인, 영세중소기업을 위한 대책이 치밀하게 시행되어야 하고 중장기

---

11) [중앙일보] 최저임금 충격, 한국 경제가 견뎌낼 수 있나_20170717.
12) [한겨레신문] 최저임금 7,30원 후속대책이 관건이다_20170717.

로드맵이 뒤따라야 한다. 이번 최저임금 결정은 2008년 이후 처음으로 노·사 한쪽의 퇴장도 없이 이루어졌다. 지난 대선에서 모든 대선 후보가 시기에 차이는 있지만 1만 원을 공약하였듯이 우리 사회에 공감대가 형성되었기 때문이다. 정부 지원으로 소상공인, 영세중소기업의 어려움이 어느 정도 해소되겠지만 지속 가능하지 않으며 산업구조 체질을 바꿀 수 있을지 의문이다. 최저임금 인상이 분수효과를 가져오려면 상가임대차 공정화, 프랜차이즈 합리화 등 근본적인 구조를 해결하여야 한다. 최저임금제도의 합리적 개선을 위한 논의도 시작할 때다.

2019년 최저임금은 전년도 대비 시급기준 10.9% 오른 8천 350원으로 결정되었다. 속도 조절론 주장이 제기되면서 2019년도 최저임금 심의과정은 순탄치 않았다. 최저임금 산입범위 변경을 반대하면서 민주노총은 처음부터 참석하지 않았고, 한국노총은 처음에는 거부하였다가 민주당과 통상임금의 범위확대를 합의한 후 복귀하였다. 업종별, 지역별로 최저임금을 달리 하여야 한다는 주장도 제기되었다. 최저임금법에는 사업 종류별로 구분할 수 있도록 되어 있으나 제도 시행 첫 해인 1988년에만 시행되었다. 사용자 측은 사업자별 구분적용이 부결되자 2019년 심의에 참여하지 않아 민주노총 측과 사용자 측 없이 2019년 최저임금이 의결되었다. 2019년 최저임금에 대해 한국경영자총협회, 중소기업중앙회가 정부에 재심의를 요청하였으나 정부는 2018년 8월 2일 그대로 확정, 고시하였다.

2년에 30% 가까이 올리면서 최저임금의 급격한 인상의 영향으로 여러 가지 부작용이 나타났다. 특히 기업들은 근로자를 줄이거나 노동시간을 단축하면서 고용상황이 상당히 악화되었다.

급격한 최저임금 인상은 중소기업, 영세업자에게 부담이 되었다. 취업자의 4분의 1을 차지하는 자영업자에게는 치명적이었다. 최저임금 인상은 근로자와 소상공인간의 을(乙)끼리의 전쟁을 촉발시켰다. 정부는 임대료 인하, 카드수수료 인하 방안 등을 제시하였으나 자영업자들의 큰 호응은 없었고 오히려 급속한 최저임금의 후유증을 민간에 떠넘기려 한다는 비판이 제기되었다. 2019년 최저임금 인상에 대해 자영업자들은 불복종운동을 전개할 것을 공언하는 등 강력하게 반발하였다.

기본급이 낮은 복잡한 임금체계로 인하여 급속한 최저임금 인상의 부작용이 더 컸다. 2016년 기준 연봉 6천만 원이 넘는 5만 명의 근로자가 최저임금의 적용

대상이 되었다. 최저임금의 산입범위가 제한적이기 때문이었다.

최저임금 인상에 대한 논란에서 정부는 2018년 전반기 까지는 부정적 효과를 강하게 부정하였다. 그러나 참사 수준으로 고용사정이 악화되자 정부의 입장이 변화하여 최저임금 인상도 고용 위기의 원인의 하나인 것으로 인정하였다.

중앙일보와 한겨레신문은 최저임금 인상의 효과에 대한 공방이 치열해지자 2018년 6월 각각 사설을 게재하였다. 중앙일보 사설의 요지는 다음과 같다.[13] 청와대가 최저임금의 긍정적 효과가 90%라는 문재인 대통령의 발언을 놓고 본래의 주장을 굽히지 않고 있다. 최저임금의 급격한 인상의 피해자인 실업자와 자영업자를 제외한 임금근로자만을 대상으로 분석해 긍정적 효과를 논하는 것은 아전인수격의 자의적 통계해석이다. 장밋빛 해석을 멈추어야 한다. KDI는 최저임금의 부정적 일자리 효과는 악화될 것이고 근로자의 지위 상승 욕구가 억제되고 노동시장의 임금질서가 교란될 것이라고 경고하였다. 국민을 볼모로 한 정책실험을 멈추어야 한다.

한겨레신문 사설의 요지는 다음과 같다.[14] 최저임금의 부정적인 측면만을 고려해 소득주도성장이 실패하였다고 단정을 지어서는 안 된다. 정부도 논쟁에 일일이 대응하기 보다는 사회안전망의 사각지대 해소에 역량을 집중하여야 한다. 100% 완벽한 정책은 없다. 영세기업, 소상공인, 일자리에 대한 부정적 효과를 보완할 대책을 정부가 강구하여야 한다. 정부는 근로소득세제 확대나 기초연금 인상 등 정책 선택의 폭을 확대하여야 한다.

기본급의 비중이 낮은 호봉제 임금체계로 인하여 우리나라에서는 임금과 관련하여 근로기준법, 최저임금법이 개정되면 노동시장을 뒤흔드는 후폭풍이 현장에서 발생한다.

2018년 최저임금이 결정되고 급격한 인상에 대한 우려로 최저임금제도 개편이 본격적으로 논의되었다. 앞에서 언급된 대로 기본급의 비중이 낮고 수당이 많은 우리나라 임금체계의 특성 때문에 급속한 최저임금 인상으로 고임금 근로자가 혜택을 보면서 최저임금이 오히려 임금격차를 악화시키는 결과를 낳음에 따라 최저임금 산입범위 확대가 최대 이슈였다.

---

13) [중앙일보] 청와대의 통계 꿰맞추기에 KDI마저 최저임금 우려_20180605.
14) [한겨레신문] '최저임금 논쟁'보다 '사각지대 보완책'이 중요하다_20180605.

산입범위 확대가 노사정 협의에서 결론이 나지 않은 채 국회에서 산입범위를 확대하는 법이 통과되자 노동계가 크게 반발하였다. 노동계는 노동계를 제외하고 최저임금의 산입범위를 확대한 것에 반발하여 최저임금심의위원회와 사회적 대화 참여를 거부하였다. 앞에서 언급된 대로 한국노총은 민주당과 통상임금 범위를 확대하기로 합의하면서 복귀하였다. 법 개정에도 불구하고 상여금 지급시기 변경 등은 노조의 동의가 필요하기 때문에 현장에서는 새로운 노사갈등의 원인이 되었다. 산입범위 확대 논란이 우리나라의 불합리한 임금체계 개편의 계기가 되어야 한다는 주장도 제기되었다.

고용노동부가 시급 주휴수당 산정 시 기준이 되는 월근로시간을 줄이는 시행령 개정안을 예고하면서 노사 간의 공방이 치열하였는데, 2018년 말 정부는 노동계의 입장을 반영한 월 209시간으로 확정하였다. 그러나 시행령 개정으로 잘 알려지지 않았던 주휴수당을 사용자, 근로자 모두 인지하게 되면서, 많은 소상공인들이 예전에는 주지 않았던 주휴수당을 주게 되어서 (급격한 최저임금 인상으로 인한 노동비용 상승으로 어려운 상황에서) 비용부담이 가중되었고, 주휴수당을 줄 필요가 없는 주15시간 미만의 단시간 고용이 늘어나는 결과가 되었다.

경영계에서는 업종별, 지역별 최저임금 적용을 지속적으로 주장하였고 최저임금 결정방식의 문제점까지 제기되면서 최저임금 결정체계 개편이 경사노동위원회에서 논의되었으나 합의에 이르지 못했으며 정부는 노사정 논의사항을 고려하여 개편안을 국회에 제출하였다. 2020년 최저임금 결정시 소상공인을 중심으로 경영계에서는 업종별, 지역별로 최저임금이 달라야 한다는 것을 주장하였으나 수용되지 않았다. 2021년 12월 현재 최저임금 결정방식 개선에 대한 논의는 실종된 상태이다.

정부가 소상공인 지원 대책으로 제시한 일자리안정자금은 최저임금의 급격한 인상에 따른 고용감소를 완화시킨 측면이 있으나 세금으로 기업이 부담하는 임금을 지원하면서까지 최저임금을 인상하는 것에 대한 비판이 시행 초기부터 제기되었다.

2020년 최저임금은 시급기준 8천 590원, 전년대비 2.87% 인상하는 것으로 결정되어 문재인 정부가 추진한 '최저임금 1만 원' 공약은 파기되었다.

민주노총의 퇴장 속에 결정된 2021년 최저임금은 역대 최저 인상률인 전년대비 1.5% 인상된 시급기준 8천 720원으로 2020년 7월 결정되었다. 문재인 정부에 들어서 급상승한 최저임금의 고용 등에 대한 부정적인 영향 그리고 코로나19로 인한 경제 충격을 고려한 결정인데, 산입범위 확대를 고려하면 실질적으로 동결된 것으로 볼 수 있었다.

2022년 최저임금은 최저임금 1만 원 공약한 문재인 정부의 마지막 최저임금 결정이었기 때문에 노사 간에 줄다리기가 연 초부터 있었다. 노동계는 최저임금 1만 원 이상, 경영계는 동결을 주장한 2022년 최저임금은 전년대비 5.1% 오른 시급기준 9천 160원으로 확정되었다.

문재인 정부의 최저임금의 급속한 인상, 재정을 통한 보전에 대해 세계적인 석학, IMF, OECD 등 국제기구에서 우려하였고, 이들의 우려가 현실화된 것으로 볼 수 있다.

3.1. 최저임금 1만 원

서울경제신문은 최저임금을 2020년까지 1만 원으로 인상하는 것에 대한 찬반토론을 게재하였다.[15) 찬성 측의 이재희 경성대 교수의 논거는 다음과 같다. 최저임금 인상으로 저소득층의 인간다운 생활의 기반을 마련해주고, 소비성향이 높은 빈곤층의 소비가 늘어나 경제 성장에 도움이 되고 빈곤에 대한 정부의 복지 지출이 대폭 줄어든다. 최저임금은 미시적으로 해당 산업의 고용을 줄이나 거시적으로는 국민경제의 지출을 늘려 고용을 증가시킨다. 최저임금 인상이 고용에 부정적인 영향을 주거나 물가를 인상시킨다는 것을 확인시켜주는 연구는 거의 없다. 미국 캘리포니아, 영국 등에서 최저임금을 대폭 인상시켰고 우리나라 최저임금 수준은 OECD 회원 중 절대적, 상대적 수준에서 하위권이다. 최저임금을 인상시키면서 보완책을 같이 마련하여야 한다. 보다 근본적으로 자영업자를 양산시키는 경제구조를 개편하고 최저임금의 실효성도 높여야 한다. 최저임금 결정에는 사회 정책적

---

15) [서울경제신문] [어떻게 생각하십니까?] 최저임금 2020년까지 1만 원으로 인상_20170616.

고려가 반드시 필요하다.

반대 측의 백필규 중소기업연구원 수석연구위원의 논거는 다음과 같다. 최저임금을 1만 원으로 올리면 300만 명이 넘는 소상공인의 수익은 근로자 임금보다 낮아지는 결과가 된다. 최저임금으로 일자리가 줄어들면 소득 총량이 줄어들어 의도하는 소득주도성장은 실현될 수 없다. 현재도 14%가 넘는 사업주가 최저임금을 지키지 못하는데 불법 사업주만 양산될 것이다. 임금 상승은 생산성 증가와 같이 가야 한다. 임금 상승이 생산성 증가 이상으로 가면 고용이 줄거나 불법이 만연할 수밖에 없다. 최저임금 인상으로 소상공인의 혁신과 구조조정이 촉진되나 구조조정된 소상공인과 근로자는 갈 곳이 없다. 중소기업에 빈 일자리가 25만 개이고 잠재실업자를 포함하여 일자리를 찾는 사람은 300만 명이다. 누군가는 창업을 해야 일자리가 만들어진다. 생산성 혁신 주도 성장, 창업주도 성장이 이루어져야 제대로 된 일자리가 만들어진다. 우리나라는 최저임금법을 1986년에 제정하여 1988년부터 시행하고 있다. 최저임금법 제1조에 따르면 법의 목적은 '근로자에 대하여 임금의 최저수준을 보장하여 근로자의 생활안정과 노동력의 질적 향상을 꾀함으로써 국민경제의 건전한 발전에 이바지하는 것'이다.

3.2. 최저임금 인상분 재정지원

정부가 재정으로 최저임금 인상분의 일부를 보존하기로 한 것에 대해 논란이 커지자 한국경제신문은 2017년 11월 찬반 토론을 게재하였다.[16] 찬성 측의 성재민 한국노동연구원 동향분석실장의 논거는 다음과 같다. 우리나라는 OECD 회원국 중 저임금 근로자의 비중이 제일 높은 나라이다. 최저임금의 빠른 인상은 불평등 완화를 넘어 경제성장까지 도모할 수 있는 정책수단이다. 큰 폭의 최저임금 인상의 부정적인 영향을 완화하기 위해 대비책을 세우는 것이 바람직하다. 일자리 안정자금을 통한 지원은 유럽에서 저임금 근로자를 고용하는 사업주에 대해 사회보험료를 지원하는 것과 같은 방식이며 노동수요 감소의 부작용을 최소화할 수 있

---

16) [한국경제] [맞짱 토론] 최저임금 인상분 세금으로 지원해야 하나_20171125.

다. 고용보험에 가입하게 함으로써 저임금 근로자의 사회적 보호를 강화하는 효과가 있다. 저임금 부분에 현금을 공급함으로써 경기부양 효과도 기대할 수 있다. 일자리 안정자금이 저임금 부분 맞춤형 경기진작책 중에 성공적인 정책으로 평가받는다면 추경예산의 상당 부분을 집행하는 것은 지지받을 수 있다.

반대 측의 이정희 서울시립대 교수의 논거는 다음과 같다. 최저임금에 기반한 소득주도성장 이론은 이론적 타당성이 부족하고 '소득주도성장'이라는 용어를 활용해 소득재분배 정책의 이미지를 바꾸는 눈속임이다. 최저임금제도는 고용의 기회를 줄이고 비숙련 근로자가 시장에 신규 진입하는 기회를 막는다. 근로장려세제라는 부작용은 최소화하고 소득재분배 효과가 있는 정책수단을 두고 최저임금 인상을 고수하는 것은 정치적 동기가 있다. 근로소득을 증가시키기 위해서는 교육훈련에 투자하여야 하고 적극적 노동시장 정책으로 근로자의 질을 사용주의 수요에 맞는 역량수준으로 높여야 한다. 최저임금 인상분에 대한 재정지원은 부작용이 큰 약을 처방하고 그 부작용을 치료하겠다고 또 다른 잘못된 약을 처방하는 것과 같다. 비효율적인 정책을 남발하지 말고 시장경제가 효율적으로 작동할 환경조성을 정부가 해야 한다.

3.3. 최저임금 산입범위 확대

문재인 정부 출범 이후 최저임금 1만 원 인상의 주장이 힘을 얻으면서 최저임금에 포함되는 임금의 범위가 논란이 되자, 한국경제신문은 2017년 11월 최저임금 산입범위 확대에 대한 찬반 토론을 게재하였다.[17] 찬성 측의 하상우 한국경총 경제조사본부장의 논거는 다음과 같다. 급격한 최저임금 인상으로 영세 중소상인들의 어려움이 가중되고 있으며 생산성 상승을 초과하는 임금인상은 고용에도 부정적인 영향을 미칠 것이다. 최저임금이 시행된 지 30년이 지났지만 제도가 변화하는 노동시장 현실을 반영하지 못하고 있다. 특히 근로자가 지급을 보장받는 상여금 등이 최저임금의 산입 범위에 포함되지 않아 고임금 근로자의 임금이 최저임금

---

17) [한국경제] [맞짱 토론] 최저임금 산입범위 확대_20171111.

인상률만큼 오르는 결과가 되고 근로자간의 임금 격차가 더욱 확대된다. 최저임금 제도 취지에 맞지 않는다. 영국, 프랑스 등 주요 선진국도 산입 범위를 광범위하게 하고 있다. 최저임금을 1만 원으로 인상하자는 것은 현재 1천 600만 원 정도의 연봉 근로자의 임금을 2천 500만 원 수준으로 올려 주자는 것이지 4천만 원 연봉 근로자의 급여를 6천만 원으로 올리자는 것은 아니다.

　　반대 측의 이창근 민주노총 정책실장의 논거는 다음과 같다. 통상임금과 최저임금은 성격을 달리하는 임금이다. 저임금 근로자의 생활안정을 위한 임금을 초과수당 산정의 기준이 되는 통상임금과 비교할 수 없다. 통상임금 범위 확대에 대한 사회적 논란이 지속되고 있어 두 기준을 일치시키는 것은 더 큰 사회적 혼란을 가져올 수 있다. 상여금을 최저임금에 포함하면 최저임금 제도의 본질이 훼손된다. 식대, 숙박비 등 생활 보조적 성격의 급여를 최저임금 범위에서 포함하는 것 또한 제도의 본질을 훼손하는 것이다. 최저임금의 산입 범위 확대는 현장에서의 편법, 불법을 합법화하여 주는 것이다.

　　서울경제신문도 2017년 12월 최저임금에 상여금을 포함하는 것에 대한 찬반 토론을 게재하였다.[18] 찬성 측의 최강식 한국항공대 교수의 논거는 다음과 같다. 현행 최저임금제도 하에서는 총액으로 최저임금을 웃도는 임금을 지급함에도 불구하고 법적으로 최저임금을 위반하는 사업장이 생긴다. 특히 올해는 최저임금이 급격히 올라 대기업을 포함하여 범법자가 양산될 전망이다. 최저임금 인상으로 최저임금법의 보호를 받을 필요가 없는 고임금 근로자의 임금도 크게 올라 기업의 인건비 부담을 크게 증가시킨다. 같은 임금 총액을 지불하고도 임금체계 및 구성에 따라 최저임금의 실효성이 달라지는 등 정책효과가 떨어지게 된다. 상여금이나 수당을 더 많이 받는 일부 대기업 고임금 근로자의 급여가 더 많이 올라 임금격차가 확대되는 최저임금의 도입 취지와 반대되는 결과를 가져 온다. 많은 나라에서 상여금을 최저임금에 포함하고 있어 국제비교에서 우리나라가 저평가되는 착시효과를 가져오고, 이것이 다시 대폭 최저임금 인상 주장의 근거가 되는 소모적 논쟁이 반복되고 있다.

---

18) [서울경제신문] [어떻게 생각하십니까?] 최저임금에 상여금 포함_20171222.

반대 측의 김기덕 민주노총 노동법률원 변호사의 논거는 다음과 같다. 문재인 대통령의 최저임금 1만 원 공약은 현 법제도하에서 제시된 것이다. 상여금을 포함하는 것은 그만큼 최저임금을 줄이는 효과가 있어 근로자의 권리를 침해하는 것이다. 통상임금과 최저임금은 서로 다른 목적을 가진 임금인데 통상임금에 상여금이 포함되었다고 최저임금에 포함되어야 한다는 논리를 수용할 수 없다. 상여금을 포함하자는 근로자의 권리를 삭감해 이득을 챙기려는 사용자의 욕심이거나 법의 형식적 정합성에 대한 학자의 관심일 뿐이다.

3.4. 업종별, 지역별 최저임금

한국경제신문은 2018년 2월 지역별, 업종별 최저임금 차등화에 관한 찬반 토론을 게재하였다[19] 찬성 측의 이재원 중소기업중앙회 인력지원본부장의 논거는 다음과 같다. 최저임금 인상의 취지는 공감하나 올해 최저임금이 너무 급격히 올랐기 때문에 논란이 그치지 않고 있다. 중소기업들은 업종별, 지역별로 최저임금을 차등화 하는 것을 요구하고 있다. 업종 간 최대 3배의 임금 격차가 발생한다. 최저임금 인상에 따른 부작용이 업종별로 다르게 나타나는데 단일 최저임금제를 적용하고 인상수준을 높이니 부작용이 생길 수밖에 없다. 법에는 이미 업종별로 최저임금을 달리 할 수 있도록 되어 있고 1998년에 두 그룹별로 최저임금 수준을 달리한 경험도 있다. 일본, 미국 등의 사례를 참고로 할 수 있다. 지역 간 임금 차이가 30%, 지역 간 물가 차이도 나기 때문에 지역별로 최저임금을 달리 하여야 한다. 최저임금의 지역별 차등화로 해외로 가는 공장을 국내로 들어오게 할 수 있다. 지역별 임금수준 격차에 대한 조정은 중앙정부가 가이드라인을 통해 할 수 있다.

반대 측의 김기선 한국노동연구원 연구위원의 논거는 다음과 같다. 최저임금이 사실상 기준임금이나 표준임금으로 활용되는 현실에서는 최저임금이 낮게 설정된 업종은 저임금업종으로 낙인찍히고 업종을 이유로 근로자 간 불공정성이 발생한다. 지역별로 최저임금을 차등화 하는 것은 국민 통합을 저해시키고 고임금

---

19) [한국경제] [맞짱 토론] 최저임금 업종지역별로 차등화해야 하나_20180224.

지역으로의 인구이동으로 도농 간 격차가 더욱 심화될 것이다. 연령별로 차등화하는 것도 고령자에 대한 차별이다. 업종별, 지역별로 최저임금을 차등화하는 것은 노동시장의 이중구조를 더욱 심화시키고 또 하나의 '2등 국민'을 양산하는 결과가 될 것이다.

4. 비정규직 제로(0) 정책

2021년 8월 현재 비정규직은 전체 임금 근로자 2,099만 2천 명의 38.4%인 806만 6천 명이다. 2020년과 대비하여 정규직은 줄고 비정규직은 늘었다. 비정규직 근로자는 한시적 근로자가 517만 1천 명으로 제일 많고, 시간제 근로자 351만 2천 명, 비전형 근로자 227만 8천 명의 순이다. 한시적 근로자, 시간제 근로자, 비전형 근로자 모두 1년 전에 비해 늘어났다.[20]

문재인 정부에 들어 와서도 비정규직의 수는 오히려 늘고 있다. 정규직 대비 임금이나 처우 격차도 커지고 있다. 코로나19 발생 이전인 2019년 8월 현재 비정규직 근로자는 748만 1천 명으로 전체 임금근로자의 36.4%이었다. 2019년 8월 기준으로 2017년 8월 대비 임금근로자 중 비정규직 비중은 3.5%포인트, 비정규직 근로자 수는 90여 만 명 늘어났다. 비정규직의 열악한 상황은 크게 나아지지 않았다. 2019년 8월 말 현재 비정규직의 월평균 임금은 172만 9천 원으로 정규직 임금의 54.6%이다. 퇴직금, 국민연금 등 사회보험 수혜율도 정규직의 절반 이하이다.

'비정규직 제로(0)'를 공약으로 선언하였던 문재인 정부는 노사정 고통분담을 통해 비정규직 문제해결을 하겠다고 하였다. 3년 안에 공공부문의 비정규직 20만

---

20) 비정규직의 정의 및 규모에 관한 노사정간에 이견이 존재하나 2002년 7월 (민주노총은 참여하지 않았지만) 노사정위원회에서 비정규직의 정의에 합의를 한바 있다. 통계청은 노사정합의에 따른 기준에 따라 2004년부터 '근로형태별 부가가치 조사'를 하여 비정규직 근로자의 고용 및 근로조건 조사결과를 발표하고 있다. 통계청 조사에서 비정규직 근로자는 한시적, 시간제, 비전형근로자로 구분된다. 2018년 8월 일자리위원회에서 노사정이 비정규직 통계기준을 바꾸기로 하였으나 통계청이 아닌 고용부가 조사 용역기관을 선정하여 조사가 이루어졌다. 노동계의 의견을 받아들여 특수고용직에 비임금근로자를 포함하여 2019년 3월 발표된 자료에 의하면 특수고용직은 2018년 말 현재 221만 명으로 통계청 조사보다 4배 정도 많다.

명을 정규직화 하겠다고 선언하였다.

서울경제신문은 2017년 11월 공공부문 정규직 전환에 관한 찬반 토론을 게재하였다.[21] 찬성 측의 김성희 고려대 노동문제연구소 교수의 논거는 다음과 같다. 기업은 비정규직을 활용하면서 인건비를 절약하나 우리 사회는 더 큰 비용을 부담한다. 문재인 정부의 공공부문 비정규직의 정규직화는 다른 어느 정부보다 진전된 대책이다. 무기계약직은 제외되었지만 간접고용까지도 포함함으로써 대상을 확대하였다. 민간부분에서 창출되는 일자리의 80%가 비정규인 현실에서 공공부문부터 시작하는 것이 합리적이다. 직접고용이 확대되면 중간 용역업체가 가져가는 비용이 절감됨으로써 추가재원은 최소화된다. 현재 간접고용 형태로 고용되어 있는 직원을 채용하는 것이기 때문에 신규 노동시장 진입자의 일자리가 줄어드는 것이 아니다. 단계적으로 추진하기 때문에 자회사 형태로 추진되거나 비용부담 논란으로 주춤거리고 있다. 비정규직의 정규직화는 보다 과감하게 추진되어야 한다.

김대종 세종대 경영학과 교수의 논거는 다음과 같다. 우리나라 15세 이상 인구 40%가 비고용 상태이다. 공공부문 비정규직화는 신중하게 접근하여야 한다. 노동시장은 탄력성이 필요하다. 1997년 외환위기 이후 대량 실업상태에서 비교적 해고가 용이한 비정규직이 많이 생겼다. 기업들이 해고가 어려운 정규직 채용을 꺼렸기 때문이다. 비정규직의 정규직화로 향후 공공부문의 고용이 축소되면 40% 비고용상태의 15세 이상 인구가 갈 자리가 줄어든다. 우리나라 기업들이 해외로 나가 일자리를 만드는 것은 노동시장의 경직성이 가장 큰 이유이다. 재원문제가 확실하지 않다. 공기업 부채를 고려하면 우리나라 국가 부채가 안심할 수준이 아니다. 비정규직으로 들어 온 사람들이 정부 도움으로 정규직이 되면 처음부터 정규직으로 들어 온 직원과 차별성이 없어지고 공정성이 문제된다. 전교조가 기간제 교사의 정규직화를 반대한 이유이다. 선진국은 기업이 고용과 해고를 자유롭게 하기 때문에 우리와 같은 비정규직이 없다. 공공기업의 경영악화가 우려된다.

정부는 계획 추진 후 1년간 대상 공기업 비정규직의 64.6%를 정규직화하였다. 그러나 비정규직의 기대와는 달리 상당수가 새로 설립된 자회사의 정규직으로

---

21) [서울경제신문] [어떻게 생각하십니까?] 공공기관 20만 명 정규직 전환_20171103.

전환되었고 2019년에 정부는 공공부분 비정규적 전환대책의 마지막 단계인 민간 위탁부분은 기관 자율로 하는 것으로 방침을 변경하였다.

문재인 정부 4년이 경과한 시점에서 공공부문 비정규직 제로(0) 정책에 대한 평가는 대체적으로 부정적이었다. 수치상으로는 94%라는 정규직 전환목표는 달성 되었지만 준비가 안 된 공공기관 비정규직의 정규직화로 여러 문제가 발생하였기 때문이다.

정부가 예산의 추가적인 지원 없이 정규직화를 추진하면서 기존 정규직 직원과 (정규직으로 전환되었으나) 별도의 직군으로 채용된 과거 비정규직 직원들 간의 급여 차이, 새로 설립된 자회사의 정규직으로 채용된 비정규직 직원들의 불만, (전환된 비 정규직들의 처우개선 요구를 수용하면) 기존 정규직 직원들이 받아들여야 하는 급여상의 불 이익, 정규직 전환대상 직원의 선발과 관련하여 발생한 불공정 논란이 생겼다.

많은 공공기관에서 비정규직으로 일하던 원래 회사가 아닌 자회사의 정규직 으로 채용되는 것과 관련하여 갈등이 있었다. 2018년 7월에는 (KTX에 파견직으로 근무하 였다 해고된 이후 투쟁을 통해 원래 소속 KTX 협력회사에서 계약직에서 정규직으로 일하는 제안을 받았으나 거부하고) KTX 직고용 투쟁을 하였던 여승무원들이 KTX에 직고용되었다. KTX 사례 는 많은 공공기관의 용역 및 파견근로자들이 공공기관의 정규직으로 고용될 수 있 다는 희망을 가지게 하였다.

대통령이 방문하여 비정규직 제로를 선언하며 공공부문 비정규직 제로 정책 의 상징이 된 인천공항공사에서도 비정규직 전원이 인천공항공사의 정규직이 되 지 못하였고 전환과정 중 노노, 노사 갈등이 발생하였다. 노사갈등이 노노갈등으 로 발전하고 사장이 해임되는 등 여러 문제가 있었고 2021년 12월 현재 해결되지 못하고 있다.[22)

인천공항공사의 보안검색요원의 정규직 전환과 관련하여 '인국공 사태'라는 신조어가 만들어지고 우리 사회에서 '공정'이슈를 불러일으켰다. 인국공 사태 이후 건강보험공단 등 여러 공공기관에서 비정규직의 직고용과 관련하여 민주노총이 주도하는 파업이 발생하였고, 노노 간의 갈등이 표출되었다.

---

22) 해임된 사장은 재판에서 승소하여 사장으로 복귀하여 2021년 말 현재 인천공항공사에는 사장 이 2명이다.

서울신문은 2020년 6월, 매일경제는 2020년 7월에 보안검색 직원의 정규직 전환을 지지하는 김두관 더불어민주당 의원과 비판하는 하태경 미래통합당 의원의 주장을 게재하였다.[23] 정규직 전환을 지지하는 김두관 의원의 주장 요지는 다음과 같다. 정규직과 비정규직으로 갈라진 노동시장 이중구조를 혁파하여야 한다. 고용형태에 따른 차별은 없어야 하며 동일노동 동일임금 원칙을 정착시켜야 한다. 인천공항의 비정규직 비율이 86%인 상황은 비정상적인 것이다. 동등한 조건에서 경쟁을 하여 채용하라는 것은 보안검색 직원을 모두 해고하고 새로이 채용하라는 것이다. 처음부처 정규직으로 채용되었어야 했을 안전 종사자인 공항 보안검색 직원을 정규직화하는 것은 상식이고 문재인 정부의 공약이다. 보안검색 직원은 공사 취업준비생들이 합격해서 일할 분야도 아니기 때문에 이들의 일자리를 뺏는 것은 아니다. 무기 계약직으로 전환될 이들과 기존 직원들과의 임금 등의 차이가 크다. 민간부분의 과도한 비정규직 사용에 대한 논의도 시작되어야 한다.

하태경 의원의 주장의 요지는 다음과 같다. 일정 시점 이전에 입사한 보안검색 요원에 한해서만 정규직 전환을 보장하는 것은 특혜이며 불공정에 대한 관용의 선을 넘은 것이다. 공개경쟁을 통해 채용하되 이들에게 가산점을 주어야 한다. 보안검색 요원을 공개경쟁으로 뽑으면 경쟁률이 공무원 시험에 못지않을 것이다. 특혜로 정규직으로 전환된 보안검색 요원과 기존 직원과의 내부 갈등도 우려된다. 문재인 정부의 공공부문의 정규직화는 우리 사회의 불평등만 심화시키는 결과를 가져 온다. 노동시장의 이중구조를 없애려면 대기업과 공공부문 정규직에 대한 과도한 보호를 없애야 한다. 20만 명의 공공부분 비정규직을 정규직 전환시키고 있는 문재인 정부는 750만 명의 민간부분 비정규직에 대한 해법을 제시하지 못하고 있다. 임금이 비정규직 평균임금의 2배인 인천공항 보안검색 요원을 사회적 약자로 보기는 어렵다.

계약직 교사, 강사 등 다양한 형태의 비정규직이 많고 예산의 제약이 특히 심한 교육 분야는 비정규직 관련 갈등이 많은 분야이다. 연구사업의 특성상 계약직 비정규직을 활용할 수밖에 없는 국책연구기관들도 골머리를 앓았다.

---

23) [서울신문] 여야 의원이 본 '인천국제공항 정규직 전환 논란'_20200629.
　　　[매일경제] 이슈토론 인국공 정규직화_20200709.

비정규직의 정규직화 과정에서 여러 공공기관에서 임직원의 친인척이나 지인을 서류를 조작하는 등의 특혜를 줘서 채용하는 채용비리가 적발되면서 사회 이슈화되었다. 특히 서울교통공사의 정규직 전환과 관련된 논란은 공공기관의 채용비리에 대한 야당의 국정조사 및 정부의 모든 공공기관의 채용비리에 대한 조사가 이루어지는 계기가 되었다.

사업장 내의 위험작업을 외주화하거나 파견 근로자를 받아 수행하도록 하여 경험이나 숙련이 부족한 사외 근로자들이 사망 등 중대재해를 당하는 사례가 빈번하여 '위험의 외주화'가 사회문제화 되었다.

2016년 구의역의 스크린도어 수리 중 발생한 사망사고 이후 관련 법안이 발의되었으나 진전이 없었다가 2018년 공기업인 서부발전의 태안화력에서 사망사고가 발생한 것을 계기로 산업안전법이 28년 만에 개정되었다. 법 개정에 대해 노동계는 미흡하다는 평가이고 산업계에서는 기업 활동을 과도하게 규제하는 법이라고 주장하였다.

공기업 발전회사의 협력회사 직원으로 일하던 발전회사의 발전설비 업무 종사자 전원을 안전관련 종사자라는 이유로 발전 공기업의 자회사가 직접 고용하면서 민간 협력회사의 경영지원 인력의 일자리 불안 등이 문제가 되었다. 정부와 발전회사는 운전분야는 정규직으로 전환, 경상 정비 분야는 민간위탁을 결정하여 논란이 되었다.

일정 시점에서 공공기관에 비정규직으로 재직하고 있는 근로자들을 대상으로 정규직화를 진행함으로써 역설적으로 청년취업 희망자의 취업 기회를 줄여 청년 취업준비자의 고통을 외면한 결과가 되기도 하였다.

전문가들은 호봉제 등 공공부문 임금체계를 개편하지 않고 주로 단순 업무에 종사하는 비정규직을 정규직화 함으로써 향후 상당한 후유증이 예상된다고 지적한다.

2019년 8월부터 시행된 '시간강사처우법(강사법)'으로 인해 대학들이 몸살을 앓았다. 시간강사에게도 교원의 지위를 부여하여 4대 보험의 혜택, 퇴직금, 방학 중 급여를 받게 되는 법이 시행되면서 많은 시간강사들이 대학에서 강의를 배정받지 못하여 결과적으로 해고되고, 대학들은 개설 강좌수를 줄이고 대규모 강의를 많이 개설하여 교육의 질이 낮아졌다.

비정규직의 정규직 전환을 강력히 요청하는 정부정책의 영향 등으로 협력회사에서 파견된 근로자들이 원청회사 정규직으로 전환되는 등 삼성 등 재벌그룹 계열사를 중심으로 민간부분에서도 비정규직의 전환이 이루어졌다. 많은 회사의 전환과정에서 공공부분의 정규직 전환과정과 유사한 정규직과 비정규직, 비정규직 간의 갈등, 협력회사 정직원의 직고용 요구와 같은 문제가 발생하였다.

노조, 비노조, 정규직, 비정규직 등을 모든 계층을 포함하는 비정규직 문제해결을 위한 새로운 틀을 짜기 위한 노력도 있었으나 경제사회노동위원회의 파행적 운영 등으로 가시적인 결과는 없다.

5. 특수고용직 노동3권

특수고용직은 사용자와 근로계약이 아닌 용역, 도급, 위탁계약을 맺고 있기 때문에 자영업자로 분류된다. 노동계는 실질적인 근로자임에도 불구하고 법의 보호를 받지 못하고 있기 때문에 근로자성을 인정하여야 한다는 주장을 지속적으로 하여 왔다.

인권위가 2017년 5월 특수고용직에게 근기법상 근로자성과는 별개로 노동3권을 보장하도록 법을 개정하라고 권고하고 고용노동부도 적극 수용하겠다는 방침을 밝히면서 특수고용직 노동권 보장이 논란이 되었다.

한국경제신문은 인권위 권고를 받아들여 고용부가 특수고용직의 노동3권을 보장하는 방안을 추진하겠다는 입장을 밝히자 찬반 토론을 2017년 10월 게재하였다.24) 찬성 측의 유정엽 한국노총 정책실장의 논거는 다음과 같다. 230만 명으로 추정되는 특수고용직이 다양한 형태로 확산되고 있어 보호대책이 시급하다. 특수고용직의 보호 필요성에 대한 공감대는 이미 오래 전부터 형성되어 있으며 비정규직중 중에 비정규직이라 할 수 있는 특수고용직의 보호 필요성을 인지하여 권익위

---

24) [한국경제] [맞짱 토론] 특수고용직도 노동3권 보장해야 하나_20171028.

도 권고한 것이다. 특수고용직의 근로자성은 법체계에서 부정되나 법원이 개별 사건에서 근로자성을 보다 넓게 해석하는 판례가 늘어나고 있다. 개별적인 소송에 의존하는 것보다는 법체계 정비를 통해 보호대책을 마련해야 한다. 고용형태의 다양화에 따라 선진국도 노동법적 보호를 확대하고 있다. 우리도 개별적 노동관계법은 선별적으로 적용하더라도 노동3권은 조속히 보장하여야 한다.

반대 측의 김영완 한국경총 노동정책본부장의 논거는 다음과 같다. 특수형태 종사자는 다양한 직업군이 있고 같은 직종 내에서도 업무형태가 다르기 때문에 일률적으로 규제하기 보다는 회사와 위임, 위탁계약을 체결하고 업무수행 방식을 자율적으로 결정한다. 특수형태 종사자는 산업구조가 다양화되면서 새로운 직종이 추가될 것이다. 계약형태와 업무수행 방식이 다양한 특수형태 종사자를 노동관계법에 편입시킬 경우 큰 혼란이 예상된다. 노동3권의 인정은 계약자유의 원칙과도 위배된다. 노동3권이 보장되면 회사는 노동절약적 업무수행 방식에 보다 의존하기 때문에 일자리는 줄어들 것이다. 보호방안을 고민하여야 하는 것은 올바른 방향이나 노동권 강화보다는 부당한 계약해지나 불공정한 거래 관행을 없애 주는 것이 자율성, 실적에 비례하는 보수, 일과 가사의 병행이라는 특수형태 종사자의 업무 특성을 고려한 합리적인 대안이다.

법원 판결로 2017년 10월 택배기사 노조가 특수고용직 중 첫 번째로 합법화되었고 표준계약서가 의무화되고 산재보험의 혜택을 받게 되었다. 2018년 6월 대법원은 학습지 교사의 노동3권을 부인한 원심을 파기 환송하여 노조 설립의 길을 열었다.

2020년 7월 17일(대구에서 2005년 설립 신고필증을 받았으나 정부가 전국단위 노조를 인정하지 않아 2012년부터 법외노조로 활동하여 온) 대리운전기사 노조에 대해 고용노동부는 428일 만에 노조 신고필증을 교부하였다. 대리운전기사 노조는 문재인 정부에 들어서 비정규직 노조로서는 6번째로 정부로부터 노조 인정을 받았다.

택배기사의 경우 대리점주가 '택배기사는 개인사업자'라는 취지로 제기한 행정소송에 대해 서울행정법원은 노조설립이 정당하다는 판결을 하였다. 2020년 10월에는 우아한 청년과 민주노총 서비스연맹 간에 플랫폼 기업과 종사자간 첫 번째 단체협약이 채결되었다.

배달시장의 규모가 커지면서 택배회사, 택배대리점, 택배기사 간에 택배수수료 배분관련 파업이 자주 발생하고 있다. 택배노조소속 택배기사는 개인사업자인 택배기사 중 6%에 불과하다.

6. 특수고용직의 산재적용 의무화 및 전국민 고용보험

특수고용직은 개인사업자 신분이기 때문에 근로자성이 부인되어 산업재해보상보험이나 고용보험의 적용대상이 아니나 많은 특수고용직이 실제로는 근로자로서 일하기 때문에 특수고용직의 산재보험 및 고용보험 적용이 항상 논란이 되어왔다.

특수고용직을 근로자로 인정하는 경우 소득세 등에서 불이익을 보나 산재보험과 고용보험의 혜택이 있다. 직종이나 상황에 따라 근로자성을 인정받는 것에 대해 특수고용직 내에서 찬성과 반대가 공존한다.

특수고용직이 산재보험의 적용 대상이 되어야 하다는 주장이 지속적으로 제기되어 왔다. 코로나19로 배달시장의 규모가 커지고 배달업체 간의 경쟁 심화 등으로 택배기사들의 과로사, 교통사고가 증가하면서 산재보험의 강제 적용 대상에 특수고용직을 포함하여야 한다는 주장이 더욱 힘을 받았다. 정부는 2021년 7월부터 산재보험 적용 제외신청 사유를 엄격히 제한하는 조치를 취하였다.

택배기사 과로방지 대책으로 '시간제한'은 기사들도 반대하고 있다. 택배기사들의 수입이 줄어들기 때문이다. 생활물류법 제정을 통해 택배업을 허가제에서 등록제로 바꾸고 화물차 외에 승용차와 승합차까지 확대하는 방안은 과당경쟁을 이유로 화물운송업체 전체가 반대하고 있다.

문재인 정부가 보험설계사 등 특수고용직도 근로자로서 실업급여를 받는 방안을 추진하면서 논란이 되었다. 모든 특수고용직 근로자들이 고용노동부의 방침을 환영한 것이 아니기 때문이었다.

2020년 초 발생한 코로나19로 인하여 많은 특수고용직 근로자의 취약한 사회안전망이 문제가 되면서 정부는 택배, 대리기사, 학습지교사 등 특수고용직을 고용보험 적용 대상에 포함시키는 방안을 본격적으로 검토하였다.

1차적으로 예술인을 고용보험 적용대상에 포함시키는 법이 국회를 통과하였다. 정부는 2020년 7월 특수고용직도 고용보험 가입을 의무화하는 법 개정안을 입법예고하였다. 그러나 특수고용직을 포함하여 전국민으로 고용보험을 확대 적용하는 데는 많은 과제가 산적해 있다.

매일경제는 2020년 5월 전국민 고용보험 도입에 대한 찬반 토론을 게재하였다.[25] 찬성 측의 윤홍식 연세대 사회학과 교수의 논지는 다음과 같다. 코로나19에 대한 성공적인 방역은 우리 사회의 불공정한 모습을 확인시켜 주었다. 사회안전망인 고용보험의 적용 대상은 주로 정규직 위주이고 적용률도 50% 미만이다. 비정규직, 특수고용노동자, 자영업자 등은 배제되어 있다. 코로나의 추가 유행이 예상되는데, 특정 계층에만 방역비용을 부담시킨다면 성공적인 방역이 되기 어렵다. 전국민 고용보험이 성공적인 방역을 위한 백신이다. 현재와 같이 노사가 고용보험료를 반반 부담하는 방식으로는 고용보험 적용대상을 늘리기는 어렵다. 고용보험을 덴마크, 프랑스와 같이 고용관계가 아닌 소득활동에 기초한 보험으로 전환해야 한다. 디지털 기술의 변화로 노동자와 자영업자의 경계가 모호해지고 국민들이 취업과 실업을 반복적으로 경험할 가능성이 큰 미래에 대비하기 위해서도 소득활동에 기초한 고용보험이 필요하다.

반대 측의 류재우 국민대 경제학과 교수의 논지는 다음과 같다. 취업자 중 40% 정도인 자영업자로 분류되는 특수고용직 등을 고용보험제도에 포함시키는 것은 취약계층 보호 측면에서 취지는 좋으나 보험재정의 불안전성, 이들의 도덕적 해이가 우려된다. 특고는 사용주를 특정하기가 어렵고 소득의 범위도 모호하고 취업기간이 불연속적이고 구직활동과 취업 여부를 확인하기가 어렵다. 2019년에만 2조 1천억 원의 적자를 낸 고용보험 재정이 더욱 불안정해질 것이다. 보험료를 올려 취약계층의 복지비용을 기업과 일반 근로자가 부담하는 것은 부당하다. 이들을 위한 사회안전망을 별도로 설계하여야 한다.

---

25) [매일경제] 전국민 고용보험 도입_20200528.

7. 협력회사 직원 직고용: 파리바게트 제빵 기사 사례 등

2017년 9월 28일 고용노동부가 파리바게트 본사에 대해 협력업체 소속인 제빵기사를 불법파견을 이유로 직접 고용하라는 시정명령을 내리면서 파견이나 용역 근로자가 실제 일하는 회사의 정규직 전환 채용을 요구하는 사례가 많이 발생하였다.

파리바게트의 경우 제과점에 고용된 제빵기사가 파견법을 위반하였는지의 여부가 쟁점이었다. 불법파견이 아니라는 정부의 최종적인 입장 정리가 있었고 자회사를 만들어 제빵기사를 자회사에서 직고용하는 것으로 노사가 합의하면서 파리바게트 사태는 종료되었으나 제과점 사업주의 인건비 증가(제빵 기사에게는 임금 상승), 제빵 기사의 고용불안, 일부 협력업체의 경영 악화, 새로 설립된 3개 노조 간의 주도권 다툼 등 해결이라기보다는 새로운 여러 문제의 시작이 되었다.[26]

중앙일보와 한겨레신문은 정부가 시정명령을 하자 관련 사설을 게재하였다. 중앙일보 사설의 요지는 다음과 같다.[27] 제빵기사를 직고용하면 본사는 적자로 돌아선다. 고용부의 직고용 명령은 제빵기사가 가맹주의 지시에 따라 일한다는 상식적 측면을 고려하지 않은 것이다. 제조업에 적용되는 파견법 법리를 프랜차이즈에 적용하는 것은 잘못이다. 협력업체가 고용하더라도 불법파견 논란을 피할 수는 없다. 문재인 정부의 성급한 '직접 고용' 드라이브가 빚어낸 촌극이다. 고도화된 산업 구조에서 낡은 파견법을 바꾸어야 한다.

한겨레신문의 논거는 다음과 같다.[28] 직고용 명령은 파리바게뜨 본사가 법이 허용하는 수준을 넘어서는 지시 및 관리를 하였기 때문에 불가피하다. 정규직 고용을 강제한 것이 아니라 어떤 형태로든 직고용하라는 것이고 다른 업체도 파견법을 위반하였는지 살펴보아야 하며 파리바게트와 같이 법을 위반하였는지 현재는

---

26) 특수고용직과 유사한 상황인 제화공 소사장들이 민주노총의 도움을 받아 노조를 결성하여 처우 개선을 요구하였고 이들의 요구가 어느 정도 수용되었다. 그러나 많은 회사들이 해외 이전함으로써 일자리 자체가 줄어들었다.

27) [중앙일보] 현실외면한 '직접고용' 명령 노동개혁이 근본 해결책_20170925.

28) [한겨레신문] 파리바게뜨 제빵기사 논란, '불법파견'이 본질이다_20170925.

확실하지 않다. 직고용하면 비용이 상승한다는 것은 이해할 수 있으나 파리바게트가 주장하는 정도는 아니라고 본다. 가맹사업법이 허용하는 법의 특수성을 고려하여야 한다는 주장보다는 관계자 간의 협의를 통해 해결책을 찾아야 한다.

한국경제신문은 고용노동부가 파리바게트에 제빵기사 직고용 명령을 내린 후 2017년 9월 찬반 토론을 게재하였다.[29] 찬성 측의 정홍준 한국노동연구원 연구위원의 논거는 다음과 같다. 본사가 제빵기사에게 파견 노동자처럼 업무를 지시하고 관리하여 왔기 때문에 불법파견이다. 불법파견의 소지가 있음에도 불구하고 제빵기사의 역량에 따라 제품의 품질이 좌우되기 때문에 인건비를 절감하기 위해 도급계약을 맺고 관리하여 온 것이다. 인건비의 급상승으로 회사 경영이 어려워진다는 이유 등을 들어 직고용이 불가하다고 하는데, 그간 침해된 제빵기사들의 권리와 이익을 고려하면 수용할 수 없는 주장이다.

반대 측의 박주영 숭실대 교수의 논거는 다음과 같다. 파리바게트는 대기업이지만 가맹주는 소상공인이다. 제빵기사를 직고용하라고 하는 것은 인상된 제품가격을 가맹주와 소비자에게 전가하는 것이다. 가맹점의 경영이 어려워지면 지금과 같이 강압적 방법으로 본사를 압박하여 정부가 사태를 해결할지 묻고 싶다. 제빵기사가 본사 직원이 되면 갑을관계가 역전되어 가맹점주가 계약해지나 재계약을 걱정하여야 할 처지로 몰릴 수 있다. 본사는 가맹점의 생산성 제고를 하여야 할 의무가 있는데, 제빵기사를 통한 질 관리를 파견법 위반으로 보는 것은 업종의 특성을 이해하지 못하였기 때문이다. 가맹점주들이 회사를 만들어 직고용하겠다는 의사를 고용부에 전달하였으나 노조의 동의가 전제되어야 한다고 수용되지 않았다고 한다. 어느 일방의 이해관계자 의견만을 정부가 들어서는 사회갈등이 풀릴 수 없다.

정부는 파리바게트뿐 아니라 파견용역과 관련하여 노사갈등이 있는 곳에 적극적 중재의사를 밝히거나 근로감독을 강화하였다.

문재인 정부 들어서 불법파견 문제가 파리바게트 사태로 불거졌지만 협력회사 내지 사내 하청회사 근로자의 불법파견 문제는 현대자동차, 기아자동차에서 부

---

29) [한국경제] [맞짱 토론] 파리바게뜨, 제빵기사 직접 고용해야 하나_20170930.

터 시작된 것이다. 현대차, 기아차 등에서 사내 하청근로자 및 노조와 회사 측의 불법파견과 관련하여 소송이 이어지고 있는 상황에서 정부는 회사 측이 좀 더 적극적이고 전향적인 기조에서 문제를 풀어 줄 것을 요청하였고 회사들도 정부의 요구를 수용하기 시작하였다.

정부가 일부 사안에 대해서는 시정명령을 내렸으나 노동계의 기대 수준에는 미치지 못하거나 노사가 거부하기도 하였다.

불법파견 문제에 대한 법원의 판단은 사안에 따라 다르나 법원의 판결도 불법파견의 범위를 확대하는 경향을 보이고 있다. 정부는 불법파견의 범위를 확대하는 새로운 지침을 제정하였다.

공공부문에서도 협력회사 직원의 직고용 문제가 발생하였다. 도로공사의 톨게이트에서 수납원으로 근무하는 도로공사의 협력회사 직원들이 도로공사의 직원 지위에 있다는 소송을 제기하고 승소하면서 문제가 시작되었다. 최초로 제기된 소송의 1심 판결에서 근로자 측이 승소하고 노조 측은 사측이 1승 판결을 수용하여 근로자 지위를 인정하고 다른 수납 직원들도 도로공사 직원 지위를 부여하여야 한다는 주장을 하여 양측이 대립하였다.

한국노총 소속 수납원은 1심 판결에서 승소하면 정식 직원으로 인정하고 1심 판결 전까지는 임시직 신분이라는 노사합의를 수용하였으나 민주노총 소속 노조원들은 수용하지 않고 파업을 계속하였다. 도공 측이 민주노총의 소속 수납원들의 요구도 수용하는 방향으로 문제를 풀면서 농성 사태는 해결되었다. 그러나 도공에서 없어질 업무인 수납원을 직고용하는 데 따르는 추가비용 그리고 업무가 없어진 수납원에 새로운 직무를 부여하여야 하는 문제 등이 발생하였다.

한겨레신문은 2019년 10월 도로공사 노사갈등에 대한 양측의 주장을 게재하였다.[30] 주훈 민주일반연맹 기획실장의 주장 요지는 다음과 같다. 43년 전 동일방직 노동자들과 같은 문제가 촛불정부인 문재인 정부에서 일어나고 있다. 도공의 요금수납 자회사는 대법원의 수납원 불법파견 판결을 앞두고 직접고용을 회피하기 위해 설립한 것이다. 요금수납 업무는 고속도로가 없어지지 않는 한 사라지지

---

30) [한겨레] 도로공사 노사갈등_20191001.

않는다. 정부가 지침에서 제시한 자회사 전환을 통한 비정규직의 정규직 전환 사유에 해당되지 않는다. 스마트롤링 자동화 시스템 도입은 2022년 이후에나 도입을 검토하는 것이고 도입 이후에도 적정 수준의 수납 인력을 유지하는 것이 도공의 방침이다. 자회사 설립을 위한 노사합의는 완결된 상태가 아니다. 자회사를 선택한 수납원들도 도공의 압박에 의해 선택을 한 것이다. 수납원들이 농성하는 사태까지 오게 한 책임은 십 수년간 수납원을 불법 착취한 도공에 있다.

변상훈 도공 영업본부장의 주장의 요지는 다음과 같다. 민주노총과 일부 수납원의 불법점거 농성으로 피해가 크다. 도공의 자회사는 기능조정이 예상되는 업무의 비정규직을 수용하기 위해 정부지침에 따라 설립된 회사이다. 현재 80% 가까운 수납원이 자회사에서 일하고 있다. 민주노총은 근로자대표 1명과 전문가위원이 찬성하지 않았다는 이유로 노사합의 결과도 인정하고 있지 않으나 노사합의의 적법성은 고용부도 인정하였다. 민주노총은 대법원 판결을 받은 수납원에 대해 수납업무를 부여해야 한다고 주장하나 법원은 직접고용 의무만을 확인한 것이지 수납원의 지위를 보장한 것은 아니다. 승소한 수납원들의 대법원 판결을 근거로 1, 2심이 진행 중인 수납원을 직고용할 수는 없다. 판결이 달리 나올 수도 있고 임금차액청구소송도 진행되고 있어 소송을 포기할 경우 배임과 형사소추의 대상이 된다. 수납원들이 소속된 자회사의 임금도 인상되었고 정년도 연장되었다. 향후 도공은 자회사 업무범위를 콜센터까지 확대하여 서비스 전문기관으로 육성할 계획이다.

8. 사회적 합의 존중

노사정 삼자주의 방식으로 고용노사 문제를 해결하려는 시도는 노태우 정부 때 처음으로 시도되었다. 1987년부터 1989년까지 7,000여 건에 가까운 노사분규가 발생하는 등 노사관계가 불안정한 상황에서 노태우 정부는 호주의 사회적 합의(social accord) 모델을 벤치마킹하고자 하였다. 노태우 대통령은 1991년 3월 청와대에서 노사정관계자 200여 명이 참가한 가운데 '사회적 합의 형성을 위한 협의회'를 주재하고 경제발전을 위한 노사안정 대책을 토의하였다.

김대중 정부 때 외환위기를 극복하는 과정에서 노사정위원회가 역할을 하면서 그 이후 노사정협의를 통한 사회갈등을 조정하려는 시도가 지속적으로 있었다.

박근혜 정부도 노동개혁, 연금 개혁 등 사회갈등 이슈를 사회적 합의기구인 노사정위원회를 통하여 풀려고 하였으나 성공하지는 못하였다.

노사정합의를 통한 일자리 등 노동현안 해결에 적극적인 문재인 정부는 노동계의 요구를 받아들여 노사정위원회를 경제사회노동위원회(경사노위)로 바꾸고 청년, 여성, 비정규직 대표를 포함하도록 지배구조를 개편하였다.

그러나 근로시간 단축과 관련되어 탄력근로제 단위기간 연장에 관한 사회적 합의에 민주노총은 참여하지 않았고, 민주노총의 반대를 의식한 청년, 여성, 비정규직 대표가 경사노위 본회의에 참여하지 않음으로써 경사노동위는 합의 도출에 실패하였다. 민주노총은 여전히 개편된 경제사회노동위원회에 참여하지 않으면서 탄력근로시간제 단위기간 확대에 대한 사회적 합의가 연속적으로 실패하자 경사노동위원회 무용론이 제기되었다.

위원들이 총사퇴한 가운데 마무리된 경사노위 1기는 성과가 없었다.

탄력근로시간제 변경에 관한 본회의에서의 합의 무산 이후 의결구조 변경 논의가 있었으나 2기 경사노위도 1기와 같은 의결구조를 유지하였다. 계층별 위원의 자격에 대한 논란이 있는 가운데 출범한 2기 경사노위도 민주노총은 참여하지 않았으나 의제별 위원회에 산별연맹이 참여하였다.

2기 경사노위에서는 1기에서 마무리하지 못한 탄력근로제 단위기간 연장에 대해 본회의에서 합의가 되었고 공공기관 임금체계, 양극화해소, 노동이사제 등 고용노동현안에 대한 논의와 협의를 진행하였다.

그러나 코로나19에 대응하는 노사정합의에서 경사노위가 외면당하고 15개월의 논의에도 불구하고 금융권 직무급제 도입이 불발되고 공공기관 노동이사제가 경영계의 반대에도 의결되는 등 제 역할을 하지 못하고 있다는 비판을 받았다.

코로나위기 극복을 위한 노사정협의를 먼저 제안한 민주노총의 요구를 수용하여 경사노위가 아닌 별도의 노사정 협의체를 운영하였으나 '해고 금지' 명문화를 요구하는 일부 민주노총 강경파의 반대로 (기대하였던) 22년만의 노사정합의는 불발되었다.

노사정합의방식을 통한 사회 현안 해결에 대해서는 찬반 양론이 있어 왔다.[31] 찬성 측 논거를 정리하면 사회적 합의기구를 통한 시도가 구체적인 결과가 없을지라도 양극화, 비정규직 등 사회갈등 이슈가 많은 우리 현실에서는 사회적 합의기구의 존재, 사회적 합의기구를 통한 협의과정이 갈등의 정도를 줄일 수 있다. 사회적 합의기구의 존재 자체가 폭력적 상황, 극단적 선택으로 발전되는 것을 방지할 수 있다. 이해관계자 한쪽의 일반적인 입장만이 강요되거나 정부 주도로 밀어 붙이면 사회적 갈등 비용은 더 커질 것이다. 우리나라는 1988년 설립된 노사정위원회를 통해 전문성을 구축하고 노사정 네트워크를 구축하여 왔는데, 지금 없앤다면 귀중한 무형자산을 잃어버리는 결과가 될 것이다. 외국의 예를 보아도 사회적 대타협은 일거에 이루어지는 것이 아니다. 수년 간의 협의과정을 통해 이해관계자들의 공감대가 형성되면서 기적과 같은 대타협이 될 수 있다. 사회적 대타협이 이루어지지 않을 때마다 합의기구를 폐지할 수는 없다. 미조직근로자, 청년실업자, 비정규직 등을 포함하여 논의의 폭을 넓히고 여러 이해관계자들의 입장과 이익이 고려되는 제도적 보완은 필요하다. 개개의 노사정 대타협은 실패하더라도 경험이 쌓이면 더 큰 개혁의 밑거름이 될 수 있다.

반대 측의 의견을 정리하면 다음과 같다. 사회적 합의는 명분에서는 좋으나 결과는 기대치 이하이다. 노사정위원회에서의 노동개혁관련 타협은 노조 반발로 실패하였다. 공무원 연금 개혁은 합의되었으나 노조가 많이 챙겨가서 국민적 관점에서는 실패하였으면 좋았을 것이다. 민주주의란 이름으로 포장된 사회적 합의기구에서는 이해당사자들이 참여하여 국민의 이익이 아니라 자신들의 이익만을 생각한다. 이해당사자가 중요한 국가 정책에 참여하는 것은 공익으로서는 최악이다. 사회적 합의기구에 대한 기대를 접어야 한다. 최선의 대안은 정부가 주도하는 집단적 의사결정을 줄이고 개인의 선택권을 늘리는 것이다. 연금도 국가연금이 아니라 개인연금을 유도하여 국가의 역할을 줄여야 한다. 국가의 온정주의적 간섭을 배제하는 것이 집단이익 추구의 장으로 타락한 민주주의를 구하는 길이다.

---

31) [한국경제] [맞짱 토론] 이해당사자 참여하는 '사회적 합의기구' 필요한가_20150509.

9. 국제노동기구(International Labor Organization: ILO) 핵심협약 비준

국제노동기구는 1919년 베르샤유 평화조약에 의해 설립된 국제기구이다. 러시아혁명에 의해 러시아가 공산화된 후 주변 유럽의 국가들이 노사정 공동의 활동을 통해 자국이 공산화되는 것을 예방하기 위해 만들어진 국제기구이다.

국가별 대표는 정부, 사용자, 노조로 구성되며 각각 그 비율은 2:1:1이다. 노사정이 총회 및 이사회에서 독자적인 발언권 및 투표권을 행사한다. 다른 국제기구와는 달리 국제노동기구에서 노사정이 독자적으로 활동하는 것은 회원국 노사의 결사의 자유를 보장하기 위해서이다.

우리나라는 UN 회원국이 됨으로써 가입자격이 생겨 1991년 12월 9일 ILO 사무총장에게 ILO헌장 수락서를 제출하여 152번째 회원국이 되었다.[32] 가입 시부터 우리나라의 노조활동관련 규제 및 관행이 노동계의 지속적인 문제제기로 논란이 되었다. 노동관계법의 '복수노조 금지', '제3자 개입금지', '공무원 및 교원 노조 금지', '노조의 정치활동 금지' 등이 문제되었는데 김영삼 정부 때 설립된 노사관계개혁위원회, 김대중 정부 때 설립된 노사정위원회 그리고 별도의 노사정협의를 통해 관련법이 개정되었다. 민주노총은 대부분의 노사정합의에 참여하지 않았다.

국제노동기구의 활동은 국제노동기준 설정, 회원국과의 기술협력 및 조사연구로 크게 구분할 수 있다. 이 중에서 국제노동기준의 설정과 관련된 활동이 가장 중요하다. 국제노동기구의 협약은 제87조 결사의 자유 등 핵심협약(core convention), 제81조 근로감독 등 우선협약 (core convention), 비준장려협약, 기타 협약으로 구성되어 있다. 국제노동기구는 특정 기준의 준수를 회원국에 강요하지 않으며 관련 협

---

32) 우리나라가 1991년 UN 회원국이 되었을 때 당시 UN 산하 전문기구 16개 중 ILO가 가입하지 못한 유일한 기구였다. 비회원국의 경우 가입을 위해서는 총회에서 3분의 2 이상의 표를 얻어야 했으나 ILO의 노사정 삼자 의사결정구조 때문에 치열한 남북대결상황에서 정부가 가입을 자신하지 못하였기 때문이다. 노동계에서는 우리나라 노동권 보장이 취약하여 가입하지 못하였다고 주장하였었다.

약의 비준 여부는 회원국 정부에 달려 있다.

우리 정부는 한-EU FTA를 체결하면서 ILO의 핵심협약 비준 노력을 협약에 명시하였으나 8개 핵심협약 중 결사의 자유, 강제노동금지 관련 4개 협약을 비준하지 않아 노동계에서는 통상보복 등의 가능성을 제기하면서 관련 협약의 조속한 비준을 요구하였다.[33] 사회적합의가 이루어지지 않은 상태에서 정부가 비준과 입법을 동시에 추진하면서 경영계가 반발하였다.

ILO 핵심협약을 비준하지 않았다는 것이 노동계가 주장하듯이 우리나라가 노동인권 후진국이라는 의미는 아니다. 미국은 8개 핵심협약 중 2개만을 비준하였고, 일본은 2개를 비준하지 않았고, 노조활동이 활발한 호주와 뉴질랜드도 핵심협약 1개를 비준하지 않았다. 아동노동 금지 관련 2개의 핵심협약의 회원국 비준률이 각각 91.4%, 97.%인데, 아동노동은 개발도상국에서 심각한 사회 이슈이고 아동노동은 근절되지 않고 있는 것을 보면 협약 비준과 실제는 다르다는 것도 시사하고 있다.

한-EU FTA에 포함한 우리정부의 ILO 핵심협약 비준은 전교조 법외노조 논란과도 연관이 되었다. 핵심협약을 비준하면 전교조도 노조자격을 회복하기 때문이었다.

문재인 정부 출범과 함께 전교조의 정치적 영향력이 확대되면서 전교조는 정부가 직권으로 합법화하여야 한다는 주장을 하였다.

전교조 법외노조 논란은 2014년 6월 전교조가 (교사가 아닌 조합원이 소속되어 있다는 이유로 노조자격을 취소한) 고용노동부를 상대로 한 법외노조 통보처분 취소 청구소송에서 패소하면서 시작되었다. 법원이 해직교사를 노조원으로 인정한 전교조 규약이 교원노조법을 위반한 것으로 판단한 것이었다.

법원의 전교조 패소 판결에 대해 중앙일보와 한겨레신문은 각각 사설을 게재하였다. 중앙일보의 사설의 요지는 다음과 같다.[34] 전교조가 판결에 대한 비난 성

---

33) 한-EU FTA 체결 당시 우리나라는 핵심협약 8개 중 제138호 취업상 최저연령, 제182호 가혹 아동노동 철폐, 제100호 남녀동일노동·동일임금, 제111호 고용 및 직업상 차별금지 등 4개 협약을 비준한 상황이었다.
34) [중앙일보] [사설 속으로] 전교조 법외노조화_20140701.

명을 낸 것은 적절하지 않다. 전교조 소속 선생님들은 학생들에게 준법정신을 가르치고 있다. 전교조는 판결에 일단 승복하여야 한다. 진보 교육감들도 판결의 취지에 맞게 정책을 집행하여 정부와 갈등을 빚어서는 안 된다. 판결의 쟁점은 교원 노조법의 조항이 헌법을 위헌하였는지의 여부였는데, 법원의 판단은 존중되어야 하나 국제 기준에 맞지 않는 법률 조항은 손볼 필요가 있다.

한겨레신문의 사설 요지는 다음과 같다.[35] 이번 판결로 6만 조합원의 전교조가 15년 동안 누려온 합법적 지위를 상실하였다. 법조문에 대한 기계적 해석이 낳은 비극이다. 노조의 자주성을 보장해 주는 법 조항이 노조의 자주성을 질식시킨 것이다. 법을 국제기준에 맞게 개정하여야 한다. 지난 6·4 지방선거에서 17개 시도교육감 중 13명이 진보 쪽이고 8명이 전교조 출신이다. 민심에서 확인된 전교조에 대한 판단을 정부와 여당이 거슬러서는 안 된다.

2020년 9월 대법원 전원합의체는 (다수의견으로) 고용부가 전교조의 노조지위를 취소한 근거한 시행령이 법률적 근거가 없다는 이유로 1심과 2심, 헌법제판소의 판결을 뒤집고 전교조의 손을 들어 주었다. 정치적 판결이라는 비판을 받았다.

정부와 여당은 2020년 10월 ILO 관련 노동법을 개정하고 2021년 2월 ILO 핵심협약인 강제노동 및 의무노동에 관한 협약(29호), 결사의 자유 및 단결권 보호에 관한 협약(87호)와 단결권 및 단체교섭권 원칙의 적용에 관한 협약(98호) 비준 동의안을 통과시켰다. 정치적 견해가 다른 것을 이유로 강제노동을 부과하는 것을 금지하는 105조가 우리나라가 비준하지 않은 유일한 핵심협약이다. 노동계는 환영의 뜻을 나타냈으나 아직은 미흡하다며 추가적인 법 개정을 주장하였다.

경영계는 우리나라는 다른 나라와는 달리 기업별 노조가 중심인데, ILO 핵심협약이 비준되면서 실직자, 해고자가 노조원의 지위를 가져 노조 상급단체의 기업별 노사관계에 대한 영향력이 확대되는 것을 우려하고 있다. 노조의 사업장 점거 금지 등을 법에 명시하는 등 투쟁적이고 대립적인 노사관계를 탈피할 수 있는 법적 장치도 같이 마련하여야 한다는 것이 경영계의 입장이다.

---

35) [한겨레] [사설 속으로] 전교조 법외노조화_20140701.

10. 노동이사제

경영참가는 사용자의 의사결정 권한을 제약하는 것이나 구성원들의 자발적인 혁신노력을 유도하고 생산과정에서 근로자의 창의성과 현장 지식을 적극적으로 활용할 수 있다는 장점이 있다.

나라별로, 기업별로 제도운영의 성과가 차이가 많다. 독일은 공동결정제도를 통해 노사관계를 안정화시키고 노사 공동의 생산성 제고의 기반을 구축한 대표적인 나라이다.

우리나라에서는 독일 등의 사례를 참고하여 결정참가제도의 하나인 근로자대표가 기업의 최고의사결정 과정에 참여하도록 하는 노동이사제(근로자이사제) 도입을 노측에서 꾸준히 요구하여 왔다. 그러나 서구와는 달리 오너경영이 지배적인 기업의 지배구조 특성상 노동이사제에 대해 사용자들은 매우 부정적이다.

문재인 정부는 노동이사제(근로자이사제) 도입을 적극적으로 추진하였다. 2019년부터 공공기관에 도입하고 민간부분에 확산시킨다는 계획이었으나 그 진전이 더뎠다. 개혁과 혁신이 필요한 공공기관과 금융기관에 노동이사제를 도입할 경우 부작용을 우려하기 때문이었다. 2021년 2월 경사노위 본회의에서 경영계의 반대에도 불구하고 공공기관에 노동이사제를 도입하는 것을 의결하였다. 2021년 12월 현재 중앙정부의 공공기관 및 전국단위 금융기관에서는 수출입은행을 제외하고는 노동이사제를 도입한 곳은 없다. 민주당이 단체장인 지자체의 경우 많은 공공기관에서 노동이사제를 도입하였다.

민간부문에서도 노동이사제 도입을 둘러싸고 노사 간에 충돌이 생기고 있으며, 중국자본에 매각된 금호타이어에서 민간부분에서는 처음으로 노동계 추천 교수가 이사가 되었다.

노동이사제 도입과 관련된 찬성 측의 의견 요지는 다음과 같다. 노동 측에 권한과 책임을 부여하여 생산성제고, 비정규직 문제해결 등을 기대할 수 있다. 기업운영의 투명성을 높여 비자금 조성 등 '오너리스크(owner risk)'를 예방할 수 있다. 구성원의 참여를 통해 현장에 기반을 둔 경영, 폭 넓은 시각에서의 의사결정, 상생과

협력의 노사관계 정립, 4차 산업혁명, 위기 상황에 대한 신속한 대처가 가능하다.[36]

반대 측의 주장 요지는 다음과 같다. 노조의 공기업 장악력이 높아져서 개혁이나 구조조정이 어려워질 것이다. 방만 경영과 과다한 복지후생이 우려된다. 민간부문으로 확산되면 신속한 의사결정이 지연되고 경영권 침해로 기업 경쟁력이 약화될 것이다. 전문성이나 능력보다는 정치력이 높은 사람이 CEO가 되어 기업경영의 효율성이 저하될 것이다. 우리나라 제도 도입의 전형인 독일은 이원적 지배구조이기 때문에 근로자들이 실질적인 경영권을 가지고 있지 않다. 대립적 노사관계, 자유시장 경제체제인 우리와 신뢰의 노사문화를 가지고 있고 사회적 시장경제를 근간으로 하는 독일과는 다르다는 것을 고려하여야 한다.

2021년 1월 여당과 제1야당의 대통령후보가 공공기관에 노동이사제를 도입하는 것을 찬성함으로써 관련법이 국회에서 통과되었다.

11. 중소기업 취업 청년 재정지원

문재인 정부에서는 청년실업을 해소하고 중소기업의 인력난을 덜어 주기 위해서 중소기업에 일정기간 이상 재직하는 청년들을 재정으로 지원하였다.

한국경제신문은 정부가 재정을 통해 중소기업에 취업하는 청년들을 지원하는 것에 대한 찬반 토론을 게재하였다.[37] 찬성 측의 박철우 한국산업기술대 교수의 논거는 다음과 같다. 청년실업의 근본원인은 대기업과 중소기업의 임금 격차가 너무 크다는 것이다. 1980년대 후반 이후 산업생태계의 변화 속에서 대기업은 자동화, 해외진출 등으로 부가가치 생산성을 높여 왔으나 국내에 남은 중소기업은 낮은 수익을 감내하면서 저임금을 줄 수밖에 없는 구조이다. 대학진학률이 80%로 높

---

36) [한국경제] [맞짱 토론] 공공기관 노동이사제 도입 필요한가_20171021.
   [서울경제신문] [어떻게 생각하십니까?] 공공기관 노동이사제 도입_20170728.
   [매일경제] [이슈토론] 노동이사제_20201203.
37) [한국경제] [맞짱 토론] 중기 취업 청년에 재정으로 임금 보전해야 하나_20180324.

아져서 과다 배출된 대졸자는 중소기업에 가지 않으려 하고 중소기업은 외국인 근로자에 의존하고 있다. 수년 내에 노동시장에 신규로 진입하는 청년층이 급감한다고 보고 한시적으로 재정지원을 하겠다는 방침이다. 노동시장의 이중구조를 한시적으로 해결하겠다는 정책적인 결단으로 긍정적으로 평가된다. 다만 대기업 신입사원 임금 동결, 중소기업의 생산성 제고 노력 등 자생적인 추가 노력이 수반되어야 한다.

반대 측의 이정희 서울시립대 교수의 논거는 다음과 같다. 청년실업 문제에 대한 전체적인 방향 제시 없이 지자체 수준에서 논의할 만한 단기적이고 보조적인 정부의 재정지원을 통한 청년일자리 지원 사업을 전면에 내세우는 것은 보기가 민망하다. 청년들이 중소기업에 가지 않는 근본 원인은 단절된 노동시장으로 중소기업에서 대기업이나 공공기관으로 이직하지 못하기 때문이다. 과거 유사한 사업에서 소기의 목적을 달성하지 못하였으며 청년 일자리 재원 마련을 위해 세계잉여금을 활용하는 것은 국가재정법에 위배된다.

12. 광주형 일자리

광주를 시작으로 여러 지지체에서 과도하게 높은 임금이 청년 일자리 창출의 걸림돌 중의 하나인 현실을 극복하기 위해 지자체와 지역 소재 대기업이 협력하여 새로운 형태의 일자리를 만드는 실험을 하고 있다.

2019년 9월 '광주글로벌모터스'로 법인설립 등기를 마치고 2021년 11월 자동차 생산을 시작한 '광주형 일자리 모델'(광주형 일자리)은 2014년 윤장현 전 광주시장의 공약에서 시작되었다. 2016년 국가사업으로 확정되었고 노사 상생형 모델로 2017년 문재인 정부의 100대 국정과제에 포함되면서 추진 동력을 얻었다. 광주글로비스모터스는 22년 만에 우리나라에 새로이 설립된 자동차 공장이다.

한겨레신문은 2019년 1월 9일 광주형 일자리에 대한 찬반 논쟁을 게재하였다. 찬성 측의 박명준 경제사회노동위원회 수석전문위원은 과포화 상태의 자동차 산업, 다가오는 전기차시대에 불필요한 내연기관 자동차공장의 건설, 저임금화를 초해할 수 있다는 비판, 노동권의 양보라는 비판에 대해 대응 논리를 제시하면서 사업이 가지고 있는 사회실험적 의미가 획기적이고 크기 때문에 광주형 일자리사업이 본 궤도에 올라야 한다고 주장한다.[38]

반대 측의 이항구 산업연구원 선임연구위원의 논지는 다음과 같다. 자동차산업의 국내 투자를 통한 일자리 창출 여력은 줄어들고 있고 자동화가 가속화되면서 일자리 창출은 더욱 어려운 과제가 된 상황에서 처음 제안과는 달리 변형된 현재의 광주형 일자리사업은 지역 자동차산업의 양적 성장에 매몰되어 있다. 국내 자동차산업은 위기상황에 있으며 연구개발 투자가 줄고 있다. 세계화를 통한 수출증대와 국내투자 확대를 통해서만 일자리를 창출할 수 있다. 선진국 노조와 같이 우리나라 노조도 고통 분담이 절대적으로 필요하며 광주형 일자리를 떠나 국내 투자와 일자리 창출을 위한 국민대타협이 필요한 시점이다.[39]

13. 임금체계 개편

기본급이 낮은 복잡한 임금체계로 인하여 노동시장에서는 적지 않은 왜곡이 발생하고 있고 임금이 더욱 갈등적 이슈가 된다.

복잡한 임금체계로 정부정책이 의도하지 않은 결과를 가져 온다. 연봉이 6천만 원이 넘는데 최저임금의 적용대상이 되는 근로자가 수만 명이 넘는다. 앞에서 살펴본 최저임금 인상과 관련된 최저임금 산입범위 확대, 법정 주휴수당과 관련된 논란도 기본급이 낮고 수당이 많은 임금구조로 인한 것이다.

박근혜 정부에서 추진한 노동개혁의 일환으로 추진한 임금피크제 및 성과연봉제 도입도 임금체계 개편과 연관된 문제이다.

시간외 수당, 연차수당, 중도 퇴사자 및 입사자 급여 산정에 사용되는 '매월 고정적으로 지급되는 급여'인 통상임금과 관련하여 법적 분쟁이 많다.

상여금은 통상임금에 포함되지 않는다는 정부지침이 있어 오랜 기간 노사협

---

38) [한겨레] 광주형 일자리, 낡은 생산방식·고비용구조 혁신할 모델_20190109.
39) [한겨레] 광주형 일자리, 자동차산업 부진 속 지역이기주의만 키웠다_20190109.

상의 기준이었는데 2013년 대법원이 '정기상여금도 고정성·정기성·일률성을 충족한다면 통상임금의 일부로 봐야 한다'면서도 기존의 합의에 의한 통상임금의 산정에서 '신의성실의 원칙(신의칙)'이 적용되어야 한다고 판결하면서 논란이 가열되었다. 신의칙의 적용이 해당 노사의 상황이나 재판부의 판단에 따라 달랐기 때문이었다.

서울중앙지법이 2017년 9월 18일 기아차의 통상임금 소송에서 정기상여금과 중식비는 통상임금에 포함시켜야 한다며 근로자측이 청구한 1조 926억 원 가운데 4천 233억 원을 지급하라고 판결하였다. 사측은 노사합의에 따른 것이며 '신의성실의 원칙'을 지켜야 한다고 주장하였으나 받아들여지지 않았다. 기아차는 하반기 흑자를 기대하기 어려운 상황이 되었고 주한미국상공회의소는 통상임금의 정의를 법적으로 명확히 하여 줄 것을 정부에 요구하였다.

중앙일보와 한겨레신문은 각각 사설을 게재하였다.[40] 이번 판결은 우리나라의 후진적 호봉제 임금체계에 대한 경고이다. 2013년 대법원은 정기상여금이 고정성, 정기성, 일률성을 충족하면 통상임금으로 보아야 한다고 판결하여 우리나라 임금체계 개편의 불을 댕겼다. 그러나 기득권을 지키려는 노조에 회사가 원칙 없이 휘둘리는 자동차 업종 등 여러 업종에서는 아직도 호봉제를 고수하고 있다. 정부가 제안한 근로기준법 개정안도 몇 년째 국회에서 발이 묶여 있다. 이번 판결을 계기로 통상임금관련 법제를 정비하고 성과급중심의 임금체계로 가야 한다.

한겨레신문 사설 요지는 다음과 같다.[41] 통상임금관련 2013년 대법원 판결에서 기업의 중대한 경영상의 이유가 있는 경우에는 예외로 인정할 수 있다고 하면서 통상임금 관련 혼란이 현장에서 가중되었다. 이번 판결에서 사측이 중국의 사드 보복 등 여러 이유를 들었으나 재판부는 인정하지 않았다. 그러나 중대한 경영상의 어려움이 매우 추상적이어서 재판부마다 판결을 달리하고 있다. 기아차뿐 아니라 금호타이어 등 대기업이 지연이자까지 감수하면서 통상임금 소송에 매달리는 것은 심각한 문제이다. 통상임금 논란은 비정규직 남용과 장시간 노동으로 이

---

40) [중앙일보] 기아차 통상임금 판결 성과급으로 가는 계기가 돼야_20170901.
41) [한겨레신문] 기아차 노조 통상임금 승소 '연대 기금에서 해법 찾자'_2017090.

익을 내는 경영관행을 개선하는 계기로 삼아야 한다. 소송전 대신 금속노조가 제안한대로 연대기금을 만들어 일자리 창출, 근로시간 단축, 비정규직 처우 개선에 쓰는 것을 사측이 전향적으로 검토하여야 한다.

근로자들이 사용자 측을 대상으로 제기한 많은 통상임금관련 소송이 현재도 진행되고 있다. 판결에 따라 흑자를 예상하였던 회사의 경영수지가 적자로 바뀌기도 한다.

휴일근무수당의 통상임금대비 요율도 노사 간의 논란거리였는데, 2018년 6월 대법원 전원합의체는 근로자가 휴일에 근무를 하더라도 연장근로수당을 지급할 필요가 없다고 판결하면서 10년 논란에 마침표를 찍었다.

주 52시간제 도입이 최저임금의 급격한 인상과 맞물리면서 임금체계 개편이 시급하다는 주장이 제기되었다. 근로시간 단축의 부정적 효과를 줄이기 위해서는 호봉제 임금체계를 성과와 역량 중심 임금체계로 개편하여야 한다는 것이었다.

100인 이상 사업체 중 호봉제 임금체계를 가진 사업체는 2016년 기준으로 60%이었다. 보수가 높은 금융 산업에서는 90% 이상의 사업체의 임금체계는 호봉제이다. 호봉제 임금체계에서는 근속기간이 길어지면 보상이 많아지는데, 급여에 비해 조직 기여도가 낮은 중장년층 근로자의 조기 퇴직의 원인의 하나로 지적되고 있다. 4차 산업혁명 시대에 임금체계의 개편은 노동시장의 효율성 제고를 위해 필요하나 호봉제 임금체계 보상에 익숙한 조직 내부 구성원의 이해관계를 조정하는 것이 난제이다. 임금체계 개편 논란은 MZ세대 노조가 등장하고 연공이 아닌 성과에 기반을 둔 보상을 요구하면서 새로운 국면에 접어들었다.

문재인 정부는 성과연봉제 대신 직무급을 공공기관에 도입하기로 하였으나 강제하지 않고 평가 등을 통해 유도하는 것으로 입장을 정리하였다. 소수의 공공기관에서는 직무급이 도입되었으나 대부분의 공공기관에서 직무급 도입이 논의조차 되지 않고 있다. 정부는 민간부분에도 직무급 도입을 독려하고 있으나 공공기관에서 조차 직무급 도입이 더딘 상황이며 많은 민간 기업에서 호봉제가 유지되고 있다.

14. 재택근무

코로나19가 확산되면서 재택근무를 도입하는 기업들이 늘어났다.

재택근무 확산은 일하는 방식 그리고 고용주의 근로자 관리 방식에 여러 도전 과제를 제시한다. 재택근무는 출퇴근에 소요되는 시간을 줄여 비용절감 효과가 있으나 디지털로 대체 가능한 노동은 줄어 들 수 있다. 보이는 통제와 관리는 줄어드나 디지털 통제로 보다 엄격한 관리가 이루질 수 있다. 재택근무로 일하면서 육아와 일을 병행할 수 있으나 육아와 일이 혼재되어 육아도 부실하고 업무의 생산성도 저하될 수 있다. 비대면 회의가 많아지면서 직원간의 유대감, 소통이 줄어든다.

코로나19가 종식되어도 전체는 아니더라도 특정 업무에 대해서는 재택근무를 지속하겠다는 기업이 늘어나고 있다. 재택근무를 도입한 기업과 근로자 모두 만족도가 높았기 때문이다. 재택근무 시행에 따른 어려움으로 '의사소통 곤란', '재택근무 곤란 직무와의 형평성 문제', '성과관리의 어려움', '기업 정보 유출 우려', '재택근무 인프라 비용 부담'이 제시되었다.

기존의 근로기준법 체계 밖에 있는 재택근무가 일상화되면서 고용노동부는 재택근무 매뉴얼을 만들어 재택근무와 관련된 노사 간의 갈등과 분쟁을 예방하고자 하였다. 그러나 다양한 형태로 이루어지는 재택근무에 대해 정부가 획일적으로 규제하는 것에 대해 비판이 제기되었다.[42]

기존의 업무 시스템으로 복귀하는 기업도 늘고 있지만 코로나19가 종식되어도 재택근무가 소멸되지 않을 것이다. 기존의 사무실 근무와 결합되는 여러 형태의 하이브리드(hybrid) 재택근무가 일상화될 것으로 전망된다.

---

42) [한국경제] 정부가 재택근무 매뉴얼까지 만들겠다는데..._20200928.

15. 정년(고용)연장

고령화 사회가 급진전되고 있다. 우리나라는 2018년 고령사회(65세 이상 인구 비율 14% 이상)에 진입하였다. 우리나라는 OECD 회원국 중 노인빈곤율이 높은 나라이고 노인들이 일도 많이 한다.

대법원이 육체노동의 정년을 60세에서 65세로 상향 조정하는 등 평균수명이 늘어나면서 현재 법적으로 60세인 정년을 65세로 상향 조정하여야 한다는 논의가 지속적으로 되고 있다. 정년연장을 하는 경우 청년 고용의 위축, 기업의 인건비 부담 증가, 노조가 강력한 대기업 생산직과 공공부문 근로자에게 혜택이 집중될 가능성 등이 문제로 지적된다. 공무원 정년연장에 대한 논의도 있고 대기업 및 금융권 노조에서 정년연장을 요구하고 있다.

문재인 정부는 법적으로 정년연장을 강제하는 대신에 기업에 인센티브 제공을 통한 정년 후 계속고용제도를 추진하고 있는데, 50·60대의 표와 노조를 의식한 선거용 정책이라는 비판을 받고 있다. 박근혜 정부 때 60세로 법적 정년을 상향조정하였으나 기업들의 인건비 부담으로 오히려 조기퇴직을 촉진시켰고 청년 고용이 줄었다는 연구결과도 있다. 임금체계 개편 등 노동시장 유연성 제고가 전제조건이라는 주장이 힘을 받고 있다.

정년제도 자체를 폐지하여야 한다는 주장도 있다.

미국, 영국은 정년제도가 없고, 일본, 독일, 프랑스 등은 65세 정년을 70세로 연장하려고 추진 중이다. 기업들의 자율적 참여를 유도하는 일본의 제도가 주목받고 있는데, 숙련인력 부족 등 시장적 요인이 일본 기업들이 정년을 연장하는 이유이다.

매일경제는 2020년 2월 정부가 정년연장대신 '정년후계속고용제도'를 추진하자 찬반 토론을 게재하였다.[43] 찬성 측의 최영기 한림대 교수의 요지는 다음과 같다. 건강 수명을 고려하면 60세 정년은 너무 빠르다. 정년연장은 필요하며 일본처

---

43) [매일경제] 이슈토론 계속고용제도 추진_20200227.

럼 단계적으로 할 것인지 아니면 정년을 폐지할지 선택의 문제만 남아있다. 노동시장의 연공구조를 타파하는 개혁은 불가피하다. 정년제도 폐지와 연공 구조개혁을 같이 추진해야 한다. 2013년 정년 60세의 실패를 반복하지 않으려면 노사정위원회에서의 논의를 넘어서는 공론화 과정이 필요하다. 독일식의 별도의 전문가위원회를 가동하는 것이 필요하다.

반대 측의 최승노 자유기업원 원장의 주장 요지는 다음과 같다. 60세 정년을 법으로 강제하였으나 20대 실업자는 늘었고 40·50대 비자발적 퇴직도 늘었다. 정년연장은 소수의 고임금계층에만 특혜를 주었다. 계속고용제는 60세 정년의 실패를 반복할까 우려된다. 고용과 임금체계가 경직적인 상황에서는 기업의 경쟁력을 떨어뜨리고 일자리를 위협한다. 노조의 특권이 작동하는 사업장이나 공기업에만 정년연장의 특혜가 집중된다. 일반적인 기업에서는 정년연장으로 조기퇴직이 촉진되거나 신규 채용이 줄어든다. 법으로 강제할 것이 아니라 기업이 자율적으로 고용을 늘리는 환경을 조성해야 한다.

한국경제는 현대차 노조가 단체교섭에서 사측이 제시한 상당한 수준의 임금인상안을 거부하고 정년 64세를 요구하자 찬성과 반대의 주장을 비교 분석하였다.[44] 현대차 노조 주장의 요지는 다음과 같다. 정년퇴직하는 노조원이 늘어나면서 현대차 노조는 위기를 느끼고 있다. 임금인상보다는 고용안정이 중요하다. 건강연령이 높아졌으니 숙련된 기능 인력을 살리면서 생산과 사회에 기여할 수 있다. 정년연장으로 국민연금 수급시기가 늦어지면서 공적연금의 재정건전성 제고에 기여할 수 있다. 정부도 정년연장을 추진하고 있으며 일본은 70세 정년시대를 열어 가고 있는 상황에서 기업자율의 정년연장은 불가피하다.

반대 측의 주장 요지는 다음과 같다. 노조의 정년연장 요구는 기득권 강화의 시도이다. 정년연장으로 좋은 일자리를 계속해서 누리겠다는 노조의 요구가 수용되면 신규 채용인력이 줄어들 것이다. 젊은 사무직 노조가 정년 연장을 반대하는 이유이기도 한다. 국내 현대차 공장의 생산성은 전세계 현대차 공장 중에서 바닥권이다. 호봉제가 유지되는 한 고임금의 고령근로자로 인해 생산성이 떨어질 것이

---

44) [한국경제] 현대차 노조의 정년 64세 요구 … 실현 가능한 상황인가_20210712.

다. 전기차, 자율주행차의 등장으로 전세계 자동차 시장은 변혁의 시기에 있다. 혁신이 필요한 시기에 정년연장은 현대차에 큰 짐이 될 것이다. 다른 산업이나 직장에 미치는 부정적인 파급효과도 고려하여야 한다.

16. 중대재해기업처벌법

문재인 정부가 출범하면서 산재불량 사업장으로 정부가 공개하는 사업체 수가 5배 폭증하였다. 고용부가 2004년부터 발표하여 온 산재불량 사업장은 연 200∼300곳이었으나 2017년에는 748개소, 2018년에는 1,400개소로 늘어났다. 2022년까지 산재 사망사고를 연 500건 이하로 줄이겠다는 정부의 의지가 반영된 것이다. 2018년 산재불량 사업장의 86.4%가 100인 미만, 56%가 건설업이었다.

2018년 12월 한국서부발전 태안화력발전소에서 발생한 산업재해로 인한 도급업체 소속 김용균 씨 사망을 계기로 산업안전법이 대폭적으로 개정(일명 '김용균법')되어 2020년 1월부터 시행되었다. 시행되기 전부터 노동단체는 위해·위험 업무의 도급 금지대상이 지나치게 협소하다는 주장을 하는 반면 경영계는 대폭 강화된 원청 사업주의 책임, 고용부의 작업중지 명령권의 남용 등을 걱정하였다.

김용법법의 시행에도 불구하고 2020년에도 산재사망사고는 줄지 않았고 이천화재 등 대형 산재 사망사고가 발생하였다. 정부는 이천화재를 계기로 산업재해의 처벌 양형기준을 높여달라고 대법원에 건의하였다.

2018년에 비해 2019년 11% 이상 줄었던 산재 사망 사고가 2019년과 대비하여 2020년 다시 늘어나자 사업주의 책임을 강화한 법 제정의 필요성이 제기되었고, 정의당은 2020년 6월 '중대재해기업처벌법'을 발의하였다 고용노동부 및 개정된 산업법에 대한 비판도 제기되었다. 원청의 책임성 강화를 위한 주장도 지속적으로 제기되었다. 산재보험 적용 제외를 신청하는 특수고용직 근로자에 대한 사업주의 제외 신청 강요도 논란이 되었다.

한겨레신문은 2020년 6월 중대재해기업처벌법 제정에 대한 찬반 토론을 게재하였다.[45] 찬성 측의 최명선 민주노총 노동안전보건실장 주장의 요지는 다음과 같다. 코로나19에도 불구하고 올해 4월까지 산재사망 노동자는 315명이다. 우리나라는 수십 년째 OECD 국가 중 산재사망 1위이다. 산재를 줄이기 위한 가장 우선적인 대책은 기업처벌 강화이다. 우리나라의 글로벌 대기업들도 중대재해 발생 후 실시한 산업안전 감독에서 수천 건의 법 위반이 적발되었다. 고용부의 산업안전법 위반 평균 과태료는 94만 원에 불과하고 산재 사망 시 기소율이 낮고 평균 벌금은 400만 원이다. 안전·보건 관리자 선임 의무가 있는 사업장의 80%가 대행기관에 업무를 위탁하고 있다. 산재 사망의 절반은 기초 안전조치만으로 막을 수 있다. 기업에 대한 처벌이 강화되어야 하는 이유이다. 현행법 체계에서는 산재 발생시 실무자만 처벌되고 원청과 기업의 최고책임자는 기소조차 되지 않는다. 구조적인 원인에 의한 산재 사망에도 기업의 최고책임자나 법인에게는 책임을 물을 수 없다.

반대 측의 임우택 경총 안전보건본부장 주장의 요지는 다음과 같다. 지난해 우리나라 산재사망자가 처음으로 800명대에 진입하였지만 여전히 사고사망 만인율은 일본, 독일 등과 비교하여 2~4배 높다. 산재사고의 80%가 50인 미만 사업장에서 발생하고 있다. 산업재해를 줄이기 위해서는 처벌보다는 예방을 강화하여야 한다. 중대재해기업처벌법이 모델로 하고 있는 영국의 법인과실치사법도 효과성에 의문이 제기되고 있다. 기업경영을 총괄하는 사업주가 안전·보건 조치와 같은 실무적인 사항을 확인하는 것은 한계가 있고 사고발생시 전적으로 사업주가 책임지는 것은 과잉금지 원칙에 위배되고 기업의 경쟁력이 약화될 것이다. 우리나라의 산안법 처벌 규정은 이미 세계 최고 수준이다. 산안법 상 과태료 등 경제적 제재도 상당하며 세계에서 유일하게 중대재해 발생 시 정부가 작업중지 명령을 할 수 있다. 사고사망자의 94%가 300 미만 사업장에서 발생하고 있다. 산재취약 사업장에 정책 역량을 집중하여야 한다.

위헌, 과잉 중복 규제 논란에도 불구하고 여야는 합의로 중대재해처벌기업법을 국회에서 2021년 1월 통과시켰다. 그러나 중대제해처벌기업법은 여전히 논란거리이다. 특히 경영계는 처벌 기준이 모호하다는 비판을 하고 있다.

---

45) [한겨레] 중대재해기업처벌법 필요한가_20200602.

17. 여성인력 활용/저출산 대책

2016년 기준으로 남자와 여자의 고용률 차이는 미혼의 경우 1.1%포인트, 기혼의 경우 29.2%포인트이다. 맞벌이가구 비율은 45%, 12세 이하 자녀가 있는 맞벌이 가구 비율은 53%이다. 30대 여성의 경력단절이 우리나라 여성의 경제 활동을 저해하는 주요 요인인데, 장시간 근로, 경직적 조직문화 등이 원인으로 지적된다. 여성의 경제활동 참가와 저출산은 밀접한 관계가 있다.

2014년 2월 박근혜 정부가 '일하는 여성을 위한 생애주기별 경력유지 지원방안'을 발표하자 중앙일보와 한겨레신문은 사설을 게재하였다. 중앙일보 사설의 요지는 다음과 같다.[46] 정부의 대책은 제대로 된 문제의식에서 출발하였으나 실효성 확보에 많은 난관이 있다. 기업 측에서 비용부담을 우려하고 있으나 정부는 뚜렷한 대책이 없는 듯하다. 육아휴직, 특히 남성 육아휴직을 촉진시키는 방안을 고민하여야 한다. 육아휴직자 차별을 금지하고 배려하는 기업문화 조성과 함께 사용의무화도 검토하여야 하다. 지원방안이 기존의 고용법이나 보육법과 충돌하는 것도 해결하여야 한다.

한겨레신문의 사설 요지는 다음과 같다.[47] 정부의 대책 중 육아휴직을 확대하고 보육부담을 줄이려는 대책이 눈에 띤다. 독일은 4년 만에 여성 고용률을 5.1%포인트 증가시켰다. 여성의 80%가 일하는 100인 이하 기업에서는 육아휴직, 출산휴가, 단축 근무는 먼 나라 이야기이다. 기업문화를 바꾸는 유인책과 함께 여성 인력을 차별하는 기업에 단호함을 보여야 한다. 기업도 장기적인 관점에서 여성 인력 활용이 경쟁력 제고에 도움이 된다는 것을 인식하여야 한다. 여성일자리가 저임금, 장기노동을 요구하는 비정규직에 몰려 있는 현실에서 이번 대책은 한계가 있다. 여성 일자리의 질을 높이는 노력도 함께 하여야 한다.

모든 정부가 저출산 해소, 여성의 경제활동 참가 제고를 위해 여러 가지 대책을 제시하고 집행하였으나 가시적인 결과는 없었다. 문재인 정부도 예외는 아니었

---

46) [중앙일보] 여성 경력 단절 막기 아무리 어려워도 꼭 해내자_20140206.
47) [한겨레신문] 임신하면 사표 써야 하는 현실부터 바꾸라_20170205.

다. 문재인 정부는 2018년 7월 저출산 대책을 발표하였으나, 평가가 그렇게 우호적이지 않았다.

2020년 주민등록 인구통계 기준으로 사망자가 출생자보다 많은 '인구 데드크로스'가 시작되었다. 합계 출산율이 0.84명으로 떨어져 OECD 최저기록을 다시 갱신했다. 관련성이 없는 사업에 예산을 투입하는 등 재정에 의존하는 저출산대책은 효과가 없는 것으로 밝혀졌다.

여성의 노동시장에서의 지위, 육아의 어려움도 개선되지 않은 것으로 나타났다. 최악의 청년취업 상황에서 여성취업이나 육아를 장려하기 위한 여러 대책이 쏟아지면서 젠더갈등이 심화되고 있다.

여성가족부 폐지론이 정치권에서 제기되고 있다. 찬성 측과 반대 측의 논거를 정리하면 다음과 같다.[48] 찬성 측의 논거는 다음과 같다. 2001년 여가부가 독립부서로 출범하였지만 그 간의 성과는 실망스러운 것이다. 여가부가 아니라도 다른 부처에서 여가부가 하는 일을 할 수 있다. 여성문제로 접근해서는 해결될 수 없는 과제가 많으니 오히려 여러 부처에서 권한과 책임을 가지고 하는 것이 성과가 있을 수 있다. 여성가족부는 권력자의 성추행에 대해서는 제대로 된 목소리를 못 내고 있고 오히려 젠더갈등을 조장하고 있다.

반대 측의 논거를 정리하면 우리 사회에서 여성이 처한 냉혹한 현실을 보면 여성정책 전담부서가 필요하다. 문재인 정부에서 제대로 된 역할을 못한 측면이 있으나 이는 여가부만의 문제는 아니다. 지금도 여가부가 정책수행을 하는데 힘이 없어 추진력을 얻지 못하고 있는데, 여가부가 해체되면 더욱 어려워지고 책임 소재도 불분명하여진다. 폐지된다면 여성문제와 젠더 갈등을 부추길 소지가 크다.

---

48) [한국경제] 정치권에서 나온 여성가족부 폐지론, 어떻게 볼 것인가_20210719.

18. 군복무기간 단축/ 모병제

18.1. 군복무기간 단축

문재인 정부 국정기획자문위원회가 100대 국정과제의 하나로 군복무기간 단축을 제시하자 찬반 논란이 뜨거웠다. 군복무기간 단축은 병력 수 감축과도 연관이 된다.[49]

국방부가 현재 21개월인 병사복무기간을 육군은 18개월, 공군은 20개월, 공군은 22개월로 단축하고 병력규모도 현 61만 명에서 50만 명 수준으로 줄이겠다는 계획을 발표하였다. 2018년 10월 전역자부터 복무기간 단축이 적용되었다.

국방부는 2020년 4월에 2021년 12월 14일부터 복무중인 모든 육군병사의 군복무기간이 18개월로 된다는 것을 발표하였다.

서울경제신문은 2018년 2월 군 복무기간 단축에 관한 찬반 토론을 게재하였다.[50] 찬성 측의 임태훈 군인권센터 소장의 논거는 다음과 같다. 노무현 정부는 인구 추이를 고려할 때 군인력 감축은 불가피하다고 보았으나 그 이후 정부는 신체검사 기준을 완화해 징집인력을 늘리는 땜질 처방을 하여 왔으며 복무기간을 연장하여야 한다는 주장까지 나오고 있다. 인구 감소에 따른 복무기간 단축은 피할 수 없다. 이 와중에 다수의 병사들이 전투와 관계없는 영역에서 일을 하고 동원되는 등 군인력이 비효율적으로 활용되고 있다. 감군은 하되, 군편제를 현대전에 맞게 개편하는 등 병력 운영방식을 획기적으로 개선하는 계기로 삼아야 한다. 전문성과 고도의 기술을 갖춘 부사관을 대거 양성하고 전투하지 않는 비대한 군의 상층부도 줄여야 한다.

---

49) 징병제 하에서 대체복무제 필요성이 지속적으로 제기되어 왔다. 헌법재판소가 2018년 6월 28일 병역법 5조에 대체복무를 병역의 종류에 포함시키지 않은 것에 대해 헌법불합치, 병역법의 입영 기피 처벌 조항에 대해서는 합헌결정을 하면서, 대체복무제 도입은 새로운 국면을 맞이하였다.

50) [서울경제신문] [어떻게 생각하십니까?] 군복무 18개월로 단축_20180202.

18.2. 모병제

2014년 윤모 일병 구타사망사건을 계기로 모병제 시행 등 군의 근본적인 개혁을 고민하여야 한다는 주장이 제기되었다. 한국경제신문은 모병제 전환에 관한 찬반 토론을 2014년 8월에 게재하였다.[51] 찬성 측의 이상목 국방대 국방관리대학원장의 논거는 다음과 같다. 우리나라는 완전징집제를 채택하고 있기 때문에 사회계층적인 대표성이 확보되고 형평성도 높다. 그러나 여성은 병역미필자원으로 분류되고 남성병력자원이 군 소요인력보다 많기 때문에 군필자 가산제도, 고위공직자 병역비리, 양식적 이유에 의한 병역거부 등 논란이 그치지 않고 있다. 징병인력은 약 10조 원 정도의 묵시적 세금 또는 현물세를 국가에 내고 있는 것으로 추정된다. 징병제는 현대전에는 부적합한 노동집약적 군을 가능하게 하는 요인이다. 모병제를 통해 형평성 문제를 해소하면서 군 인력의 효율적 활용, 전문화를 기할수 있다. 다른 나라의 예를 볼 때 인구 대비 병력 규모를 현재의 절반 수준으로 감축하면 추가비용 없이 모병제로의 전환이 가능하다.

반대 측의 안석기 국방연구원 연구위원의 논거는 다음과 같다. 징병제 국가인 이스라엘, 모병제 국가인 미국의 예를 보면 군대내 반인권적 가혹행위를 징병제의 원인으로 보는 것은 무리이다. 현시점에서 모병제로 전환하는 것은 어렵다. 연간 7조 원 정도의 국가 재정이 필요하다. 현재 징병으로 충당되는 전경, 의경 등 사회복무요원 대체 시 추가적으로 2조 원이 소요된다. 고학력화된 젊은층을 병사로 충원하는데 어려움을 겪을 것이다. 모병제를 하는 일본은 인력 충원에 어려움이 있고, 대만은 군인력 규모를 대폭적으로 줄였으나 인력 충원의 어려움으로 모병제로 전환하지 못하고 있다. 모병제하에서 병사들이 저소득, 저학력층으로 충원된다면 국민의 대표성도 취약해질 것이다. 통일을 고려하면 모병제 전환을 신중하게 하여야 한다. 독일도 2012년에 모병제로 전환했다.

일부에서 도입을 주장하여 온 모병제는 문재인 정부 출범 이후 남북화해 분위기 속에서 더 논란이 되었다.

---

51) [한국경제] [맞짱 토론] 모병제 전환 가능한가_2014 8 23.

제10장

교육 정책

1. 대학구조개혁

출산율 하락 등으로 학령인구 감소가 예상되어 2003년 이후 정부주도로 대학의 정원감축이 지속적으로 추진되어 왔다.

참여정부는 대학 정원의 감축과 대학 간 통합의 두 축으로 정원감축을 추진하였다, 부실 사립대학의 퇴출을 유도하기 위한 제도도 보완하였다. '대학경쟁력 강화를 위한 대학 구조개혁'을 대학 특성화와 함께 추진하였다. 법과 재정배분 권한을 활용하여 추진하였다.

이명박 정부는 국립대학은 자율적인 구조조정, 사립대학은 부실대학의 자발적 퇴출 촉진의 기조로 정원감축 정책을 추진하였다. 평가를 통해 하위 15%에 대해서는 정부의 재정지원을 제한하였고 평가의 절대 지표 2개 이상을 충족하지 못하는 대학에 대해서는 학자금 대출을 제한하였다. 평가결과 4개의 부실·비리 대학이 폐교 조치되었고, 4개 대학이 통폐합되었으며, 2개 대학이 자발적으로 폐쇄하였다.

박근혜 정부는 모든 대학의 정원 감축을 추진하였는데, 수도권과 지방대학,

그리고 일반대학과 전문대 사이의 형평성을 고려하였다. 1주기 정원감축 목표인 4만 명을 초과하여 4만 7천 명의 대학 정원을 감축하였다.

2014년 1월 27일 박근혜 정부는 대학 입학정원을 2023년까지 16만 명을 줄이는 대학 구조개혁을 단행한다고 발표하였다.

중앙일보와 한겨레신문은 대학 구조개혁에 관한 사설을 각각 게재하였다. 중앙일보 사설의 요지는 다음과 같다.[1] 대학 구조개혁의 목표와 기준을 세워야 한다. 첫째 대학경쟁력이 강화되는 방향이 되어야 한다. 대학의 틀을 바꾸어야 한다. 이해 관계자의 목소리에 휘둘려 정원감축만 하는 방식이 되어서는 안 된다. 큰 대학, 작은 대학, 글로벌 대학, 산학협력 중점 대학 등 각 대학이 지향점을 가지고 특성을 강화하는 방향이 되어야 한다. 대학마다 여건이 다르니 대학에게 선택권을 주고 지원 대책을 마련하여야 한다. 학령인구의 감소라는 도전적 과제를 피할 수 없으니 선제적으로 경쟁력을 강화하는 방향으로 가야 한다.

한겨레신문 사설의 요지는 다음과 같다.[2] 학령인구 감소에 따라 대학 구조조정에 정부가 나서는 것은 피할 수 없다. 대학의 자율적 개혁의 성과는 부진하였고 약자인 지방대, 전문대 등이 취약해지고 있다. 교육부 계획은 절대평가 결과에 따라 차등적으로 정원을 줄이는 것이다. 공익성과 형평성이 평가기준이 되어야 한다. 공익성 측면에서 전문대는 고유 역할이 있고 지방대 위기는 해당 지역의 위기라는 것이 고려되어야 한다. 형평성 측면에서 역량이 미달하는 대학을 무조건 배려할 수 없다. 평가의 투명성과 신뢰성을 높여야 한다. 평가에 대한 대학의 수용성을 높이는 방식으로 진행되어야 한다. 대학도 정원 유지에 집착할 것이 아니라 특성에 맞게 대학의 질을 높이는 것을 고민하여야 한다.

문재인 정부의 대학 개혁은 자율성을 존중하는 방향에서 추진되고 있으나 평가에서 일정기준 미만이면 정원을 감축하여야 하고 정부로부터 재정지원을 받지 못하기 때문에 대학들은 교육부 평가에 대해 초긴장으로 대응하고 있다.

정부의 대학, 특히 사립대학[3]에 대한 규제방식의 혁신이 필요하다는 지적이

---

1) [중앙일보] 대학 구조개혁의 대원칙은 경쟁력 강화다_20140121.
2) [한겨레신문] 대학 구조개혁 공공성, 형평성, 투명성 유지해야_20140129.
3) 2020년 현재 사립대학은 371개, 재적학생 수는 254만 3천 명으로 전체 대학에서 차지하는 비

제기되고 있다.

우리나라 대학들이 세계의 대학들과 경쟁하여야 하는데, 등록금이 10년 이상 동결된 상황에서 정부 주도의 대학 구조조정 정책은 경쟁력이 있는 대학을 포함한 모든 대학이 정부에 예속되어 결과적으로 창의적인 인재 교육이 거의 불가능한 상황을 만들고 있다는 것이다. 정부의 평가결과에 따라 (국가장학금 지급 및 정부사업 참여 자격 부여를 통한) 정원 감축 및 정부의 재정 지원 여부가 결정됨으로 대학이 정부 지원에 의존할 수밖에 없는 구조가 존치되기 때문이다. 대학 평가 지표에 맞추어 대학들이 투자를 하면서 개별 대학 여건을 고려한 미래에 대한 투자가 이루어지고 있지 못한다는 지적도 제기되고 있다.

학령인구의 급속한 감소로 정부의 정책과는 별개로 대학 구조조정은 이미 지방대를 시작으로 가시화되고 있다. 일부 수도권 대학들도 교직원 월급을 동결하거나 삭감하는 등 수도권 대학도 구조조정으로부터 자유로운 것은 아니다.

대학의 구조조정이 가시화되면서 부실사학, 비리사학 등의 잔여 재산, 교직원 고용, 지역 경제 등 대학 폐교에 따른 문제들이 발생하고 있다.

문재인 정부의 대학 구조조정 정책은 자율적인 대학의 구조조정을 표방하고 있어 시장에 의해 구조조정이 이루어진다는 비판이 있으나 결과적으로는 대학의 구조조정을 지연시킬 가능성이 크다.

문재인 정부는 2023년까지 12만 명의 입학정원을 감축하는 박근혜 정부의 로드맵을 폐기한 바 있다. 2019년부터 2024년까지 대학 입학 지원자는 13만 명 정도 감소될 전망인데 2018년 1차 진단결과 권고한 감축인원이 1만 명에도 미치지 못한다. 대학설립준칙주의 도입 이후 급속히 늘어난 지방대학이 구조조정의 집중 대상이 될 수밖에 없는 상황에서 2차 진단에서는 지방대학을 배려하는 방향으로 정책 기조를 선회하였다.

2021년 8월 교육부는 2021년 대학 기본역량 진단결과를 확정하였다. 수도권 11개 대학을 포함한 전국 52개 대학이 정부의 재정지원 대학에서 탈락하였다. 인하대 등 일부 대학이 이의를 제기하였으나 받아들여지지 않았다.

중은 학교 수 기준으로 86.5%, 학생 수 기준으로 77.6%이다.

그러나 2021년 정기 국회에서 '대학혁신지원사업비' 예산이 증액되어 대학기본역량진단 평가에서 탈락한 13개 대학이 구제되었다.

2. 수능 절대평가 전환/ 정시전형 확대

대학수학능력시험(수능)은 1994학년에 도입되었다. 대학진학을 원하는 고등학교 졸업예정자 및 이미 졸업한 자, 또는 검정고시 합격자를 비롯한 그에 상응하는 학력을 소지한 자 등을 대상으로 한다. 학생부종합전형과 함께 우리나라 대입 전형의 두 축을 구축하고 있는데, 대학수학능력시험은 정시 전형에서 입학 여부를 결정하는 요인이다. 학생부종합전형은 수시전형에서 활용되고 있다.

문재인 정부는 2021학년도부터 상대평가인 수능을 절대평가로 바꾸는 것을 공약으로 내세웠다. 교육부는 2017년 8월에 2021학년도부터 수능을 절대 평가로 전환하는 것에 대한 의견 수렴을 하겠다고 발표하였다.

한국경제신문은 2017년 5월 수능 절대평가 전환에 관한 찬반 토론을 게재하였다.[4] 찬성 측의 안상진 사교육걱정없는세상 정책대안연구소 소장의 논거는 다음과 같다. 학령인구의 감소는 우리 교육의 경쟁, 서열, 승자 독식 주도를 바꿀 수 있는 기회이다. 4차 산업혁명시기에는 지식 암기 위주의 교육이 아니라 역량을 키워주는 교육이 필요하다. 수능 상대평가는 과도한 경쟁을 조장하고, 줄 세우기 위해 어려운 문제를 내니 학생들은 사교육에 의존할 수밖에 없고, 줄 세우기를 하니 객관식 평가에서 벗어날 수 없는 문제점을 가지고 있다. 4차 산업혁명시대에는 맞지 않은 변별을 위한 시험이다. 절대평가가 도입되어 있는 과목과 상대평가를 하는 과목이 혼재되어 여러 부작용이 나타나고 있다. 수능의 변별력 확보와 대학 서열화가 서로 물고 물리는 악순환의 구조를 깨야 하는데 안타깝다. 수능 변별력이 확보되지 않으면 대학별 본고사 내지 구술고사를 허용해야 한다는 주장에도 동의할 수 없다. 현재 영어와 한국사의 9등급 평가는 충분히 변별력을 가질 수 있다.

---

4) [한국경제] 수능 절대평가제 전환 바람직한가_20170513.

모집단위나 전공 특성에 맞는 가중치가 주어진다면 변별력은 더 높아질 수 있다. 외부환경과 교육과정 변화와 입시가 맞물리는 지금이 수능개편의 호기이다.

반대 측의 박남기 광주교대 교수의 논거는 다음과 같다. 대입제도의 뿌리, 기대하는 효과가 나타날 수 있는 전제조건을 고려하면 수능 절대평가제는 득보다는 실이 크다. 절대평가제 전환을 주장하는 측이 기대하는 효과가 나타나지 않는다. 절대평가로 전환하면 내신 경쟁이 치열하여 질 것이고 본고사가 부활할 수도 있다. 학생들의 사교육 부담이 더 커질 수 있다. 대입제도 개선이 의도하였던 것과는 정반대의 결과가 예상되는 것은 유럽 국가와는 달리 우리 사회는 무한경쟁의 승자독식사회라는 점 때문이다. 대입제도의 미세조정으로는 이러한 구조를 타파할 수는 없다. 개인의 입장에서는 형태 여부와는 관계없이 최선을 다해 통과하여야 하는 것이 대입제도이다. 미래의 창의 인재를 육성하기 위해서는 수능의 내용, 측정 방법, 결과 활용을 개선하는 방향으로 논의의 초점을 맞추어야 한다. 과거의 예비고사제도, 일정기준이 넘은 학생을 대상으로 추첨하는 제도 등을 고려하여 볼 수 있다. 대입제도의 변화만으로는 대입제도가 가지는 문제점을 해소할 할 수는 없다. 일자리 양극화와 이원화 해소 대책, 복지체제 개혁이 병행되어야 한다.

서울경제신문도 2017년 5월 찬반 토론을 게재하였다.[5] 찬성 측 이경화 숭실대 교수의 논거는 다음과 같다. 규제지향적 상대평가가 아니라 목표지향적 절대평가가 교육적인 평가방법이다. 절대평가로 전환되면 교육이 정상화되고 입시 경쟁이 조금이라도 줄어 들 것이다. 학교 교육과정을 기반으로 절대평가 기준을 설정하는 것이 합리적이다. 일정 수준 이상이면 1등급을 부여하거나 절대평가로 하되 점수제로 운영할 수 있다. 공교육 정상화를 위해서는 절대평가 전환 시 예상되는 어느 정도의 문제는 감수하여야 한다.

반대 측의 안선회 중부대 교수의 논거는 다음과 같다. 수능을 절대평가로 전환하면 심각한 부작용을 초래할 것이다. 사교육비 절감은 현 실태를 모르는 주장이다. 내신관련 사교육의 비중이 수능관련 사교육보다 더 높다. 고교 내신 평가가 더 지식 중심적이다. 수능이 절대평가로 전환하면 결과적으로 부풀리기 혹은 조작

---

5) [서울경제신문] [어떻게 생각하십니까?] 수능절대평가 전환_20170519.

의혹이 있는 내신에만 의존하는 대학 전형이 된다. 내신의 상대평가는 줄 세우기가 더 심하다. 수능전형도 계열별, 진로별로 하면 한 줄 세우기에서 벗어날 수 있다. 절대평가는 내신부터 적용하여야 학교 교육이 정상화된다. 수능의 변별력이 없어지면 학생부종합전형이 전형의 절대 기준이 되면서 공정성 파괴와 교육 불평등은 더욱 커질 것이다. 국가장학금을 받지 않은 학생비중은 수시 비중이 높은 서울대가 제일 높다. 수능 전형은 최소한 공정하다. 학생부종합전형이 확대되면 교사, 교수, 학교의 권한만 강화되고 오히려 패자 부활전의 기회, 계층 상승의 기회마저 앗아갈 것이다.

교육부는 찬반 토론이 격화되자 개편시점을 2022학년도로 유예하는 것으로 결정하였다. 1년 유예 결정을 하는 과정에서 많은 토론과 주장이 있었다.

교육부가 각 대학에 2019년 대입 전형에서 수능 최저 기준을 없애고 정시를 확대하라고 요구하면서 논란이 되었다. 정시전형 확대는 수능을 절대평가로 전환하여 수능의 변별력을 약화시킨다는 정부의 방침과 부합되지 않기 때문이다.

서울경제신문은 2018년 4월 정시전형 확대와 관련된 찬반 토론을 게재하였다.[6] 찬성 측의 안선희 중부대 교수의 논거는 다음과 같다. 대학 입시에서 수시의 비중이 76.2%인데, 수시 중 학생부종합전형(학종)의 비중이 평균 24.3%이지만 서울대 78.5% 등 주요 대학에서의 비중은 50%가 넘는다. 여러 요소를 종합적으로 고려하여 정성적으로 평가하는 학종은 불공정전형이 될 수밖에 없다. 약 11%의 사회적 약자를 배려하는 수시전형만이 의미가 있다. 학종이 확대되면서 사교육비가 상승하고 있으며 서울시내 주요 8개 대학의 재학생의 72.5%는 국가 장학금을 지원받지 않거나 받지 못하는 최상류층이다. 정시전형은 능력, 노력, 학업 성취가 객관적으로 확인될 수 있는 공정한 전형이다. 정시전형이 최소 50%까지 확대되어야 하며 수능제도 개선을 위한 노력도 병행되어야 한다.

반대 측의 정성식 실천교육교사모임 회장의 논거는 다음과 같다. 21세기에 시작된 7차 교육과정부터는 고교에 선택형 교육과정이 도입되었고 문재인 정부는 고교학점제를 추진하고 있는 등 창의적 교육시대가 열리고 있다. 수능은 선발시험으

---

6) [서울경제신문] [어떻게 생각하십니까?] 대입 정시전형 확대_20180420.

로서의 기능을 상실했다. 변별력을 높이기 위해 억지로 고난도의 문제를 포함하는 등 우연과 불공정성이 내재되어 있다. 수능 전형은 부정의 소지가 완전히 차단된다는 장점은 있으나 알파고 시대, 4차 산업혁명시대에는 도태되어야 하는 획일적 교육시스템을 오히려 강화시켜 준다. 정성적 평가에 의한 학생 선발이 미래를 대비한 전형이다.

2018년 4월 11일 발표한 교육부의 2022학년도 대입제도 개편 시안 보고서에도 정시, 수시 적정 비율이 논의 사항의 하나로 포함되어 있었다.

2018년 4월 교육부는 대학입시의 주요 쟁점을 국가교육회의에 공론화하여 줄 것을 요청하고, 공론화 결과에 따라 대입전형 계획을 8월말까지 확정하겠다고 하였다. 교육부가 국가교육회의에 주요 쟁점 사항을 정리하여 줄 것을 요청하면서 보수, 진보, 전문가 모두 교육부를 비판하였다. 그러나 적지 않은 예산이 들어간 공론화 논의에도 불구하고 사실상 결론 도출에 실패하였다.

2019년 중반 소위 '조국 사태'로 인한 수시전형의 불공정성이 사회 이슈화되면서 교육부는 각 대학에 2020년 전형에서 정시를 확대하여 줄 것을 요청하였고 대학들은 교육부의 요청을 수용하였다.

3. 자사고 · 외고 폐지

우리나라 고교는 일반고등학교, 특수목적고등학교, 특성화고등학교 및 자율고등학교, 자율형 사립고등학교 및 자율형 공립고등학교로 구분되어진다.

"특수목적고등학교(이하 특목고)를 초중등교육법시행령 제90조에서는 '특수 분야의 전문적인 교육을 목적으로 하는 고등학교'로 정의한다. 일반고등학교와 달리 특목고에서는 과학, 외국어, 수산, 해양, 예술, 체육 등 각 특수하고 전문적인 분야를 미리 학생들에게 습득시켜 그 분야의 전문가를 조기 양성을 하는 목표로 설립되었다. 과학고등학교, 외국어고등학교, 예술고등학교, 체육고등학교, 국제고등학교 등의 특목고가 있다. 규정상 과학영재학교는 특목고가 아니나, 입시목적의 분류편의상 특목고로 간주되는 경우도 있다. 특히 최근에는 특목고가 일반적으로 과학 계열인 과학고등학교와 외국어 계열인 외국어고등학교를 지칭할 때 주로 쓰인다. …
2010년 이후로 직업교육 전문 특성화고인 공업, 상업, 농업계열 등의 특수목적고등학교가 모두 사라지고 모든 전문계고가 특성화고로 전환되었다. 이에 따라 산업수요 맞춤형 고등학교 마이스터고등학교가 특수목적고등학교로 신설되었다."7)

"자율형 사립 고등학교(이하 자사고)는 이명박 정부의 '고교다양화 300 프로젝트'라 불리는 국정과제와 「초·중등교육법 시행령」 개정 등 관계법령 제·개정에 의거하여 사립학교의 건학이념에 따라 교육과정, 학사운영 등을 자율적으로 운영하고, 학교별로 다양하고 개성 있는 교육과정을 실시하는 고등학교다. 모집구분은 전기이기 때문에 특수목적고등학교와 같은 전기고등학교(前期高等學校)와는 중복해서 지원할 수 없다. 입학 전형은 대체적으로 중학교 내신 성적을 일부 반영한 추첨방식과 필기고사를 제외한 자기주도학습전형으로 나뉘며, 2010년 12월 기준 50개교가 자율형 사립고로 지정되었다. 기존의 자립형 사립고보다 학교의 자율성을 더 확대, 발전시킨 것이다. 자율형 사립 고등학교는 의무적으로 모집인원의 20%를 사회적 배려 대상자로 선발하여야 하며, 재단은 법인전입금을 도 소재 사립고등학교의 경우 3% 이상, 특별시·광역시 소재 사립 고등학교의 경우 5% 이상 출원해야 한다. 경기도에서만 예외적으로 광역시가 아님에도 불구하고 법인전입금 5% 이상 출원하여야 한다. 선발은 광역단위 모집이 원칙이나, 법인전입금을 20% 이상 출원하면, 전국단위 모집이 가능하다. 또한, 경상남도, 충청북도, 제주특별자치도, 세종특별자치시에는 자율형 사립고로 지정된 학교가 없기 때문에 이 지역 학생들은 전국 자율형 사립고 어디에든 지원할 수 있다."8)

2014년 교육감선거에서 당선된 진보 교육감 13명은 자사고 폐지와 혁신학교 확대를 공약으로 내걸었다. 진보교육감의 당선으로 교육현장에서 자사고 폐지가 논란이 되었다.

한국경제신문은 자사고 폐지에 관한 찬반 토론을 2014년 6월 게재하였다.9)

---

7) https://ko.wikipedia.org/wiki/%ED%8A%B9%EC%88%98%EB%AA%A9%EC%A0%81_%EA%B3%A0%EB%93%B1%ED%95%99%EA%B5%90.
8) https:..ko.wikipedia.org.wiki.%EB%8C%80%ED%95%99%EC%88%98%ED%95%99%EB%8A%A5%EB%A0%A5%EC%8B%9C%ED%97%98.
9) [한국경제] [맞짱 토론] 자율형 사립고 폐지_20140614.

찬성 측의 김달효 동아대 교수의 논거는 다음과 같다. 입시전문기관으로 변질된 자사고는 학교 서열화와 사회 양극화를 초래하고 있다. 미국, 영국 등 다른 나라의 자사고 형태의 학교선택제도 유사한 결과를 가져 왔다. 자사고는 성적이 우수하고 사회경제적 여력이 있는 사회적 강자를 위한 제도이며 일반고의 슬럼화 현상을 초래해 공교육 정상화의 장애요인이다. 고교평준화가 학교 선택권을 침해한 것이 아니라는 헌법재판소의 판결에서 확인되듯이 사회적 공익을 위해 자사고를 선택할 수 있는 자의 권리가 제한될 수 있다. 자사고를 일반고로 전환하여 교육의 보편성을 추구하고 전반적인 교육의 질을 높여야 한다.

반대 측의 양정호 성균관대 교수의 논거는 다음과 같다. 자사고의 뿌리는 수월성 교육에 대한 국민의 요구에 부응하여 김대중 정부에서 도입한 자립형 사립고이다. 고교평준화 도입 이후에도 학생들의 학교선택권은 확대되어 왔다. 자사고가 일반고의 황폐화를 초래하였다는 진보교육감들의 인식에 동의할 수 없다. 내신 50%에 속한 학생들을 추첨으로 미리 선발하여 다양한 교육과정을 운영하는 전체 고교의 2.7%인 자사고가 전체의 65%인 일반고의 위기를 초래하였다는 주장은 잘못된 것이다. 일반고 위기는 사교육에 의한 선행학습에서 초래된 것이다. 일반고의 위기는 오히려 자사고 확대로 극복될 수 있으며 외형상 평준화를 추구하면 더 심각한 일반고 위기가 올 것이다.

서울시 교육청이 2014년 9월 일부 자사고를 일반고로 전환하겠다고 하면서 학부모들이 반발하는 등 논란이 되었다.10) 중앙일보와 한겨레신문은 각각 사설을 게재하였다. 중앙일보 사설의 요지는 다음과 같다.11) 자사고는 국민의 50% 이상이 선택한 정권에 의해 결정된 것인데, 일부 교육감이 그들의 뜻대로 폐지하는 것은 옳지 않다. 자사고 학생들의 권리도 존중하여야 한다. 자사고를 없앤다고 일반고가 살아나지는 않는다. 오히려 편을 나누어 갈등을 일으키는 것이 자율적인 혁

---

10) 미림여자고등학교와 우신고등학교의 경우 2015년에 서울시교육청 자사고 평가과정에서 학생 충원 미달과 학교운영 문제로 서울시교육청으로부터 자사고 지정 취소 승인을 얻은 이후에, 2016학년도 신입생부터 평준화 지역 후기 고등학교로 전환하였다. 2012년과 2013년에 동양고 등학교와 용문고등학교가 자사고 신입생 정원을 충당하지 못해 평준화 지역 후기 고등학교로 전환했다.
11) [중앙일보] 자사고 · 일반고 상생방안 찾아야_20140904.

신 노력을 저해한다. 일반고도 학생들의 요구에 귀를 기울여 혁신한 사례가 다수 있다. 자사고 폐지가 아니라 일반고들이 혁신적인 일반고들을 따라가도록 지원하여야 한다. 교육부가 동의하지 않으면 일반고로 전환할 수 없는데, 서울시 교육감은 교육현장에 갈등을 조장하지 말아야 한다.

한겨레신문 사설의 요지는 다음과 같다.[12] 자사고 폐지를 과제 1순위로 꼽았던 조희연 서울시 교육감이 평가결과에 기초하여 14곳 중 8개를 폐지하겠다는 것은 대단히 온건한 조치이다. 자사고 측은 행정소송을 준비하고 있고 교육부는 교육청이 재량권을 일탈, 남용한 것이라는 입장이다. 그러나 서울시 발표 이후 교육부와의 '사전협의' 조항을 '사전동의' 조항으로 바꾸려는 교육부의 처사에서 알 수 있듯이 교육부는 시행령의 사전협의 조항을 무리하게 확대 해석하고 있다. 자사고 폐지에 대한 찬성이 60%를 넘는데 교육부는 민심을 거스르고 교육청의 자사고 폐지를 무력화시켜서는 안 된다.

문재인 정부는 자사고와 외국어고등학교(외고) 폐지를 공약으로 내걸었고 김상곤 교육부총리가 취임하면서 외고와 자사고 폐지를 추진하겠다는 입장을 밝히면서 논란이 되었다. 정부의 자사고 폐지 방침에 따라 일반고로 전환하는 자사고가 늘어나고 자사고의 지원자도 감소하였다. 2017년도 말 정부는 2019년도 입시부터는 자사고, 외국어고, 국제고의 우선선발권을 폐지하고 일반고와 입시를 동시에 치르도록 시행령을 개정하였다.

정부는 자사고, 외고, 국제고를 일반고로 전환하는 '고교 서열화 해소방안'을 발표하면서 지나친 사교육 과열, 경제력에 따른 고교진학 기회, 입시위주의 교육. 일반고의 교육력 저하 등을 이유로 내세웠다.

문재인 정부의 고등학교 평준화 정책은 소송을 무릅쓰고 전제적으로 이루어지고 있다. 그러나 과거 정부의 사교육 대책과 공교육 정상화 방안과 같이 실패할 가능성이 매우 높다는 주장이 제기되었다.[13] 현재도 지역에 따라 고교 서열이 있고[14] 지역 간의 사교육비 격차 및 사교육 공급격차가 점점 더 늘어나는 상황에

---

12) [한겨레신문] 교육부 '불량 자사고' 감싸겠단 말인가_20170902.
13) 보다 자세한 논의는 이경태·박영범 편저 「한국교육의 진로」(박영사, 2021) 참조.
14) 2020년 10명 이상의 서울대 합격자가 있는 일반고는 18개인데, 10명의 서울대 합격자는 과학

서[15] 자사고와 외국어고가 일반고로 전환된다고 해도 사교육비 부담은 줄지 않고 오히려 부모의 경제적 지위에 따른 교육의 불공정성은 더 커질 가능성이 크다는 것이다. 특히 강남과 강남 이외 지역의 주거비 격차가 더 커지는 상황을 보면 강남 거주자만이 좋은 질의 사교육을 받을 것이라는 주장이다.

서울경제신문은 2017년 7월 자사고와 외고를 폐지하는 것에 대한 찬반 토론을 게재하였다.[16] 찬성 측의 성기선 가톨릭대 교수의 논거는 다음과 같다. 보통교육제도의 근간을 흔들고 있는 자율형 사립고, 외고 등 특수유형의 학교를 통합하여야 한다. 누구나 질적으로 우수한 교육을 받도록 해야 한다는 공교육의 취지가 훼손되고 있다. 외고, 국제고 등은 명문대 진학의 통로로 전락하였다. 자사고는 김대중 정부 때 도입된 자율형 사립고의 시범운영에 대한 평가 없이 이름만 바꾸어 도입된 절차적 정당성도 지키지 않은 제도이다. 결국 자사고는 법률이 아니라 시행령에 근거하여 국회의 동의도 거치지 않고 정권 입맛에 맞게 도입된 것이다. 교육을 통한 사회 이동성을 훼손시켜 교육 양극화가 계층 서열화로 연결되는 것을 막아야 한다. 학교가 공존, 협력, 소통하는 공동체 의식을 길러 주도록 고교체제가 개편되어야 한다. 소수의 몇몇 학교, 소수의 공부 잘하는 아이들만의 공교육은 그 자체가 모순이다.

반대 측의 양정호 성균관대 교수의 논거는 다음과 같다. 지금까지의 몇 차례 자사고, 외고 폐지 논란의 경험에 보면 비생산적 논란만 있고 결과적으로 당사자인 학교와 학부모만 거리로 내모는 안타까운 사태로 귀결된다. 자사고와 외고는 교육평준화로 인한 교육의 질 저하에 대한 학부모들의 불만을 수용하여 만들어진 제도이다. 자사고는 연 50억 원에 달하는 정부 지원 없이 운영하고 있어, 폐지되면 국민들 부담이 늘어난다. 일반고 위기는 자사고나 외고 때문이 아니라 고교 평준

고·영재학교를 기준으로 하면 13위, 외고·국제고를 기준으로 하면 14위, 자사고를 기준으로 하면 15위에 해당된다. 일반고이나 서울고(20명), 경기고(13명) 등 평준화 시책 이후에 강남으로 이전한 과거 명문고들의 약진도 눈에 띈다. 20명의 서울대 합격자는 외고·국제고를 기준으로 하면 5위에 해당된다.

15) 자사고 등에 진학시키기 위해 부모들이 상당한 사교육비 부담을 지고 있고 고교단계에서도 자사고, 특목고 재학 중 학생의 사교육비 지출이 많은 것은 사실이나 지역별 사교육비 격차가 확연하고 늘어나는 추세이다.

16) [서울경제신문] [어떻게 생각하십니까?] 자사고·외고 폐지_20170707.

화 시작과 함께 시작된 것이다. 특히 노무현 정부 때부터 사교육과 집값 폭등으로 일반고교 간 격차가 고착화되었다. 일반고 배정도 학생들의 선호도를 반영하기 때문에 격차가 더욱 확대되고 있다. 2천 300여 개 고교 중 수능 1등급을 받는 학생이 1명도 없는 학교가 1천여 개에 이르는 사실에서 나타나듯이 우리가 알고 있는 고교평준화는 말로만 평준화지 실제로는 지역 격차, 집값 격차를 반영하고 있다. 전체 고교의 3%에 불과한 자사고, 외고에서 일반고 위기의 원인을 찾기 보다는 일반고교 간 학교 서열화에 대해 어떻게 할 것인가를 고민하여야 한다. 교사들의 사기를 끌어올릴 방안도 고민하여야 한다. 소모적 폐지 논쟁보다는 일반고의 역량을 끌어 올릴 방안을 고민하여야 한다. 취지에 맞지 않게 운영되는 자사고와 외고의 부분은 개선하면 된다. 제도 변경은 최소한 3년의 유예기간을 주도록 법에 명기되어 있다. 교육정책의 직접 당사자는 학생과 학부모라는 사실을 알아야 한다.

4. 직업계 고교 현장실습 폐지

특성화고교의 취업을 위한 현장실습은 이명박 정부, 박근혜 정부에서 모두 문제가 되었다. 현장실습생으로 실제로는 노동을 하면서 법적인 보호를 받지 못하고 제대로 된 실습도 이루어지지 못한다는 비판이 주였다.

문재인 정부가 들어서고, 2017년 11월 제주도의 한 특성화고교 3학년 학생이 현장실습 중 사망하면서 현장실습은 다시 논란이 되었다. 현장실습 폐지에 대한 특성화고의 반대에도 불구하고 정부는 2018년부터 특성화고 현장실습을 폐지하고 학생 안전이 확보된 기업에 한해 중도 채용을 허용하는 방침을 발표하였다.

서울경제신문은 2017년 12월 직업계 고교 현장실습 훈련의 폐지에 관한 찬반 토론을 게재하였다.[17] 찬성 측, 반대 측 모두 현장실습은 필요하며 현재의 현장실습은 폐지내지 대폭 개선하는 것에는 동의하고 있다. 찬성 측의 김형렬 가톨릭대 교수의 논거는 다음과 같다. 정부가 조기취업형 현장실습을 내년도부터 폐지하기

---

17) [서울경제신문] [어떻게 생각하십니까?] 직업계 고등학교 현장실습 폐지_20171215.

로 한 것은 의미가 있다. 그러나 구체적으로 보면 아쉬움이 남는다. 정부는 2003년과 2013년에도 종합 대책을 발표하였으나 현장실습 환경은 변하지 않았다. 정부의 이번 대책에 포함되어 있는 3개월의 '학습중심 현장실습'은 그 이전의 대책과 차이가 모호하다. 취업과 실습은 다르다. 학교 대신 취업현장에 보내 놓고 방치하는 것이 아니라 제대로 배울 수 있고 안전한 실습 환경을 제공하여야 한다. 제대로 된 현장실습이 이루어지기 위해서는 학교 내 실습환경을 개선해 제대로 된 실습교육이 이루어져야 한다. 안전한 훈련기관을 만들어 학생들이 실습할 수 있도록 하는 것도 대안이다. 안전한 현장실습을 제공할 수 있는 기업체에서만 실습이 허용되어야 한다.

반대 측의 이병욱 충남대 교수의 논거는 다음과 같다. 현장실습은 전문직업인을 양성하는 데 필수적인 과정이다. 직업계 고교의 현장실습은 현장성 있는 기술 습득과 훈련의 기회를 제공한다. 현재 현장실습에서 사망사고가 발생하는 것은 기술전수 프로그램이 부실하고 실습 학생의 인권과 안전을 보장할 수 없는 환경 때문이다. 미성년자인 실습학생뿐만 아니라 우리나라 근로자들은 상대적으로 위험한 작업환경에서 일하고 있다. 현장실습을 폐지하기 보다는 근로감독을 철저히 하고 현장에서의 안전문제를 개선하여야 한다. 이해당사자인 학생 그리고 기업 모두 프로그램의 존속을 원하고 있다.

재발방지를 위한 대책이 아닌 제도 폐지가 이루어지자, 취업을 준비하던 학생들의 반발이 심각했다. 조기취업형 현장실습을 중단한 뒤 나타난 가장 큰 변화는 현장실습 참여 기업이 3분의 1로 급감한 것이다. 그 결과 취업률이 낮아지게 됐다.

특성화 고교 졸업생의 취업률이 급감하자, 2019년 교육부는 '실업계고 현장실습 보완방안'을 내놓으며 기존의 현장실습 제도를 유지하되, 일정 자격을 갖춘 기업으로만 실습을 나갈 수 있도록 문턱을 낮추었다.

문재인 정부에 들어서 특성화고 취업률은 급격하게 하락하였다. 이러한 상황은 과거 취업률이 20% 미만이던 노무현 정부 때와는 또 다르다. 당시에는 대부분 학생들이 진학을 선호하여 취업률이 낮았지만 지금은 현장실습 폐지 및 제한으로 취업을 원해도 취업할 수 있는 기회가 더욱 줄어든 것이다. 여기에 코로나 19 사태가 겹치면서 직업계 고교 학생들의 취업의 문은 더욱 좁아졌다.

2021년 10월 요트에 붙은 따개비를 따려다 숨진 특성화고 현장실습생 사건으로 부실한 특성화고교 현장실습이 다시 문제되었다.

  코로나19 사태가 겹치면서 직업계 고교 졸업생 10명 중 3명만이 취업하는 상황에서 정부가 현장실습제도를 다시 폐기하기는 어렵다. 우리나라 기업들은 학생들의 훈련에 대한 투자를 선순환구조에서 접근하지 않고 있는 현실에서 정부가 특성화고교 현장실습 제도의 획기적인 개선안을 마련하기는 쉽지 않다. 정부가 2021년 12월 발표한 현장실습제도 개선안에 대해 평가는 그다지 우호적이지 않았다.

제11장

사회보장 정책

제11장

사회보장 정책

1. 재난지원금

2020년 초 코로나19 발생이후 2021년 8월까지 1차 14조 3천억 원, 2차 7조 8천억 원, 3차 9조 3천억 원, 4차 19조 5 천억 원, 5차 최소 15조 원 등 총 65조 원 이상의 재난지원금이 5차례에 걸쳐 지급되었다.

소상공인, 고용취약 계층에 직접적으로 피해를 본 계층에 대한 재난지원금을 제외하고 소득수준에 따라 지급하는 재난지원금은 전 국민에게 보편적으로 지급하느냐의 여부가 항상 쟁점이었다. 전 국민 지급을 반대하는 논거의 하나는 자영업자 등 피해 계층에 지원을 집중하여야 한다는 것이다. 전국민 재난지원금 논쟁이 기본소득 도입 공방으로 발전하였다.

한겨레신문은 2020년 3월 재난기본소득 도입에 관련된 찬반 토론을 게재하였다.[1] 찬성 측의 하태규 정치경제학연구소 상임연구위원의 논지는 다음과 같다. 재난기본소득을 일인당 100만 원씩 지급하면 취약계층의 소득이 늘어나고 소비유발 효과가 있다. 재원은 950조 원의 대기업 투자유보금 10%를 활용하면 충분하다. 유

---

1) [한겨레] [이슈 논쟁] 재난기본소득의 '끝과 끝'_20200317

효 수요를 유발하여 자본의 고도 축척으로 투자가 되지 않은 악순환의 고리를 끊어 경기를 활성화시킬 수 있다. 재난기본소득을 기본소득으로 발전시켜야 한다. 필요한 재원은 간접세 등을 폐지하고 종합누진소득세를 도입하여 조달하여야 한다. 기술혁신 등으로 자본축척이 된다면 다시 위기가 올 수 있으니, 궁극적으로 자본을 넘어서는 다른 세상을 만들어야 한다.

반대 측의 남재욱 한국직업능력개발원 부연구위원의 논거는 다음과 같다. 정치인, 기업인 등 여러 사람이 기본소득을 이야기 하고 있다. 그러나 일부 정치인 등이 주장하는 기본소득은 일반적 의미의 기본소득으로 볼 수 있다. 코로나19라는 특수 상황으로 볼 때 기본소득보다는 긴급재난지원금으로 불러야 한다. 재난 대책의 실효성 측면에서 전 국민 지급보다는 재난으로 피해를 입는 계층에서 지원하는 것이 바람직하다. 선별지원을 하되 느슨한 선별을 통해 포괄적으로 지원하여야 한다. 기본소득은 기술변화에 대비하여 사회의 분배방식을 근본적으로 변화시키려는 시도인데, 지금 현재 상황의 문제를 해결하는데 적합하지 않다. 재난으로 가장 어려움이 큰 이들에게 긴급하고 충분히 지원하여야 한다.

2020년 5월부터 전 국민에게 지급된 1차 지원금은 보편지급이냐 선별지급이냐를 두고 정부와 여당이 설전을 벌렸고 전 국민에 주되 기부를 유도하는 것으로 대통령이 정리하면서 전 국민에게 가구당 최대 100만 원이 지급되었다. 2020년 9월에 지급된 2차 지원금은 소상공인 등 저소득층에 선별 지원되었는데, 전 국민 통신비 지원이 추가되었다. 2020년 12월에서 맞춤형 대책으로 3차 지원금이 지원되었다. 2021년 초 지급된 4차 지원금은 코로나 피해업종이나 계층을 중심으로 선별 지원되었다. 2021년 추석 전에 지급된 5차 재난지원금 중 국민지원금은 전 국민의 88%가 지급받는 것으로 정하여졌으나 이의 신청이 폭주하자 추가 지급하는 것으로 결정되었다.

소득수준에 따른 국민지원금이나 피해계층을 대상으로 하는 선별지원금 모두 지급기준의 타당성과 형평성이 논란의 대상이 되었다. 기준이 되는 건강보험료가 전년도 소득을 기준으로 하고 소상공인이나 자영업자는 지원의 기준이 되는 피해액을 입증하는 것이 어렵기 때문이다. 일부 사업은 예산집행이 제대로 이루어지지 않아 대상 선정이 잘못 되었다는 비판을 받았다.

재난 지원금이 지자체의 재정 상황에 따라 차이가 나고 지급기준도 일관성이 없다는 지적이 제기되었다.

재난지원금이 저소득층에게 도움이 되는 것은 사실이나 소비진작 효과는 제한적이라는 것이라는 여러 국책연구기관의 연구결과이다.

2. 건강보험과 문재인 케어

2013년 9월 정부는 4대 중증질환자의 치료비를 25% 지원한다고 발표하였다. 박근혜 대통령이 후보 시절 4대 중증질환에 대해서는 전액 국가부담과 3대 비급여 선택진료, 상급병실, 간병인 지원을 약속하였다는 일부의 주장에 대해 기재부 등 정부 관계자는 공약에 없으나 완화대책을 마련하겠다고 반박하는 등 논란이 되었다.

박근혜 정부의 비급여 진료 개혁방안에 대해 중앙일보와 한겨레신문은 2013년 10월 각각 사설을 게재하였다. 중앙일보 사설의 요지는 다음과 같다.[2] 반강제적으로 상급 병실을 이용하고 선택진료를 받는 일은 의료의 고질적인 문제이다. 한 조사에 따르면 상급병실은 환자의 60%, 선택진료는 40%가 억지로 이용하였다. 정부의 안은 대형 병원에서 일반병실이 충분히 공급되지 않는 것에 따른 문제점을 개선하기 위해 고민한 흔적이 보인다. 비급여 문제는 여러 요인이 복합적으로 작용하여 생긴 것이기 때문에 대형 병원으로 환자들이 몰릴 가능성이 있다는 것에 유의하여야 한다. 지역병원 인센티브 등 보완책이 충분히 고려되어야 한다.

한겨레신문의 사설의 요지는 다음과 같다.[3] 일반병실이 부족한 대형 병원에서의 의료비 부담을 덜어 주기 위해 정부가 상급병실 이용에 대한 개선책을 마련한 것은 긍정적이다. 대형 병원으로의 쏠림 현상을 막기 위한 보완책이 뒤따라야 한다. 지역거점병원을 육성하고 서울의 대형 병원과 연계를 강화하는 방안이 있다. 장기 입원을 고집하는 환자에게 입원비를 높이는 방안도 검토하여야 한다. 병실 배정을 둘러 싼 환자들 간의 다툼을 예방하기 위해 병실 정보를 투명하게 공개하

---

2) [중앙일보] 환자 중심으로 비급여 진료 개혁해야_20131011.
3) [한겨레신문] 상급병실 개선안, 세밀한 보완책 뒤따라야_20131011.

여야 한다. 일반 병실을 확대할 경우 재정이 추가로 필요한 문제는 전반적인 건보 재정의 개편과 함께 풀어야 한다.

박근혜정부에서 매년 건강보험요율은 오르나 보장률이 줄어들어 누적적자가 쌓이고 있다는 비판이 제기되었다. 정부는 선택진료비를 줄이고, 일반병실을 늘리며, 포괄간호서비스를 확대하고 있으나 다른 비급여항목이 늘어나 보장률이 떨어지고 있다는 주장이었다. 정부는 2017년에는 건강보험료를 올리지 않기로 결정하였다.

문재인 정부는 임기 5년 내에 30조 6천억 원을 들여 미용, 성형을 제외한 거의 모든 의료 분야에 건강보험을 적용하는 문재인케어를 실시할 계획이었다. 소요재원 중 10조 원은 건보의 누적 흑자 20조 원 중 10조 원을 쓰고 나머지는 국고지원과 보험료 부과기준을 확대하여 조달하여 건강보험료율은 과거 10년 평균 수준으로 할 계획이라고 발표하였다.

한국경제신문은 보장성 강화를 주로 하는 문재인케어에 관한 찬반 토론을 2017년 8월 게재하였다.[4] 찬성 측의 정형선 연세대 교수의 논거는 다음과 같다. 문재인케어는 현장에서 환자 부담을 줄이는 획기적인 방안이 많이 포함되어 있다. 현장에서 어려움이 많겠지만 꼭 해내야 한다. 31조 원의 비용도 5년간 건강보험에서 의료기관에 지급되는 비용 350조 원의 10분의 1에 불과하다. 누적흑자가 21조 원이고 건강보험료도 일본이나 프랑스보다 매우 낮으니 1%만 올려도 25조 원을 조달할 수 있다. '예비 급여' 제도를 강구하여 의료쇼핑을 방지할 것이다. 모든 필수 진료를 급여화하고 '혼합진료 불인정' 원칙을 적용하면 비급여가 줄어들어 전체적으로 의료비가 줄어들게 된다. 병원이 비급여 진료에 매진하는 것은 의료의 왜곡을 가져온다. 병원운영이 급여진료만으로도 가능하도록 의료 간 상대가치를 조정해야 한다.

반대 측의 김숙희 서울시의사회 회장의 논거는 다음과 같다. 31조 원이 드는 보장성 강화로 건보의 누적흑자 소진과 보험료 인상이 불가피하여 건강보험은 재정악화로 무너질 수 있다. 환자의 선택권이 제한되는 신포괄수가제를 확대하면 의

---

4) [한국경제] [맞짱 토론] 건강보험 보장범위 확대해야 하나_20170819.

료의 질이 저하된다. 신포괄수가제는 수가 인하가 목적이다. 우리 의료수가는 OECD회원국 중 하위 수준이며 원가보전도 안 된다. 선진국 수준의 보장성 강화를 위해서는 의료 수가의 인상이 불가피하다. 환자의 도덕적 해이에 따라 의료자원의 적정 배분이 어려워지고, 환자와 의사간의 불신이 증폭되면서 의사는 소극적 진료에 임할 수밖에 없다. 필요의료가 이루어지지 못하고 중증환자가 필요한 진료를 못 받을 수 있다. 대형 병원으로 환자가 몰려들어 중소 병원과 동네병원이 몰락 할 수밖에 없다. 문재인케어에는 전공의 지원대책 등 의료종사자들의 열악한 근로환경을 개선할 대책은 없다. 건강보험료를 낼 인구는 줄고 노인 의료비는 급증하는데 복지강화를 위해 비급여의 급여화를 하는 것이 우선순위인지 의문이다. 비급여의 급여화를 통한 실손보험사의 반사 이익을 공보험과 사보험을 연계하여 해결하겠다고 하는데, 자유민주주의 시장경제에서 가능할지 의문이다. 무상의료를 내세운 공산국가에는 국민건강이 경제가 붕괴되기 전에 망가졌다. 양질의 의료를 받을 수 없는 명목상 무상의료였기 때문이다.

문재인케어의 보장성 강화에 대한 기대감은 높으나 건보의 재정건전성 악화에 대한 우려 등으로 속도 조절이 필요하다는 주장이 제기되었다. 정부는 문재인케어의 보장성 강화를 위해 필요한 재원조달을 위해 건보료 부과체계를 개편하였다. 건강보험 급여관리를 강화하여야 한다는 지적이 제기되었다.

정부가 2018년 3월 상복부 초음파 검사를 전면 급여화하겠다고 하자 의사협회가 집단행동을 예고하는 등 반발하였다.

서울경제신문은 2018년 4월 문재인케어에 대한 의료계의 집단 반발이 가시화되자 건강보험 보장성 강화에 관한 찬반 토론을 게재하였다.[5] 찬성 측의 허윤정 아주대 교수의 논거는 다음과 같다. 문재인케어의 보장성 강화는 아프거나 다친 사람들의 의료비 부담을 덜어주는 제도이다. 현행 보장률 63.4%를 70%로 올리겠다는 것이 기본 취지이다. 우리나라의 건강보험 보장률은 OECD 평균의 80%에 훨씬 못 미치고 지난 10년간 65% 수준에 머물고 있다. 문재인케어는 의사협회의 협조가 없이는 달성하기 어려운데, 다른 의료관계자들의 환영과 기대에 반해 의사협

---

5) [서울경제] [어떻게 생각하십니까] 건강보험 보장성 강화_20180406.

회만 반대하고 있으니 국민들이 잘못된 인식을 가지지 않을까 걱정된다. 정부는 건강보험 보장성 강화의 내용을 소상하게 국민들에게 알려야 한다. 중증환자는 대형 병원, 만성 질환자는 동네병원에 가는 전달체계도 이번 기회에 확실히 정착되어야 한다. 돈이 있고 없음에 따라 건강할 수 있는 권리가 달라진다면 건강보험의 의미는 상실된다. 우리 건강보험 시스템은 미국이 부러워하는 제도이다. 시스템을 더욱 개선하여 아픈데 돈이 없어 치료를 고민하는 사람이 없게 만드는 정책을 국민이 반대하지 않을 것이다.

반대 측의 김용하 순천향대 교수의 논거는 다음과 같다. 의협이 비급여의 급여화 전에 낮게 책정되어 있는 건강보험 수가를 정상화할 것을 요구하고 있다. 지금까지는 비급여를 통해 낮은 급여의 수가를 보전해 왔기 때문이다. 의협은 문재인케어를 의료기관의 의료행위를 정부 기준 틀에서 완전히 통제하려는 시도로 보고 있다. 의협은 모든 비급여를 급여로 단계적으로 적용하면 환자는 늘어나는데 정부가 책정하는 수가가 현재 비급여로 자유롭게 책정하는 수준보다 낮아질 가능성을 우려하고 있다. 정부는 향후 가격은 최대한 낮게, 이용량은 일정 부분 통제하려고 할 가능성이 크기 때문에 의료기관은 수입 감소를 우려하고 있다. 샅바 싸움은 이제 막 시작되었다. 정부의 딜레마는 보험수가를 정상화하면 재원이 추가적으로 필요하고, 그대로 밀어 붙이면 협조가 필수적인 의사협회의 강력한 반발이 예상된다는 것이다. 우리나라 보건의료 시스템은 민간시장에 거의 맡겨져 있는데, 공공성이 강한 유럽식 시스템으로 바꾸고자 하는 것이 문재인케어의 궁극적인 목적이고 비급여 보장성 강화는 시작이다. 미국 등 민영의료시장에 맡겨져 있는 나라에 비교하여 우리나라는 의료 수가가 비교적 낮고 의료사각지대가 거의 없는 나라로 꼽힌다. 우리나라는 의료기관과 의료인이 낮은 수가에도 불구하고 수익 창출을 위해 노력을 하고 있어 의료기술도 세계 최상이므로 의료수준 정체 상태인 유럽과 차이가 있다. 의료 수가를 정상화하고 문재인케어가 정부의 주장인 31조 원보다 더 많은 비용이 든다는 것을 국민들에게 이해시켜야 한다. 이것이 문재인케어의 현재의 난관을 극복하는 방안이다.

문재인케어로 보장성이 강화되면서 건보재정이 악화되어 당초 계획하였던 일부 보장성 강화 조치가 완화되었다.

문재인케어 도입 4주년을 맞이하여 정부는 성과보고 대회를 개최하였다. 3년 차인 2020년 초 여론조사에서 국민들의 평가는 문재인 정부의 다른 평가에 비해 긍정적이었으나 2021년 중반 4주년 시점에서는 부정적인 평가가 주였다. 당초 약속하였던 건보보장률 70% 달성은 사실상 불가능하고 보장률은 1.6%포인트 올랐다는 것이었다. 건강보험요율을 올리고 문재인케어에 9조 원이 투입되었다. 코로나로 인해 건보 재정건전성이 일시 개선되었으나 향후 적자대응책에 대해 정부는 대안을 제시하지 못하고 있다. 과다진료, 실손보험제도 붕괴, 대형 병원 쏠림 현상으로 인한 동네병원의 건보보장률 하락 등도 문제점으로 지적되었다.

간호사들이 업무부담 과중 등을 이유로 코로나19에도 불구하고 파업을 결의하였으나 파업 직전 노정합의가 이루어졌다. 그러나 합의사항 이행까지는 풀어야 할 과제가 많으며 재원확보가 가장 큰 난제이다.

3. 연금개혁

3.1. 기초연금

우리나라 노인 빈곤층 비율은 OECD 국가 중 1위이고 노후소득보장체계가 미흡하여 은퇴 후에도 일을 할 수밖에 없다.

박근혜 대통령은 65세 이상 모든 노인에게 지급되는 보편적 기초연금을 대선에서 공약하였으나 세수 부족으로 소득 상위 30%를 제외하고 지급하기로 결정하면서 공약파기 논란이 있었다.

기초연금 공약 축소내지 파기와 관련하여 대통령의 소통방식도 문제가 되면서 지지율이 크게 하락하였다. 보건복지부 장관이 기초연금 축소 협의과정에서 청와대와의 갈등으로 사퇴하였는데, 사퇴과정도 논란이 되었다.

박근혜 대통령이 선거 공약이었던 기초연금의 축소에 대해 국무회의에서 사과의 발언을 하자 중앙일보와 한겨레신문은 각각 사설을 게재하였다.[6] 대통령이 기초연금을 공약대로 지키지 못한 것을 국무회의에서의 발언을 통해서가 아니라 직접 경위를 설명하고 사과하면서 대안을 제시하여야 한다. 기초연금을 지급받지 못하는 상위 30%에게는 양해를 구할 수 있다. 소득수준과 무관하게 획일적으로 기초연금을 지급하는 것이 합당한 것인가, 재원 조달을 고려하면 처음부터 무리한 공약이었다. 복지혜택이 절실한 계층에게 보다 두터운 혜택이 돌아가도록 하는 제도를 설계하는 것이 정부의 과제이다. 부자 증세를 주장하는 민주당이 소득 상위 30%가 기초연금을 받지 못했다고 공약파기로 모는 것은 일관성도 없고 비합리적이다.

한겨레신문 사설의 요지는 다음과 같다.[7] 대통령의 기초연금 공약파기 사과는 형식면에서 문제가 있다. 국민에게 직접 사과하여야 한다. 현재의 기초연금 공약은 대선 공약과는 차이가 나니 공약파기이다. 박근혜 정부는 공약이행을 위해 부자 증세, 사회간접자본 투자 조정 등 최선의 노력을 다하지 않았다. 후보 시절 실현 가능한 공약을 제시하였다고 공언하였는데, 8개월 만에 공수표가 되었다. 야당의 협조를 구하였는데 주요 공약을 파기하면서 알아서 협조하라는 것은 독선적 국정 운영이다.

문재인 정부 들어서서 기초연금 액수가 인상되었고 지급액수 산정 기준 등에서 불합리한 점이 개선되었으며 통신비 지원 등이 있었다. 지자체 차원에서 노인 복지의 사각지대를 해소하려는 여러 노력이 있다.

3.2. 공무원연금

공무원연금법에 따라 2001년부터 공무원연금 적자를 세금으로 보전하고 있다. 정부 연금보전액은 2001년 599억 원이었으나 2013년에는 1조 9천 9백억 원으로 늘어났다. 정부 재정에 의해 적자를 보전 받으나 국민연금대비 우월한 혜택, 악화되는 재정 등으로 구조개혁이 필요하다는 비판이 지속적으로 제기되어 왔다.

박근혜 정부는 공무원들의 저항에도 공무원연금 개혁을 추진하였다.

공무원들의 실력 행사로 공무원연금 개혁 토론회가 2014년 9월 22일 무산되

---

6) [중앙일보] 박 대통령은 국민에 대한 설명 책임을 다하라_20130927.
7) [한겨레신문] 기초연금 공약파기, '어물쩍 사과'로 넘길 일인가_20130927.

자 중앙일보와 한겨레신문은 각각 사설을 게재하였다. 중앙일보 사설의 요지는 다음과 같다.[8] 공무원노조가 토론회를 폭력적인 방법으로 무산시킨 것은 안타깝고 어이없다. 공무원연금 적자를 보존하는 데 한해에 국민세금 2조 원이 들어간다. 2020년에는 7조 원이 들어 갈 것으로 예상된다. 국민연금과 비교하여 공무원연금은 연금액수도 많고 일찍 수급할 수 있다. 국민연금은 이미 2007년에 구조조정을 했다. 공직자라면 지속 가능성을 걱정하고 국민이 느끼는 상대적 박탈감을 헤아려야 한다. 정부는 공무원들 집단행동에 밀려 개혁안을 후퇴시켜서는 안 된다.

한겨레신문 사설의 요지는 다음과 같다.[9] 공무원연금 개혁 토론회가 노조의 집단행동으로 무산되었다. 노조 반발은 예상하였지만 이 정도로 심각할지는 몰랐다. 해묵은 과제가 표류할 것 같다. 더 내고 덜 받는 방향으로의 개혁안은 국민과의 형평성, 고령화와 수급자 증가로 인한 연금재정의 악화를 고려하면 눈여겨 볼만하다. 그러나 재정안정에만 초점이 맞추어져 있다. 재정여력을 탓하며 이미 약속한 연금을 삭감하겠다고 하니 갈등이 생길 수밖에 없다. 수백만 명의 이해관계자가 걸려 있는 사안을 연금학회라는 전문가를 내세워 일방적으로 밀어 붙이려 하는 것은 잘못이다. 사회적 대화를 통해 밀실이 아닌 광장에서 범사회적으로 논의가 되어야 한다.

공무원연금 개혁을 위한 국민대타협기구 활동 종료 시한이 며칠 남지 않은 2015년 3월 중앙일보와 한겨레신문은 각각 사설을 게재하였다. 중앙일보 사설의 요지는 다음과 같다.[10] 시한이 4일 앞으로 다가 온 시점에서 민주당은 개혁안을 내놓지 않고 있다. 4개월 동안 이런 저런 핑계를 대고 내지 않았다가 언론에 흘린 안도 처음 야당안과 크게 다르지 않다. 다음 달 있을 재보궐 선거와 내년도 총선에서 공무원 표를 의식하는 듯하다. 공무원연금 개혁은 정파를 떠나 국가 대계를 위한 것이다. 공무원 표를 얻으려다가 국민의 마음을 잃게 될 위험이 있다.

한겨레신문 사설의 요지는 다음과 같다.[11] 시한이 3일 남은 시점에서 야당이

---

8) [중앙일보] 연금 개혁 반대 집단행동, 아무도 지지 안한다_20140923.
9) [한겨레신문] 사회적 대화로 풀어야 할 공무원연금 문제_20140923.
10) [중앙일보] 공무원연금 개혁에 너무 소극적인 야당_20150325.
11) [한겨레신문] 공무원연금 개편, 인내심과 지혜로 대타협을_20150326.

개혁안을 내 놓으면서 논의가 진전되는 계기가 되었다. 논의에 있어 다음 전제가 지켜져야 한다. 노후가 불안한 중하위직 공무원이 수용할 수 있는 안이 나와야 한다. 재정의 지속 가능성에 대한 분명한 그림이 제시되어야 한다. 국민연금과 형평성도 중요하지만 하향평준화는 바람직하지 않다. 적정 노후소득을 보장해 주어야 한다. 국가의 미래가 걸린 일이니 대타협기구의 시한에 얽매이지 말고 타협점을 찾아야 한다.

사회적 합의에 의해 도출된 공무원연금개혁법이 2015년 국회를 통과하였다. 명퇴신청 교사의 수가 급감한 것에서 알 수 있듯이 반쪽 개혁이라는 비판은 있었지만 정부는 공무원연금에 지급하던 적자보전금 1조 5천억 원을 절감할 수 있었다.

박근혜 정부의 공무원연금 개혁에도 불구하고 공무원연금 적자 보전을 위해 여전히 상당액의 예산을 투입하고 있다.

2015년 3조 원에서 2017년 2조 2천억 원, 2019년 2조 원으로 줄어드는 추세였으나 2021년 2조 5천억 원으로 늘어났고 공무원 퇴직자와 연금수급자가 예상보다 급증하면서 2022년에는 보전액이 4조 1천억 원으로 급증할 것을 예상된다.

문재인 정부는 공무원연금 개혁을 시도조차 하지 않았다. 오히려 문재인 정부 들어 공무원이 증원되면서 늘어나는 국가 채무에 대해 우려하는 목소리가 크다.

3.3. 국민연금

2013년 7월 국민연금제도발전위원회는 연금 보험료 인상을 제안하였다. 보험료율을 그대로 두면 2060년에 기금이 완전 소진될 것으로 전망되었다.

2013년 7월 국민연금제도발전위원회가 국민연금 보험료율 인상안을 제시하면서 논란이 되자 중앙일보와 한겨레신문은 각각 사설을 게재하였다.[12] 위원회가 국민연금 보험료율을 현행보다 올리는 것을 제안하면서 비난의 대상이 되었다. 지금은 국민연금제도의 큰 틀을 손질할 때이다. 국민연금은 5년마다 재정 안정성을 점검하도록 되어 있는데 2007년 이후 점검하

---

12) [중앙일보] 국민연금 개혁 위한 국민 설득 더 늦출 수 없다_20130713.

지 못하였다. 올해는 선거부담이 없어 개혁의 적기이다. 현재의 틀을 유지하면 2060년에 기금이 고갈될 것으로 전망된다. 2007년 개혁에서 소득대체률을 40%, 지급시기도 단계적으로 65세까지 조정하였으니 보험료율을 올릴 수밖에 없다. 우리의 보험료율은 독일, 일본과는 비교가 되지 않고 미국에 비해서도 낮다. 국민연금의 보험료율 인상에 대한 국민의 불만을 누그러뜨리려면 특수직 연금도 개혁하여야 한다. 장기적으로는 보험료를 13%까지 올려야 한다는 것이 전문가들의 공통 인식이다. 1988년, 2007년과 같이 땜질 처방이 아니라 사회적 공감대를 넓혀 가면서 제대로 된 틀을 짜야 한다.

한겨레신문의 사설 요지는 다음과 같다.[13] 국민연금 보험료를 올리는 것보다는 사각지대를 해소하고 보험료 상한액을 올려 소득재분배 역할을 높이는 것이 더 시급하다. 급속한 고령화로 제도 개선이 불가피한 측면이 있으나 기금 소진까지 47년이 남은 시점에서 급히 결정할 사안은 아니다. 지난번의 개편으로 지급시기가 늦추어졌고 소득대체율도 떨어졌는데 보험료 인상은 국민적 공감을 받기는 어렵다. 직장이 있어야 낼 수 있어 사각지대가 있을 수밖에 없는 국민연금과 세금으로 누구에게나 지급하는 기초연금을 묶어서 같이 논의하여 노후보장체계의 틀을 설계하여야 하며 복지 증세에 대한 획기적인 접근이 필요하다.

공무원연금 개편 관련 사회적 합의에 따라 국민연금개편을 위한 특위가 국회에 설치되었는데, 관련하여 여야 간사가 국민연금의 소득대체율 상향 조정에 합의하였으나 후폭풍에 시달렸다. 특위가 2015년 11월 25일 시한 만료로 성과 없이 활동을 종료하였다.

특위활동 종료 후 국민연금 개혁과 관련된 논의는 많았으나 19대 국회에서 관련법이 처리되지 않았다.

국민연금 개혁은 문재인 정부 국정과제에는 포함되지 않았으나 기금의 고갈이 예상보다 빠르게 올 것으로 예상되는 등 국민연금 개혁이 시급하다는 주장이 문재인 대통령 취임 초부터 제기되었다.

2018년 8월 연금의 지속 가능성을 높이기 위해 최소가입 연령을 늘리고 수급

---

13) [한겨레신문] 국민연금 보험료 인상만이 능사는 아니다_20130813.

개시연령을 상향조정하고 보험요율을 인상하는 것을 골자로 하는 국민연금제도개선위원회의 안이 공개되면서 여론이 악화되었다. 400조 원의 적립금이 있는 국민연금의 보험료는 올리면서 국민 세금으로 적자를 보전하여 주는 공무원연금과 군인연금에 대한 개혁이 이루어지는 않는 것도 문제가 되었다.

정부는 4가지 안을 제시하고 최종적으로는 경사노위에서의 논의를 거쳐 국회에서 결정하는 것으로 입장을 정리하였다. 그러나 경사노위 연금특위에서 단일안 합의에 실패하고 정부는 단일안을 국회에서 제출하는 방침을 시시하였다가 2020년 6월 경사노위 연금특위가 제시한 4가지 안을 국회에 제출하고 국회에서 논의를 거쳐 확정하여 줄 것을 요구하였다.

서울경제신문은 2018년 8월 31일 국민연금 보험료 인상에 관한 찬반 토론을 게재하였다.[14] 찬성 측의 윤석명 한국보건사회연구원 연구위원의 입장을 보면 다음과 같다. 1998년 소득대체율 70%로 도입된 국민연금의 소득대체율은 45%인데, 기금 안정성을 위해 5%포인트 하향 조정할 경우 기금은 2057년에 소진될 것으로 전망된다. 보험료율을 인상하여야 기금의 안정적 운영이 가능하다. 우리나라 보험요율은 1998년 이후 9%를 유지하고 있다. 소득대체율이 45%가 되기 위해서는 보험요율이 OECD 평균 수준이 18%가 되어야 한다. 우리 경제의 저성장 고착으로 기금이 빠르게 소진되고 있으며 일부에서 주장하듯이 부과방식으로 변경할 경우 비용률이 2060년에는 26.8%까지 오를 것이다. 현 체제에서 보험요율 인상을 늦추면 미래의 인상율은 더 높아질 것이다. 부과방식을 채택하고 있는 독일은 이미 1970년대부터 우리보다 2배 이상의 보험요율을 부담하여 오고 있다. 후세대가 동의할 수 있는 만큼의 충분한 보험요율의 인상이 이루어져야 한다.

반대 측의 주은선 경기대 사회복지학과 교수의 논거는 다음과 같다. 국민연금이 재정적 위기에 처해 있다는 것은 과장이다. 국내총생산대비 국민연금기금의 비율은 세계 1위이다. 40년 뒤에 기금고갈은 재정적 노력을 가능하지 않을 때 가능한 이야기이나 그렇다고 미리 보험료를 과다하게 인상할 필요는 없다. 유럽의 대부분 나라는 5년 미만, 미국은 20년 미만의 공적연금 기금을 쌓아 놓고 있다. 보험

---

14) [서울경제] [어떻게 생각하십니까_] 국민연금 보험료 인상_20180831.

요율을 너무 많이 올리면 실물경제 대비 국민연금의 과다한 비율로 부작용도 우려된다. 국민연금은 세대간 부양구조에 기반을 둔 제도이다. 2050년 노인에 대한 노후소득보장 비용은 이미 여러 나라에서 오래 전부터 부담하고 있는 GDP의 10% 수준이다. 기금의 안정성을 높이기 위해서는 출산율 및 경제활동참가율 제고, 노동자 및 자영업자의 소득증가 전략이 보험료 인상과 같이 고려되어야 한다. 경제성장과 분배 개선도 고려하여 하며, 보험료 인상시 저소득층을 고려하여야 한다. 제대로 된 노후소득 보장에 대한 국민적 신뢰를 전제로 보험료 인상이 논의되어야 한다.

국민연금 개혁은 2018년 8월 국민연금제도개선위원회가 4개안을 제시한 이후 2021년 12월까지 진전이 없는 상황이다.

4. 무상보육

유치원과 어린이집에 다니는 만 3~5세 유아에게 학비와 보육료를 지원하는 누리과정에 대한 중앙정부와 지방정부의 재정부담 비율과 관련된 갈등은 사업이 시작된 박근혜 정부 초부터 있었다. 중앙정부 부담 비율을 늘리려는 법안의 국회 심의가 기재부의 요청으로 보류되었기 때문이다.

한국경제신문은 누리과정에 대한 국가지원 비율을 상향 조정하는 것에 대한 찬반 토론을 게재하였다.[15] 찬성 측의 김홍환 전국시도지사협의회 책임연구위원의 논거는 다음과 같다. 2008년 전까지 차상위계층에만 지급하던 양육수당을 올해는 모든 계층에 지원하는 등 보육지원정책은 확대, 강화되어 왔고 재정부담도 3배 이상 증가하여 왔다. 중앙정부와 지방정부의 재정부담 비율은 법에 정해져 있다. 보육지원에 따른 지방재정의 어려움으로 지난 해 12월 중앙정부의 부담 비율을 20%포인트 상향조정하는 법 개정안이 관련 국회 소위를 통과하였고 이명박 대통령도 약속한 바 있어 지방정부는 이에 근거하여 예산을 편성하고 있다. 그러나 박

---

15) [한국경제] [맞짱 토론] 보육지원 정부지원 타당한가_20130515.

근혜 정부가 내년도 예산에 반영하지 않아 갈등이 발생하고 있는 것이다. 보육에 대한 국가의 책임은 필수이다. 중앙정부의 부담을 20%포인트 인상하는 개정안을 조속히 통과시켜 현장에서의 혼란을 막아야 한다.

반대 측의 박상원 한국외국어대 교수의 논거는 다음과 같다. 무상보육과 같이 전국적인 사업은 국가에서 재정을 부담하는 것이 교과서 논리로는 맞다. 공공서비스 부담을 지자체가 부담하게 하면 재정여건에 따라 서비스가 달라지기 때문에 국민이 정서적으로 받아들이기 힘들다. 중앙정부가 지방정부에 보조금을 주는 것은 재정여건이 좋지 않은 지자체에 대한 지원적 성격이기 때문에 중앙정부가 그 기준을 정하는 것이다. 재정여건이 제일 좋은 서울시가 재정부담 비율에 따른 갈등을 촉발시킨 것은 좋은 시선으로 볼 수 없다. 앞으로 더욱 폭발하는 복지재원 수요를 중앙정부와 지자체가 어떻게 분담할 것인가는 주요 이슈이다. 중앙정부가 많이 부담하면 그만큼 다른 사업을 할 수 없다. 중앙정부에 비해 지방정부가 예산운영을 방만하게 해온 것을 부인할 수 없다. 지자체가 재정을 효율화하고 사업의 구조조정을 선행한 후에 중앙정부에 보조금 증액을 요구하여야 한다. 무상보육이 중앙정치의 산물이라고 사후적으로 재원확대를 요구하기 보다는 논의과정에 적극 참여하여야 한다. 국가보조사업의 기준과 보조율은 행안부가 정하도록 되어 있는데, 무상보육만 법으로 정하는 것은 원칙에 맞지 않는다. 서울시의 무상보육 예산부족 사태가 무상보육 자체를 원론적으로 다시 검토하는 계기가 되어야 한다.

무상보육의 재원부담을 두고 발생한 무상보육 갈등은 서울시가 지방채 2천억 원을 발행하여 부담하는 것으로 종료되었다. '증세 없는 복지'를 주장하는 정부와 국가사업의 정부부담 확대를 반영하는 법 제정을 요구하는 지자체와의 입장 차는 여전하여 갈등은 재연될 소지가 있었다.

무상보육 재원을 둘러 싼 정부와 서울시의 갈등이 마무리되면서 중앙일보와 한겨레신문은 2014년 9월 각각 사설을 게재하였다.[16] 정부와 서울시의 갈등은 봉합되었으나 근본적인 재원조달 방법이 마련되지 않으면 언제든지 재연될 수 있다. 갈등과정에서 무상보육 논란이 정치적 대

---

16) [중앙일보] 한계 드러난 무상보육, 근본적으로 뜯어고쳐야_20130907.

립으로 비화되면서 본질이 흐려지고 있다. 이번 대란은 무상보육 대상을 전면 확대하기로 하면서 누군가가 부담하여야 하는 무상이 아닌 무상보육의 재원조달 대책을 미리 마련하지 않았기 때문에 예견된 것이다. 중앙정부와 지방정부 모두 세수가 부족하니 서로 떠넘기는 일이 발생한 것이다. 무상보육이 여성 고용률을 높이는 데 효과가 없고 저소득층 영유아 발달도 저해한다는 연구결과도 있다. 무상보육의 실효성과 재원조달 방법을 근본적으로 다시 검토하여야 한다.

한겨레신문 사설의 요지는 다음과 같다.[17] 서울시의 무상보육 갈등이 2009년 이후 4년 만에 지방채를 발행하면서 봉합되었으나 여전히 갈등이 재연될 소지가 있다. 법사위에 계류되어 있는 법이 개정되어 국고 비중을 높이는 것이 해결책이다. 국고보조 사업은 정부가 주도하고 지방정부가 보조하는 사업인데, 국고보조 사업의 규모는 늘고 있으나 정부의 부담 비율은 줄고 있다. 무상보육과 같이 지자체 특성을 반영하지 않은 사업은 전액 국고로 하여야 하며, 관련법과 제도를 고쳐야 한다. 이번 논란은 정부가 증세 없는 복지를 한다고 하여 초래된 것이다. 다른 나라에 비해 현저히 낮은 GDP 대비 복지비율을 장기적인 계획을 세우고 국민을 설득하면서 높여 나가야 한다.

무상보육이 준비 없이 급속도로 확대되면서 교사의 자질, 서비스의 질의 문제와 관련된 사례가 종종 발생하여 자녀를 안심하게 맡길 수 있는 무상보육 시스템 구축이 필요하다는 주장이 제기되었다.

2016년도 누리예산 편성과정에서 재원 배분을 놓고 정부와 지자체 간에 갈등이 다시 폭발하였다.

중앙일보와 한겨레신문은 누리예산 배분과 관련된 사설을 2015년 12월 각각 게재하였다. 중앙일보 사설의 요지는 다음과 같다.[18] 2016년 누리예산 4조 원의 부담을 놓고 중앙정부와 교육청의 대립이 극에 달하고 있다. 일부 교육청은 예산 편성을 전혀 하지 않아 전체 필요 예산의 30%만 확보된 상황이다. 교육청은 대선 공약이니 정부가 부담해야 한다는 것이다. 정부는 예산편성을 하지 않으면 대법원 제소 등 모든 방법을 동원해 강력히 대처한다는 입장이다. 교부금이 전체적으로

---

17) [한겨레신문] 무상보육 논란 계기로 복지재정 근본해법을_20130906.
18) [중앙일보] 누리과정 예산 갈등, 정부와 정치권이 결자해지하라_20151225.

늘어났고 다른 부분에서 예산절감 요인이 있어 편성 가능하다는 것이다. 지자체가 예산 대책 없이 정치적 인기를 위해 공약을 남발한 결과이다. 무상보육을 전면적으로 실시하는 나라는 우리나라가 유일하다. 정부, 여야, 교육감들이 모여 합의점을 찾아야 한다.

한겨레신문 사설의 요지는 다음과 같다.[19] 정부는 누리과정 예산편성은 법에 정한 의무사항이니 무조건 편성하라는 강경한 입장이다. 법 제정의 근거가 된 세수 전망이 틀려서 지방교육청 재정은 파탄 직전이다. 교부금 삭감은 일을 더 꼬이게 할 뿐이다. 서울시와 성남시의 청년복지사업에 대해서도 강경 대처하겠다는 입장은 청년문제 해결을 더 어렵게 한다. 난제가 쌓여 있는데 정부는 소송을 하기 보다는 진지한 조정과 협의하여 방안을 모색하여야 한다.

2016년 재원부담을 둘러 싼 보육대란 갈등은 근원적인 해결 없이 종식되었다. 17개 교육청 중 2015년 12월 24일 기준으로 유치원, 어린이집 예산을 모두 편성한 곳은 한 곳도 없었다. 대립과 진통의 과정을 거쳐 지자체에서 편성하는 것으로 정리되었으나 일부 지자체는 일부 예산만을 편성하였다. 정치권도 큰 역할을 하지 못했다. 정부는 누리예산 갈등 종료 후에 관계자를 검찰에 고발하고, 감사를 하였으며, 정부협조 정도에 따라 목적예비비 지원을 차등화 하였다. 지자체들이 누리예산부족을 호소하나 지자체 사업의 효율성부터 제고하여야 한다는 주장이 제기되었다.

문재인 정부가 출범하면서 어린이집 누리과정 예산부담을 둘러싸고 발생하였던 정부와 지자체 갈등은 해소되었다.

그러나 유치원 지원과 관련된 갈등은 여전히 해소되지 않고 있다. 전국의 교육감들은 유치원 누리예산도 같이 지원할 것을 요구하였다. 정부가 국공립 유치원 증설과 당초 약속하였던 보육비 지원 확대도 실현되지 않자 사립유치원들은 휴업을 결의하는 등 강경한 듯 보였으나 실제로 휴업을 하진 않았다.

가정보육에 대한 지원은 상대적으로 적어 시설에 보내는 부모, 무상보육이라도 해도 발생하는 별도의 보육비 부담, 어린이집에서의 영어교육 금지의 역설, 출

---

19) [한겨레신문] 보육대란 외면하고 소송 벌이겠다는 정부_20151225.

산율 제고에 크게 기여하지 못한 무상보육, 무상교육 실시 후 심화된 무상보육 양극화, 무상보육의 재분배 효과 미흡, 최저임금의 급격한 인상으로 문 닫는 어린이집, 다문화 가정에 대한 차별 등의 문제들이 무상보육과 관련하여 제기된다.

아동수당도 다른 무상지원제도와 같이 정부와 지자체간의 재원분담이 갈등요인이다.

문재인 정부는 보편적 아동수당을 대선 공약으로 제시하였으나 야당과의 협의과정에서 상위 10%를 제외하는 것으로 결론이 났다. 결과적으로 선별적 복지제도가 된 아동수당을 보편적 복지로 전환하여야 한다는 주장이 여당 지지층을 중심으로 제기되었다. 보다 근본적으로 월 10만 원 아동수당 등 여러 보육지원이 출산율 제고에 기여하지 못하고 있다는 비판과 재원문제 등이 제기되었다.

5. 부양의무제

기초생활보장법의 부양의무제도는 기초생활보장 대상자의 부모, 자녀에게 일정 소득이 있으면 수급에서 제외되는 제도인데, 100만 명 이상이 이 조항으로 수급 대상에서 제외되었다. 19대 대선에서 민주당, 바른정당과 정의당 후보는 완전 폐지, 자유한국당과 국민의당 후보는 부분 폐지를 공약하였다.

2017년 4월 서울경제신문은 부양의무제 폐지에 관한 찬반 토론을 게재하였다.[20] 찬성 측의 김안나 대구가톨릭대 교수의 논거는 다음과 같다. 기초생활보장 수급 탈락자의 3분의 2가 부양의무자의 소득과 재산 보유로 탈락하였는데, 그 절반이 부양의무자로부터 실질적인 도움을 받지 못하고 있다. 부양의무자의 잠재적 부양능력을 기준으로 하고 수급자가 부양의무자로부터 도움을 받지 못한다는 것을 입증하여야 하는 냉혹한 제도이다. 실사구시 측면에서 제도를 개선하여야 한다. '선지원 후징수' 제도를 도입하여야 한다. 국세청과 연계하여 소득과 재산의 변동 사항을 철저히 심사하여야 한다. 고령자나 장애인은 단계적으로 폐지하는 것을 고

---

20) [서울경제신문] [어떻게 생각하십니까?] 기초생활보장 부양의무제 폐지_20170428.

려하여야 한다. 가족, 국가 그리고 지역사회가 함께 책임지는 다원적 부양체계를 지지하는 것으로 국민인식이 바뀌고 있다. 사적 부양과 공적 부양이 조화를 이루는 제도를 정비하는 것이 부양의무자 제도의 궁극적인 개선방향이다.

반대 측의 김용하 순천향대 교수의 논거는 다음과 같다. 우리나라 민법은 1촌에 해당되는 직계 가족은 남으로 보지 않는다. 부양의무를 지지 않으면 상속권도 부정된다. 국가보호에 앞서 책임이 있는 가족이 부양하도록 법과 제도가 정비되어 있다. 부양의무제 제도를 폐지하면 연 8조 원에서 10조 원의 예산이 필요하다. 사적 부양체계의 재편을 같이 검토하여야 한다. 스웨덴식 복지모형을 도입하기 위해서는 증세도 필요하고 삶의 문제를 사회 차원으로 해결하려는 공동체 의식도 필요하다. 현재 부양의무자의 소득과 재산 기준을 빠르게 높이는 등 제도를 유연하고 신축적으로 운영하고 있다. 장애인에 대해서는 별도의 고려가 필요하다. 부양의무제 폐지는 기초생활보장법 이상의 사회적 의미가 있기 때문에 신중한 접근이 필요하다.

문재인 정부는 2017년 11월부터는 수급자나 가족이 노인이거나 중증장애인이면 부양의무제와 관계없이 생계급여와 의료급여를 받을 수 있도록 하였다. 2018년 10월부터는 주거급여, 2021년 10월부터는 생계급여에 대해서는 부양의무제를 폐지하였다. 단 부양의무자가 세전소득 연 1억 원 이상, 자산 9억 원이 있으면 제외된다.

찾아보기

저자 소개

박영범

미국 코넬대학에서 박사 학위 취득 후 국책연구기관인 산업연구원과 한국노동연구원에서의 정책연구 활동 후 1997년부터 한성대 경제학과 교수로 재직 중이다.

한국고용노사관계학회 회장 및 학회지 편집위원장을 지냈다. 공공기관인 한국직업능력연구원 원장과 한국산업인력공단 이사장을 역임하였다.

은탑산업훈장, 캄보디아왕국 국가공로훈장, 기업경영학회의 기업경영자대상, 적십자회원유공장 금장을 수상하였다.

저서로는 『전환기, 한국노동시장의 길을 묻다』(한성대학교 출판부, 2009/문화체육관광부 선정 우수학술도서), 『해외진출기업의 고용관계』(한성대학교 출판부, 2010/문화체육관광부 선정 우수학술도서), 『노사관계와 커뮤니케이션』(범우사, 2020/공저), 『한국교육의 진로』(박영사, 2021/공저) 등이 있다

경제 정책의 이해

초판발행   2022년 2월 10일

지은이   박영범
펴낸이   안종만·안상준

편 집   우석진
기획/마케팅   오치웅
표지디자인   BEN STORY
제 작   고철민·조영환

펴낸곳   (주) **박영사**
                서울특별시 금천구 가산디지털2로 53, 210호(가산동, 한라시그마밸리)
                등록 1959. 3. 11. 제300-1959-1호(倫)

전 화   02)733-6771
f a x   02)736-4818
e-mail   pys@pybook.co.kr
homepage   www.pybook.co.kr
ISBN   979-11-303-1486-0   93320

정 가   17,000원